OEUVRES
DE
M. DE FÉNÉLON.
TOME IV.

OEUVRES

DE M. FRANÇOIS DE SALIGNAC

DE LA MOTHE FÉNÉLON,

PRÉCEPTEUR DES ENFANTS DE FRANCE,

ARCHEVÊQUE-DUC DE CAMBRAI.

TOME QUATRIEME.

A PARIS,
DE L'IMPRIMERIE DE FRANÇ.-AMB. DIDOT.
M. DCC. LXXXVII.

DIALOGUES DES MORTS,

COMPOSÉS

POUR L'ÉDUCATION D'UN PRINCE.

PRÉFACE.

Feu M. l'archevêque de Cambrai a fait les dialogues et les fables qu'on donne ici au public, dans le même desséin que son Télémaque, pour l'éducation d'un jeune prince. Il les lui composoit sur le champ selon ses divers besoins, tantôt pour corriger d'une maniere douce et aimable ce que son naturel avoit de défectueux, tantôt pour confirmer en lui ce qu'il y avoit de bon et de grand, tantôt enfin pour lui insinuer par des instructions familieres à la portée de son âge les plus sublimes maximes de la bonne politique et de la morale. Tandis qu'il formoit ainsi son goût, son cœur et son esprit, il lui apprenoit en même temps la fable et l'histoire, avec les caracteres des grands hommes de l'antiquité et des temps plus proches de nous. Par là il unissoit les préceptes et les exemples, lui peignoit la vertu d'une maniere sensible et intéressante, et lui montroit qu'elle n'étoit pas seulement belle et aimable dans la spéculation, mais encore que la pratique n'en étoit point au-dessus des forces de l'homme, et que c'étoit par elle seule qu'un roi pouvoit arriver à la véritable gloire et au vrai bonheur.

Le style de ces dialogues et de ces fables se trouvera diversifié selon que le demandoient les besoins, les

PRÉFACE.

divers goûts, et les humeurs du prince pour qui on les composoit. L'auteur, tantôt sublime et grave comme Platon, en a toute la force et la sagesse ; tantôt, par un badinage ingénieux, il emploie la légèreté et la délicatesse de Lucien ; quelquefois simple et naïf, il se proportionne à l'enfance ; d'autres fois noble et élevé, ses préceptes sont dignes des plus grands esprits. La sagesse prend ici toutes les formes : mais elle est toujours accompagnée de graces insinuantes,

DIALOGUES DES MORTS.

DIALOGUE PREMIER.

MERCURE et CARON.

On voit ici comment ceux qui sont préposés pour l'éducation des princes doivent travailler à corriger leurs vices naissants, et à leur inspirer les vertus de leur état.

CARON.

D'où vient que tu arrives si tard? Les hommes ne meurent-ils plus? Avois-tu oublié les ailes de ton bonnet ou de ton chapeau? T'es-tu amusé à dérober? Jupiter t'avoit-il envoyé loin pour ses amours? As-tu fait le Sosie? Parle donc si tu veux.

MERCURE.

J'ai été pris pour dupe; car je croyois mener dans ta barque aujourd'hui le prince Picrochole: c'eût été une bonne prise.

CARON.

Quoi! si jeune?

MERCURE.

Oui, si jeune. Il se croyoit bien malade, et crioit comme s'il eût vu la mort de bien près.

CARON.

Hé bien ! l'aurons-nous ?

MERCURE.

Je ne me fie plus à lui; il m'a trompé trop souvent. A peine fut-il dans son lit, qu'il oublia son mal et s'endormit.

CARON.

Mais ce n'étoit donc pas un vrai mal ?

MERCURE.

C'étoit un petit mal qu'il croyoit grand. Il a donné bien des fois de telles alarmes. Je l'ai vu, avec la colique, vouloir qu'on lui ôtât son ventre. Une autre fois saignant du nez, il croyoit que son ame alloit sortir dans son mouchoir.

CARON.

Comment ira-t-il à la guerre ?

MERCURE.

Il la fait avec des échecs sans mal et sans douleur; il a déja donné plus de cent batailles.

CARON.

Triste guerre ! il ne nous en revient aucun mort.

MERCURE.

J'espère pourtant que s'il peut se défaire du badi-

nage et de la mollesse, il fera grand fracas un jour:
il a la colere et les pleurs d'Achille; il pourroit bien
en avoir le courage; il est assez mutin pour lui ressembler. On dit qu'il aime les muses, qu'il a un
Chiron, un Phœnix.

CARON.

Mais tout cela ne fait pas notre compte. Il nous
faudroit plutôt un jeune prince brutal, ignorant, grossier, qui méprisât les lettres, qui n'aimât que les armes, toujours prêt à s'enivrer de sang, qui mît sa
gloire dans les malheurs des hommes. Il rempliroit
ma barque une fois par jour.

MERCURE.

Ho! ho! il t'en faut donner de ces princes, ou plutôt
de ces monstres affamés de carnage! Celui-ci est plus
doux. Je crois qu'il aimera la paix et qu'il saura faire
la guerre. On voit en lui les commencements d'un
grand prince, comme on remarque dans un bouton
de rose naissante ce qui promet une belle fleur.

CARON.

Mais n'est-il pas bouillant et impétueux?

MERCURE.

Il l'est étrangement.

CARON.

Que veux-tu donc dire avec tes muses? Il ne saura
jamais rien: il mettra le désordre par-tout, et nous

enverra bien des ombres plaintives. Tant mieux.

MERCURE.

Il est impétueux, mais il n'est point méchant; il est curieux, docile, plein de goût pour les belles choses; il aime les honnêtes gens, et sait bon gré à ceux qui le corrigent. S'il surmonte sa promptitude et sa paresse, il sera merveilleux; je te le prédis.

CARON.

Quoi! prompt et paresseux? Cela se contredit. Tu rêves.

MERCURE.

Non, je ne rêve point. Il est prompt à se fâcher, et paresseux à remplir ses devoirs; mais chaque jour il se corrige, et il est réservé pour de grandes choses.

CARON.

Nous ne l'aurons donc pas sitôt?

MERCURE.

Non, ses maux sont plutôt des impatiences que de vraies douleurs. Jupiter le destine à faire longtemps le bonheur des hommes.

DIALOGUE II.

HERCULE et THÉSÉE.

Les reproches que se font ici ces deux héros en apprennent l'histoire et le caractere d'une maniere courte et ingénieuse.

THÉSÉE.

Hercule, tu me surprends : je te croyois dans le haut Olympe à la table des dieux. Le bruit couroit que, sur le mont Œta, le feu avoit consumé en toi toute la nature mortelle que tu tenois de ta mere, et qu'il ne te restoit plus que ce qui venoit de Jupiter. Le bruit couroit aussi que tu avois épousé Hébé, qui est de grand loisir depuis que Ganymede verse le nectar en sa place.

HERCULE.

Ne sais-tu pas que ce n'est ici que mon ombre?

THÉSÉE.

Ce que tu vois n'est aussi que la mienne. Mais quand elle est ici, je n'ai rien dans l'Olympe.

HERCULE.

C'est que tu n'es pas comme moi fils de Jupiter.

THÉSÉE.

Bon! Éthra ma mere et mon pere Egeus n'ont-ils pas dit que j'étois fils de Neptune, comme Alcmene, pour cacher sa faute pendant qu'Amphitryon étoit au siege de Thebes, lui fit accroire qu'elle avoit reçu une visite de Jupiter?

HERCULE.

Je te trouve bien hardi de te moquer du domteur des monstres. Je n'ai jamais entendu raillerie.

THÉSÉE.

Mais ton ombre n'est guere à craindre. Je ne vais point dans l'Olympe rire aux dépens du fils de Jupiter immortalisé. Pour des monstres, j'en ai domté en mon temps aussi-bien que toi.

HERCULE.

Oserois-tu comparer tes foibles actions avec mes travaux? On n'oubliera jamais le lion de Némée, pour lequel sont établis les jeux néméaques; l'hydre de Lerne, dont les têtes se multiplioient; le sanglier d'Érymanthe; le cerf aux pieds d'airain; les oiseaux de Stymphale; l'amazone dont j'enlevai la ceinture; l'étable d'Augée; le taureau que je traînai dans l'Hespérie; Cacus, que je vainquis; les chevaux de Diomede, qui se nourrissoient de chair humaine; Géryon, roi des Espagnes, à trois têtes; les pommes d'or du jardin des Hespérides; enfin Cerbere, que je traînai hors des enfers et que je contraignis de voir la lumiere.

THÉSÉE.

Et moi, n'ai-je pas vaincu tous les brigands de la Grece, chassé Médée de chez mon pere, tué le Minotaure, et trouvé l'issue du labyrinthe, ce qui fit établir les jeux isthmiques? ils valent bien ceux de Némée. De plus, j'ai vaincu les amazones qui vinrent assiéger Athenes. Ajoute à ces actions le combat des Lapithes, le voyage de Jason pour la toison d'or, et la chasse du sanglier de Calydon où j'ai eu tant de part. J'ai osé, aussi-bien que toi, descendre aux enfers.

HERCULE.

Oui, mais tu fus puni de ta folle entreprise; tu ne pris point Proserpine. Cerbere, que je traînai hors de son antre ténébreux, dévora à tes yeux ton ami, et tu demeuras captif. As-tu oublié que Castor et Pollux reprirent dans tes mains Hélene leur sœur? Tu leur laissas aussi enlever ta pauvre mere Éthra. Tout cela est d'un foible héros. Enfin tu fus chassé d'Athenes; et te retirant dans l'isle de Scyros, Lycomede, qui savoit combien tu étois accoutumé à faire des entreprises injustes, pour te prévenir te précipita du haut d'un rocher. Voilà une belle fin!

THÉSÉE.

La tienne est-elle plus honorable de devenir amoureux d'Omphale chez qui tu filois, puis la quitter pour la jeune Iole au préjudice de la pauvre Déjanire à qui tu avois donné ta foi, se laisser donner la tunique trempée dans le sang du centaure Nessus, devenir furieux jusqu'à précipiter des rochers du mont Œta dans la mer le pauvre Lichas qui ne t'avoit rien fait, et prier Philoctete en mourant de cacher ton sépulcre afin qu'on te crût un dieu? Cette fin est-elle plus belle que ma mort? Au moins, avant que d'être chassé par les Athéniens, je les avois tirés de leurs bourgs où ils vivoient avec barbarie, pour les civiliser et leur donner des loix dans l'enceinte d'une nouvelle ville. Pour toi, tu n'avois garde d'être législateur ; tout ton mérite étoit dans tes bras nerveux et dans tes épaules larges.

HERCULE.

Mes épaules ont porté le monde pour soulager Atlas. De plus, mon courage étoit admiré. Il est vrai que j'ai été trop attaché aux femmes : mais c'est bien à toi à me le reprocher, toi qui abandonnas avec ingratitude Ariane qui t'avoit sauvé la vie en Crete ! Penses-tu que je n'aie point entendu parler de l'amazone Antiope à laquelle tu fus encore infidele? Églé qui lui succéda ne fut pas plus heureuse. Tu avois enlevé Hélene, mais ses freres te surent bien punir. Phedre t'avoit aveuglé jusqu'au point qu'elle t'engagea à faire périr Hippolyte que tu avois eu de l'amazone. Plusieurs autres ont possédé ton cœur et ne l'ont pas possédé long-temps.

THÉSÉE.

Mais enfin je ne filois pas comme celui qui a porté le monde.

HERCULE.

Je t'abandonne ma vie lâche et efféminée en Lydie : mais tout le reste est au-dessus de l'homme.

THÉSÉE.

Tant pis pour toi que tout le reste étant au-dessus de l'homme, cet endroit soit si fort au-dessous. D'ailleurs tes travaux que tu vantes tant, tu ne les as accomplis que pour obéir à Eurysthée.

HERCULE.

Il est vrai que Junon m'avoit assujetti à toutes ses volontés. C'est la destinée de la vertu d'être livrée à la persécution des lâches et des méchants. Mais sa persécution n'a servi qu'à exercer ma patience et mon courage. Au contraire, tu as souvent fait des choses injustes. Heureux le monde, si tu ne fusses point sorti du labyrinthe!

THÉSÉE.

Alors je délivrai Athenes du tribut de sept jeunes hommes et d'autant de filles que Minos lui avoit imposé à cause de la mort de son fils Androgée. Hélas! mon pere Egée, qui m'attendoit, ayant cru voir la voile noire au lieu de la blanche, se jeta dans la mer, et je le trouvai mort en arrivant. Dès-lors je gouvernai sagement Athenes.

HERCULE.

Comment l'aurois-tu gouvernée puisque tu étois tous les jours dans de nouvelles expéditions de guerre, et que tu mis, par tes amours, le feu dans toute la Grece?

THÉSÉE.

Ne parlons plus d'amours : sur ce chapitre honteux nous ne nous en devons rien l'un à l'autre.

HERCULE.

Je l'avoue de bonne foi, je te le cede même pour l'éloquence; mais ce qui décide, c'est que tu es dans les enfers à la merci de Pluton que tu as irrité, et que je suis au rang des immortels dans le haut Olympe.

DIALOGUE III.

ACHILLE et CHIRON.

Peinture vive des écueils d'une jeunesse bouillante dans un prince né pour commander.

ACHILLE.

A quoi me sert-il d'avoir reçu tes instructions? Tu ne m'as jamais parlé que de sagesse, de valeur, de gloire, d'héroïsme. Avec tes beaux discours, me voilà devenu ombre vaine : ne m'auroit-il pas mieux valu passer une longue et délicieuse vie chez le roi Lycomede, déguisé en fille, avec les princesses filles de ce roi?

CHIRON.

Hé bien! veux-tu demander au destin de retourner parmi ces filles? Tu fileras, tu perdras toute ta gloire, on fera sans toi un second siege de Troie, le fier Agamemnon ton ennemi sera chanté par Homere; Thersite même ne sera pas oublié : mais pour toi, tu seras enseveli honteusement dans les ténebres.

ACHILLE.

Agamemnon m'enlever ma gloire! moi demeurer dans un honteux oubli! Je ne puis le souffrir, et j'aimerois mieux périr encore une fois de la main du lâche Pâris.

CHIRON.

Mes instructions sur la vertu ne sont donc pas à mépriser.

ACHILLE.

Je l'avoue : mais, pour en profiter, je voudrois retourner au monde.

CHIRON.

Qu'y ferois-tu cette seconde fois?

ACHILLE.

Qu'est-ce que j'y ferois? j'éviterois la querelle que j'eus avec Agamemnon : par là j'épargnerois la vie de mon ami Patrocle, et le sang de tant d'autres Grecs que je laissai périr sous le glaive cruel des Troyens, pendant que je me roulois de désespoir sur le sable du rivage comme un insensé.

CHIRON.

Mais ne t'avois-je pas prédit que ta colere te feroit faire toutes ces folies?

ACHILLE.

Il est vrai, tu me l'avois dit cent fois : mais la jeunesse écoute-t-elle ce qu'on lui dit? Elle ne croit que ce qu'elle voit. Oh! si je pouvois redevenir jeune!

CHIRON.

Tu redeviendrois emporté et indocile.

ACHILLE.

Non, je te le promets.

CHIRON.

Hé! ne m'avois-tu pas promis cent et cent fois dans mon antre de Thessalie de te modérer quand tu serois au siege de Troie? l'as-tu fait?

ACHILLE.

J'avoue que non.

CHIRON.

Tu ne le ferois pas mieux quand tu redeviendrois

jeune ; tu promettrois comme tu promets à présent, et tu tiendrois ta promesse comme tu l'as tenue.

ACHILLE.

La jeunesse est donc une étrange maladie !

CHIRON.

Tu voudrois pourtant encore en être malade.

ACHILLE.

Il est vrai : mais la jeunesse seroit charmante si on pouvoit la rendre modérée et capable de faire des réflexions. Toi qui connois tant de remedes, n'en as-tu point quelqu'un pour guérir cette fougue, ce bouillon du sang plus dangereux, qu'une fievre ardente ?

CHIRON.

Le remede est de se craindre soi-même, de croire les gens sages, de les appeller à son secours, de profiter de ses fautes passées pour prévoir celles qu'il faut éviter à l'avenir, et d'invoquer souvent Minerve dont la sagesse est au-dessus de la valeur emportée de Mars.

ACHILLE.

Hé bien ! je ferai tout cela si tu peux obtenir de Jupiter qu'il me rappelle à la jeunesse florissante où je me suis vu. Fais qu'il te rende aussi la lumiere et qu'il m'assujettisse à tes volontés comme Hercule le fut à celles d'Eurysthée.

CHIRON.

J'y consens; je vais faire cette priere au pere des dieux, je sais qu'il m'exaucera. Tu renaîtras, après une longue suite de siecles, avec du génie, de l'élévation, du courage, du goût pour les muses, mais avec un naturel impatient et impétueux; tu auras Chiron à tes côtés, nous verrons l'usage que tu en feras.

DIALOGUE IV.

ACHILLE et HOMERE.

Maniere aimable de faire naître dans le cœur d'un jeune prince l'amour des belles lettres et de la gloire.

ACHILLE.

Je suis ravi, grand poëte, d'avoir servi à t'immortaliser. Ma querelle contre Agamemnon, ma douleur de la mort de Patrocle, mes combats contre les Troyens, la victoire que je remportai sur Hector, t'ont donné le plus beau sujet de poëme qu'on ait jamais vu.

HOMERE.

J'avoue que le sujet est beau, mais j'en aurois bien pu trouver d'autres. Une preuve qu'il y en a d'autres, c'est que j'en ai trouvé effectivement. Les aventures du sage et patient Ulysse valent bien la colere de l'impétueux Achille.

ACHILLE.

Quoi! comparer le rusé et trompeur Ulysse au fils de Thétis plus terrible que Mars! Va, poëte ingrat, tu sentiras....

HOMERE.

Tu as oublié que les ombres ne doivent point se mettre en colere. Une colere d'ombre n'est guere à craindre. Tu n'as plus d'autres armes à employer que de bonnes raisons.

ACHILLE.

Pourquoi viens-tu me désavouer que tu me dois la gloire de ton plus beau poëme? L'autre n'est qu'un amas de contes de vieilles; tout y languit, tout sent son vieillard dont la vivacité est éteinte, et qui ne sait point finir.

HOMERE.

Tu ressembles à bien des gens, qui, faute de connoître les divers genres d'écrire, croient qu'un auteur ne se soutient pas quand il passe d'un genre vif et rapide à un autre plus doux et plus modéré. Ils devroient savoir que la perfection est d'observer toujours les divers caracteres, de varier son style suivant les sujets, de s'élever ou de s'abaisser à propos, et de donner, par ce contraste, des caracteres plus marqués et plus agréables. Il faut savoir sonner de la trompette, toucher la lyre, et jouer même de la flûte champêtre. Je crois que tu voudrois que je peignisse Calypso avec ses nymphes dans sa grotte, ou Nausicaa sur le rivage de la mer, comme les héros et les dieux mêmes combattant aux portes de Troie. Parle de guerre, c'est ton fait; et ne te mêle jamais de décider sur la poésie en ma présence.

ACHILLE.

Oh! que tu es fier, bon homme aveugle! tu te prévaux de ma mort.

HOMERE.

Tu te prévaux aussi de la mienne. Tu n'es plus que l'ombre d'Achille, et moi je ne suis que l'ombre d'Homere.

ACHILLE.

Ah! que ne puis-je faire sentir mon ancienne force à cette ombre ingrate!

HOMERE.

Puisque tu me presses tant sur l'ingratitude, je veux enfin te détromper. Tu ne m'as fourni qu'un sujet que je pouvois trouver ailleurs : mais moi je t'ai donné une gloire qu'un autre n'eût pu te donner, et qui ne s'effacera jamais.

ACHILLE.

Comment! tu t'imagines que sans tes vers le grand

Achille ne seroit pas admiré de toutes les nations et de tous les siecles?

HOMERE.

Plaisante vanité! pour avoir répandu plus de sang qu'un autre au siege d'une ville qui n'a été prise qu'après ta mort! Hé! combien y a-t-il de héros qui ont vaincu de grands peuples et conquis de grands royaumes! cependant ils sont dans les ténebres de l'oubli; on ne sait pas même leurs noms. Les muses seules peuvent immortaliser les grandes actions. Un roi qui aime la gloire la doit chercher dans ces deux choses: premièrement il faut la mériter par la vertu, ensuite se faire aimer par les nourrissons des muses qui peuvent la chanter à toute la postérité.

ACHILLE.

Mais il ne dépend pas toujours des princes d'avoir de grands poëtes: c'est par hasard que tu as conçu long-temps après ma mort le dessein de faire ton Iliade.

HOMERE.

Il est vrai; mais quand un prince aime les lettres, il se forme pendant son regne beaucoup de grands hommes. Ses récompenses et son estime excitent une noble émulation; le goût se perfectionne. Il n'a qu'à aimer et qu'à favoriser les muses, elles feront bientôt paroître des hommes inspirés pour louer tout ce qu'il y a de louable en lui. Quand un prince manque d'un Homere, c'est qu'il n'est pas digne d'en avoir un : son défaut de goût attire l'ignorance, la grossièreté et la barbarie. La barbarie déshonore toute une nation, et ôte toute espérance de gloire durable au prince qui regne. Ne sais-tu pas qu'Alexandre, qui est depuis peu descendu ici bas, pleuroit de n'avoir point eu un poëte qui fît pour lui ce que j'ai fait pour toi? c'est qu'il avoit le goût bon sur la gloire. Pour toi tu me dois tout, et tu n'as point de honte de me traiter d'ingrat. Il n'est plus temps de s'emporter : ta colere devant Troie étoit bonne à me fournir le sujet d'un poëme; mais je ne puis plus chanter les emportements que tu aurois ici, et ils ne te feroient point d'honneur. Souviens-toi seulement que la parque t'ayant ôté tous les autres avantages, il ne te reste plus que le grand nom que tu tiens de mes vers. Adieu. Quand tu seras de plus belle humeur, je viendrai te chanter dans ce bocage certains endroits de l'Iliade; par exemple, la défaite des Grecs en ton absence, la consternation des Troyens dès qu'on te vit paroître pour venger Patrocle, les dieux mêmes étonnés de te voir comme Jupiter foudroyant. Après cela dis, si tu l'oses, qu'Achille ne doit point sa gloire à Homere.

DIALOGUE V.

ACHILLE et ULYSSE.

Caracteres d'Achille et d'Ulysse.

ULYSSE.

Bon jour, fils de Thétis. Je suis enfin descendu après une longue vie dans ces tristes lieux où tu fus précipité dès la fleur de ton âge.

ACHILLE.

J'ai vécu peu, parceque les destins injustes n'ont pas permis que j'acquisse plus de gloire qu'ils n'en veulent accorder aux mortels.

ULYSSE.

Ils m'ont pourtant laissé vivre long-temps parmi des dangers infinis, d'où je suis toujours sorti avec honneur.

ACHILLE.

Quel honneur, de prévaloir toujours par la ruse! Pour moi je n'ai point su dissimuler, je n'ai su que vaincre.

ULYSSE.

Cependant j'ai été jugé après ta mort le plus digne de porter tes armes.

ACHILLE.

Bon! tu les as obtenues par ton éloquence, et non par ton courage. Je frémis quand je pense que les armes faites par le dieu Vulcain, et que ma mere m'avoit données, ont été la récompense d'un discoureur artificieux.

ULYSSE.

Sache que j'ai fait de plus grandes choses que toi. Tu es tombé mort devant la ville de Troie qui étoit encore dans toute sa gloire, et c'est moi qui l'ai renversée.

ACHILLE.

Il est plus beau de périr par l'injuste courroux des dieux après avoir vaincu ses ennemis, que de finir une guerre en se cachant dans un cheval, et en se servant du ministere de Minerve pour tromper ses ennemis.

ULYSSE.

As-tu donc oublié que les Grecs me doivent Achille même? Sans moi tu aurois passé une vie honteuse parmi les filles du roi Lycomede. Tu me dois toutes les belles actions que je t'ai contraint de faire.

ACHILLE.

Mais enfin je les ai faites, et toi tu n'as rien fait que des tromperies. Pour moi, quand j'étois parmi les filles de Lycomede, c'est que ma mere Thétis, qui savoit que je devois périr au siege de Troie, m'avoit caché pour sauver ma vie. Mais toi, qui ne devois point mourir, pourquoi faisois-tu le fou avec ta charrue quand Palamede découvrit si bien ta ruse? Oh! qu'il y a de plaisir de voir tromper un trompeur! Il mit, t'en souviens-tu? Télémaque dans le champ pour voir si tu ferois passer la charrue sur ton propre fils.

ULYSSE.

Je m'en souviens; mais j'aimois Pénélope que je ne voulois pas quitter. N'as-tu pas fait de plus grandes folies pour Briséis, quand tu quittas le camp des Grecs, et fus cause de la mort de ton ami Patrocle?

ACHILLE.

Oui: mais quand je retournai, je vengeai Patrocle et je vainquis Hector. Qui as-tu vaincu en ta vie, si ce n'est Irus, ce gueux d'Ithaque?

ULYSSE.

Et les amants de Pénélope, et le cyclope Polyphême?

ACHILLE.

Tu as pris ces amants en trahison : c'étoient des hommes amollis par les plaisirs, et presque toujours ivres. Pour Polyphême, tu n'en devrois jamais parler. Si tu eusses osé l'attendre, il t'auroit fait payer bien chèrement l'œil que tu lui crevas pendant son sommeil.

ULYSSE.

Mais enfin j'ai essuyé pendant vingt ans, au siege de Troie et dans mes voyages, tous les dangers et tous les malheurs qui peuvent exercer le courage et la sagesse d'un homme. Mais qu'as-tu jamais eu à conduire? Il n'y avoit en toi qu'une impétuosité folle et une fureur que les hommes grossiers ont nommée courage. La main du lâche Pâris en est venue à bout.

ACHILLE.

Mais toi qui te vantes de ta prudence, ne t'es-tu pas fait tuer sottement par ton propre fils Télégone qui te naquit de Circé? Tu n'eus pas la précaution de te faire reconnoître par lui. Voilà un plaisant sage pour me traiter de fou!

ULYSSE.

Va, je te laisse avec l'ombre d'Ajax aussi brutal que toi et aussi jaloux de ma gloire.

DIALOGUE VI.

ULYSSE et GRILLUS.

La condition des hommes seroit pire que celle des bêtes, si la solide philosophie et la vraie religion ne les soutenoient.

ULYSSE.

N'êtes-vous pas bien aise, mon cher Grillus, de

me revoir et d'être en état de reprendre votre ancienne forme?

GRILLUS.

Je suis bien aise de vous voir, favori de Minerve: mais pour le changement de forme, vous m'en dispenserez s'il vous plaît.

ULYSSE.

Hélas! mon pauvre enfant, savez-vous bien comment vous êtes fait? Assurément vous n'avez point la taille belle; un gros corps courbé vers la terre, de longues oreilles pendantes, de petits yeux à peine entr'ouverts, un groin horrible, une physionomie très désavantageuse, un vilain poil grossier et hérissé. Enfin vous êtes une hideuse personne : je vous l'apprends si vous ne le savez pas. Si peu que vous ayez de cœur, vous vous trouverez trop heureux de redevenir homme.

GRILLUS.

Vous avez beau dire, je n'en ferai rien : le métier de cochon est bien plus joli. Il est vrai que ma figure n'est pas fort élégante; mais j'en serai quitte pour ne me regarder jamais au miroir. Aussi-bien, de l'humeur dont je suis depuis quelque temps, je n'ai guere à craindre de me mirer dans l'eau, et de m'y reprocher ma laideur : j'aime mieux un bon bourbier qu'une claire fontaine.

ULYSSE.

Cette saleté ne vous fait-elle point horreur? vous ne vivez que d'ordure; vous vous veautrez dans des lieux infects: vous êtes toujours puant à faire bondir le cœur.

GRILLUS.

Qu'importe? tout dépend du goût. Cette odeur est plus douce pour moi que celle de l'ambre, et cette ordure est du nectar pour moi.

ULYSSE.

J'en rougis pour vous. Est-il possible que vous ayez sitôt oublié ce que l'humanité a de noble et d'avantageux?

GRILLUS.

Ne me parlez plus de l'humanité: sa noblesse n'est qu'imaginaire, tous ses maux sont réels, et les biens ne sont qu'en idée. J'ai un corps sale et couvert d'un poil hérissé, mais je n'ai plus besoin d'habits; et vous seriez plus heureux dans vos tristes aventures, si vous aviez le corps aussi velu que moi, pour vous passer de vêtement. Je trouve par-tout ma nourriture, jusques dans les lieux les plus dégoûtants. Les procès et les guerres, et tous les autres embarras de la vie, ne sont plus rien pour moi. Il ne me faut ni cuisinier, ni barbier, ni tailleur, ni architecte. Me voilà libre et content à peu de frais. Pourquoi me rengager dans les besoins des hommes?

DES MORTS.

ULYSSE.

Il est vrai que l'homme a de grands besoins; mais les arts qu'il a inventés pour satisfaire à ces besoins se tournent à sa gloire et font ses délices.

GRILLUS.

Il est plus sûr d'être exempt de tous ces besoins, que d'avoir les moyens les plus merveilleux d'y remédier. Il vaut mieux jouir d'une santé parfaite sans aucune science de la médecine, que d'être toujours malade avec des remedes excellents pour se guérir.

ULYSSE.

Mais, mon cher Grillus, vous ne comptez donc plus pour rien l'éloquence, la poésie, la musique, la science des arts et du monde entier, celle des figures et des nombres? Avez-vous renoncé à notre chere patrie, aux sacrifices, aux festins, aux jeux, aux danses, aux combats, aux couronnes qui servent de prix aux vainqueurs? Répondez.

GRILLUS.

Mon tempérament de cochon est si heureux, qu'il me met au-dessus de toutes ces belles choses. J'aime mieux grognoner, que d'être aussi éloquent que vous. Ce qui me dégoûte de l'éloquence, c'est que la vôtre même, qui égale celle de Minerve, ne me persuade ni ne me touche. Je ne veux persuader personne; je n'ai que faire d'être persuadé. Je suis aussi peu curieux de vers que de prose; tout cela est devenu viande creuse pour moi. Pour les combats de la lutte et des chariots, je les laisse volontiers à ceux qui sont passionnés pour une couronne, comme les enfants pour leurs jouets : je ne suis plus assez dispos pour remporter le prix ; et je ne l'envierai point à un autre moins chargé de lard et de graisse. Pour la musique, j'en ai perdu le goût, et le goût décide de tout ; le goût qui vous y attache m'en a détaché : n'en parlons plus. Retournez à Ithaque : la patrie d'un cochon se trouve par tout où il y a du gland. Allez, régnez, revoyez Pénélope, punissez ses amants : pour moi ma Pénélope est la truie qui est ici près ; je regne dans mon étable, et rien ne trouble mon empire. Beaucoup de rois dans des palais dorés ne peuvent atteindre à mon bonheur ; on les nomme fainéants et indignes du trône, quand ils veulent régner comme moi, sans tourmenter le genre humain.

ULYSSE.

Vous ne songez pas qu'un cochon est à la merci des hommes, et qu'on ne l'engraisse que pour l'égorger. Avec ce beau raisonnement vous finirez bientôt votre destinée. Les hommes, au rang desquels vous ne voulez pas être, mangeront votre lard, vos boudins et vos jambons.

GRILLUS.

Il est vrai que c'est le danger de mon état : mais le vôtre n'a-t-il pas aussi ses périls? Je m'expose à la mort par une vie douce dont la volupté est réelle : vous vous exposez de même à une mort prompte par une vie malheureuse et pour une gloire chimérique. Je conclus qu'il vaut mieux être cochon que héros. Apollon lui-même dût-il chanter un jour vos victoires, son chant ne vous guériroit point de vos peines, et ne vous garantiroit point de la mort. Le régime d'un cochon vaut mieux.

ULYSSE.

Vous êtes donc assez insensé et assez abruti pour mépriser la sagesse qui égale presque les hommes aux dieux?

GRILLUS.

Au contraire, c'est par sagesse que je méprise les hommes. C'est une impiété de croire qu'ils ressemblent aux dieux, puisqu'ils sont aveugles et injustes, trompeurs, malfaisants, malheureux et dignes de l'être, armés cruellement les uns contre les autres, et autant ennemis d'eux-mêmes que de leurs voisins. A quoi aboutit cette sagesse que l'on vante tant? elle ne redresse point les mœurs des hommes; elle ne se tourne qu'à flatter et à contenter leurs passions. Ne vaudroit-il pas mieux n'avoir point de raison, que d'en avoir pour autoriser les choses les plus déraisonnables? Ah! ne me parlez plus de l'homme : c'est le plus injuste, et par conséquent le plus déraisonnable de tous les animaux. Sans flatterie, un cochon est une assez bonne personne ; il ne fait ni fausse monnoie ni faux contrats ; il ne se parjure jamais ; il n'a ni avarice ni ambition; la gloire ne lui fait point faire de conquêtes injustes; il est ingénu et sans malice ; sa vie se passe à boire, manger et dormir. Si tout le monde lui ressembloit, tout le monde dormiroit aussi dans un profond repos, et vous ne seriez pas ici; Pâris n'auroit pas enlevé Hélene; les Grecs n'auroient pas renversé la superbe ville de Troie après un siége de dix ans; vous n'auriez point erré sur mer et sur terre au gré de la fortune, et vous n'auriez pas besoin de conquérir votre propre royaume. Ne me parlez donc plus de raison ; car les hommes n'ont que de la folie. Ne vaut-il pas mieux être bête que méchant fou?

ULYSSE.

J'avoue que je ne puis assez m'étonner de votre stupidité.

GRILLUS.

Belle merveille, qu'un cochon soit stupide! chacun doit garder son caractere; vous gardez le vôtre d'homme inquiet, éloquent, impérieux, plein d'artifice, et perturbateur du repos public. La nation à laquelle je suis incorporé est modeste, silencieuse, ennemie de la subtilité et des beaux discours : elle va sans raisonner tout droit au plaisir.

ULYSSE.

Du moins vous ne sauriez désavouer que l'immortalité réservée aux hommes n'éleve infiniment leur condition au-dessus des bêtes. Je suis effrayé de l'aveuglement de Grillus, quand je songe qu'il compte pour rien les délices des champs élysées, où les hommes vivent heureux après leur mort.

GRILLUS.

Arrêtez, s'il vous plaît. Je ne suis pas encore tellement cochon que je renonçasse à être homme, si vous me montriez dans l'homme une immortalité véritable : mais pour n'être qu'une ombre, et encore une ombre plaintive, qui regrette jusques dans les champs élysées avec lâcheté les misérables peines de ce monde, j'avoue que cette ombre d'immortalité ne vaut pas la peine de se contraindre. Achille, dans les champs élysées, joue au palet sur l'herbe : mais il donneroit toute sa gloire, qui n'est qu'un songe, pour être l'infâme Thersite au nombre des vivants. Cet Achille si désabusé de la gloire n'est plus qu'un fantôme ; ce n'est plus lui-même : on n'y reconnoît plus ni son courage ni ses sentiments ; c'est un je ne sais quoi qui ne reste de lui que pour le déshonorer. Cette ombre vaine n'est non plus Achille, que la mienne n'est mon corps. N'espérez donc pas, éloquent Ulysse, m'éblouir par une fausse apparence d'immortalité. Je veux quelque chose de plus réel; faute de quoi, je persiste à demeurer dans l'état où je suis. Montrez-moi que l'homme a en lui quelque chose de plus noble que son corps, et qui soit exempt de la corruption; montrez-moi que ce qui pense en l'homme n'est point le corps, et subsiste toujours après cette machine grossiere; enfin faites voir que ce qui reste de l'homme après cette vie est un être véritablement heureux; établissez que les dieux ne sont point injustes, et qu'il y a au-delà de cette vie une solide récompense pour la vertu toujours souffrante ici-bas : aussitôt, divin fils de Laërte, je cours avec vous au travers des dangers; je sors content de l'étable de Circé; je ne suis plus cochon; je redeviens homme, et homme en garde contre tous les plaisirs. Par tout autre chemin vous ne me conduirez jamais à votre but. J'aime mieux n'être que cochon gros et gras, content de mon ordure, que d'être homme foible, vain, léger, malin, trompeur et injuste, qui n'espere d'être après sa mort qu'une ombre triste, plaintive, et un fantôme mécontent de sa condition.

DIALOGUE VII.

CONFUCIUS et SOCRATE.

CONFUCIUS.

J'apprends que vos Européens vont souvent chez nos Orientaux et qu'ils me nomment le Socrate de la Chine. Je me tiens honoré de ce nom.

SOCRATE.

Laissons les compliments dans un pays où ils ne sont plus de saison. Sur quoi fonde-t-on cette ressemblance entre nous?

CONFUCIUS.

Sur ce que nous avons vécu à-peu-près dans les mêmes temps, et que nous avons été tous deux pauvres, modérés, pleins de zele pour rendre les hommes vertueux.

SOCRATE.

Pour moi je n'ai point formé, comme vous, des hommes excellents pour aller dans toutes les provinces semer la vertu, combattre le vice et instruire les hommes.

CONFUCIUS.

Vous avez formé une école de philosophes qui ont beaucoup éclairé le monde.

SOCRATE.

Ma pensée n'a jamais été de rendre le peuple philosophe, je n'ai pas osé l'espérer. J'ai abandonné à toutes ses erreurs le vulgaire grossier et corrompu : je me suis borné à l'instruction d'un petit nombre de disciples d'un esprit cultivé et qui cherchoient les principes des bonnes mœurs. Je n'ai jamais voulu rien écrire, et j'ai trouvé que la parole étoit meilleure pour enseigner. Un livre est une chose morte qui ne répond point aux difficultés imprévues et diverses de chaque lecteur ; un livre passe dans les mains des hommes incapables d'en faire un bon usage ; un livre est susceptible de plusieurs sens contraires à celui de l'auteur. J'ai mieux aimé choisir certains hommes et leur confier une doctrine que je leur fisse bien comprendre de vive voix.

CONFUCIUS.

Ce plan est beau ; il marque des pensées bien simples, bien solides, bien exemptes de vanité. Mais avez-vous évité par-là toutes les diversités d'opinions parmi vos disciples ? Pour moi, j'ai évité les subtilités de raisonnement, et je me suis borné à des maximes sensées pour la pratique des vertus dans la société.

SOCRATE.

Pour moi, j'ai cru qu'on ne peut établir les vraies maximes qu'en remontant aux premiers principes

DES MORTS. 41

qui peuvent les prouver, et en réfutant tous les autres préjugés des hommes.

CONFUCIUS.

Mais enfin, par vos premiers principes, avez-vous évité les combats d'opinions entre vos disciples?

SOCRATE.

Nullement; Platon et Xénophon, mes principaux disciples, ont eu des vues toutes différentes. Les académiciens, formés par Platon, se sont divisés entre eux : cette expérience m'a désabusé de mes espérances sur les hommes. Un homme ne peut presque rien sur les autres hommes. Les hommes ne peuvent rien sur eux-mêmes par l'impuissance où l'orgueil et les passions les tiennent, à plus forte raison les hommes ne peuvent-ils rien les uns sur les autres; l'exemple et la raison insinuée avec beaucoup d'art font seulement quelque effet sur un fort petit nombre d'hommes mieux nés que les autres. Une réforme générale d'une république me paroît enfin impossible, tant je suis désabusé du genre humain.

CONFUCIUS.

Pour moi, j'ai écrit, et j'ai envoyé mes disciples pour tâcher de réduire aux bonnes mœurs toutes les provinces de notre empire.

SOCRATE.

Vous avez écrit des choses courtes et simples, si

toutefois ce qu'on a publié sous votre nom est effectivement de vous. Ce ne sont que des maximes, qu'on a peut-être recueillies de vos conversations, comme Platon dans ses dialogues a rapporté les miennes. Des maximes coupées de cette façon ont une sécheresse qui n'étoit pas, je m'imagine, dans vos entretiens. D'ailleurs vous étiez d'une maison royale et en grande autorité dans toute votre nation: vous pouviez faire bien des choses qui ne m'étoient pas permises à moi, fils d'un artisan. Pour moi, je n'avois garde d'écrire, et je n'ai que trop parlé : je me suis même éloigné de tous les emplois de ma république pour appaiser l'envie; et je n'ai pu y réussir, tant il est impossible de faire quelque chose de bon des hommes.

CONFUCIUS.

J'ai été plus heureux parmi les Chinois ; je les ai laissés avec des loix sages, et assez bien policés.

SOCRATE.

De la maniere que j'en entends parler sur les relations de nos Européens, il faut en effet que la Chine ait eu de bonnes loix et une exacte police. Il y a grande apparence que les Chinois ont été meilleurs qu'ils ne sont. Je ne veux pas désavouer qu'un peuple, quand il a une bonne et constante forme de gouvernement, ne puisse devenir fort supérieur aux

autres peuples moins bien policés. Par exemple,
nous autres Grecs, qui avons eu de sages législateurs
et certains citoyens désintéressés qui n'ont songé
qu'au bien de la république, nous avons été bien
plus polis et plus vertueux que les peuples que nous
avons nommés barbares. Les Égyptiens, avant nous,
ont eu aussi des sages qui les ont policés, et c'est
d'eux que nous sont venues les bonnes loix. Parmi
les républiques de la Grece, la nôtre a excellé dans
les arts libéraux, dans les sciences, dans les armes :
mais celle qui a montré plus long-temps une discipline pure et austere, c'est celle de Lacédémone. Je
conviens donc qu'un peuple gouverné par de bons
législateurs qui se sont succédé les uns aux autres,
et qui ont soutenu les coutumes vertueuses, peut
être mieux policé que les autres qui n'ont pas eu la
même culture. Un peuple bien conduit sera plus
sensible à l'honneur, plus ferme contre les périls,
moins sensible à la volupté, plus accoutumé à se passer de peu, plus juste pour empêcher les usurpations
et les fraudes de citoyen à citoyen. C'est ainsi que
les Lacédémoniens ont été disciplinés; c'est ainsi que
les Chinois ont pu l'être dans les siecles reculés. Mais
je persiste à croire que tout un peuple n'est point
capable de remonter aux principes de la vraie sagesse : il peut garder certaines regles utiles et loua-

bles, mais c'est plutôt par l'autorité de l'éducation, par le respect des loix, par le zele de la patrie, par l'émulation qui vient des exemples, par la force de la coutume, souvent même par la crainte du déshonneur et par l'espérance d'être récompensé. Mais être philosophe, suivre le beau et le bon en lui-même par la simple persuasion, et par le vrai et libre amour du beau et du bon, c'est ce qui ne peut jamais être répandu dans tout un peuple; c'est ce qui est réservé à certaines ames choisies que le ciel a voulu séparer des autres. Le peuple n'est capable que de certaines vertus d'habitude et d'opinion, sur l'autorité de ceux qui ont gagné sa confiance. Encore une fois, je crois que telle fut la vertu de vos anciens Chinois. De telles gens sont justes dans les choses où on les a accoutumés à mettre une regle de justice, et point en d'autres plus importantes où l'habitude de juger de même leur manque. On sera juste pour son concitoyen, et inhumain contre son esclave; zélé pour sa patrie, et conquérant injuste contre un peuple voisin, sans songer que la terre entiere n'est qu'une seule patrie commune, où tous les hommes des divers peuples devroient vivre comme une seule famille. Ces vertus, fondées sur la coutume et sur les préjugés d'un peuple, sont toujours des vertus estropiées, faute de remonter jusqu'aux premiers principes qui donnent dans toute son étendue la véritable idée de la justice et de la vertu. Ces mêmes peuples qui paroissent si vertueux dans certains sentiments et dans certaines actions détachées avoient une religion aussi remplie de fraude, d'injustice et d'impureté, que leurs loix étoient justes et austeres. Quel mélange! quelle contradiction! Voilà pourtant ce qu'il y a eu de meilleur dans ces peuples tant vantés : voilà l'humanité regardée sous sa plus belle face.

CONFUCIUS.

Peut-être avons-nous été plus heureux que vous, car la vertu a été grande dans la Chine.

SOCRATE.

On le dit; mais, pour en être assuré par une voie non suspecte, il faudroit que les Européens connussent de près votre histoire comme ils connoissent la leur propre. Quand le commerce sera entièrement libre et fréquent, quand les critiques européens auront passé dans la Chine pour examiner en rigueur tous les anciens manuscrits de votre histoire, quand ils auront séparé les fables et les choses douteuses d'avec les certaines, quand ils auront vu le fort et le foible du détail des mœurs antiques, peut-être trouvera-t-on que la multitude des hommes a été toujours foible, vaine et corrompue chez vous comme par-tout ailleurs, et que les hommes ont été hommes dans tous les pays et dans tous les temps.

CONFUCIUS.

Mais pourquoi n'en croirez-vous pas nos historiens et vos relateurs?

SOCRATE.

Vos historiens nous sont inconnus, on n'en a que des morceaux extraits et rapportés par des relateurs peu critiques. Il faudroit savoir à fond votre langue, lire tous vos livres, voir sur-tout les originaux, et attendre qu'un grand nombre de savants eût fait cette étude à fond, afin que, par le grand nombre d'examinateurs, la chose pût être pleinement éclaircie. Jusques là, votre nation me paroît un spectacle beau et grand de loin, mais très douteux et équivoque.

CONFUCIUS.

Voulez-vous ne rien croire parceque Fernand Mendez Pinto a beaucoup exagéré? Douterez-vous que la Chine ne soit un vaste et puissant empire très peuplé et bien policé, que les arts n'y fleurissent, qu'on n'y cultive les hautes sciences, que le respect des loix n'y soit admirable?

SOCRATE.

Par où voulez-vous que je me convainque de toutes ces choses?

CONFUCIUS.

Par vos propres relateurs.

SOCRATE.

Il faut donc que je les croie ces relateurs?

CONFUCIUS.

Pourquoi non?

SOCRATE.

Et que je les croie dans le mal comme dans le bien? répondez, de grace.

CONFUCIUS.

Je le veux.

SOCRATE.

Selon ces relateurs, le peuple de la terre le plus vain, le plus superstitieux, le plus intéressé, le plus injuste, le plus menteur, c'est le chinois.

CONFUCIUS.

Il y a par-tout des hommes vains et menteurs.

SOCRATE.

Je l'avoue; mais à la Chine les principes de toute la nation, auxquels on n'attache aucun déshonneur, sont de mentir et de se prévaloir du mensonge. Que peut-on attendre d'un tel peuple pour les vérités éloignées et difficiles à éclaircir? Ils sont fastueux dans toutes leurs histoires: comment ne le seroient-ils pas, puisqu'ils sont même si vains et si exagérants pour les choses présentes qu'on peut examiner de ses propres yeux, et où on peut les convaincre d'avoir voulu imposer aux étrangers? Les Chinois, sur le portrait que j'en ai oui faire, me paroissent assez semblables aux Égyptiens. C'est un peuple tranquille et paisible dans un beau et riche pays, un peuple vain qui méprise tous les autres peuples de l'univers, un peuple qui se pique d'une antiquité extraordinaire, et qui met sa gloire dans le nombre des siecles de sa durée; c'est un peuple superstitieux jusqu'à la superstition la plus grossiere et la plus ridicule malgré sa politesse; c'est un peuple qui a mis toute sa sagesse à garder ses loix sans oser examiner ce qu'elles ont de bon; c'est un peuple grave, mystérieux, composé, et rigide observateur de toutes ses anciennes coutumes pour l'extérieur, sans y chercher la justice, la sincérité, et les autres vertus intérieures ; c'est un peuple qui a fait de grands mysteres de plusieurs choses très superficielles, et dont la simple explication diminue beaucoup le prix. Les arts y sont fort médiocres, et les sciences n'y étoient presque rien de solide quand nos Européens ont commencé à les connoître.

CONFUCIUS.

N'avions-nous pas l'imprimerie, la poudre à canon, la géométrie, la peinture, l'architecture, l'art de faire la porcelaine, enfin une maniere de lire et

d'écrire bien meilleure que celle de vos Occidentaux?
Pour l'antiquité de nos histoires, elle est constante
par nos observations astronomiques. Vos Occidentaux prétendent que nos calculs sont fautifs; mais les observations ne leur sont pas suspectes, et ils avouent qu'elles quadrent juste avec les révolutions du ciel.

SOCRATE.

Voilà bien des choses que vous mettez ensemble, pour réunir tout ce que la Chine a de plus estimable; mais examinons-les de près l'une après l'autre.

CONFUCIUS.

Volontiers.

SOCRATE.

L'imprimerie n'est qu'une commodité pour les gens de lettres, et elle ne mérite pas une grande gloire. Un artisan, avec des qualités peu estimables, peut être l'auteur d'une telle invention : elle est même imparfaite chez vous, car vous n'avez que l'usage des planches; au lieu que les Occidentaux ont avec l'usage des planches celui des caractères, dont ils font telle composition qu'il leur plaît en fort peu de temps. De plus, il n'est pas tant question d'avoir un art pour faciliter les études, que de l'usage qu'on en fait. Les Athéniens de mon temps n'avoient pas l'imprimerie, et néanmoins on voyoit fleurir chez eux les beaux arts et les hautes sciences; au contraire, les Occidentaux, qui ont trouvé l'imprimerie mieux que les Chinois, étoient des hommes grossiers, ignorants et barbares.

La poudre à canon est une invention pernicieuse pour détruire le genre humain ; elle nuit à tous les hommes, et ne sert véritablement à aucun peuple : les uns imitent bientôt ce que les autres font contre eux. Chez les Occidentaux, où les armes à feu ont été bien plus perfectionnées qu'à la Chine, de telles armes ne décident rien de part ni d'autre : on a proportionné les moyens de défense aux armes de ceux qui attaquent ; tout cela revient à une espece de compensation, après laquelle chacun n'est pas plus avancé que quand on n'avoit que des tours et de simples murailles, avec des piques, des javelots, des épées, des arcs, des tortues et des beliers. Si on convenoit de part et d'autre de renoncer aux armes à feu, on se débarrasseroit mutuellement d'une infinité de choses superflues et incommodes : la valeur, la discipline, la vigilance et le génie auroient plus de part à la décision de toutes les guerres. Voilà donc une invention qu'il n'est guere permis d'estimer.

CONFUCIUS.

Mépriserez-vous aussi nos mathématiciens ?

SOCRATE.

Ne m'avez-vous pas donné pour regle de croire les faits rapportés par nos relateurs ?

CONFUCIUS.

Il est vrai; mais ils avouent que nos mathématiciens sont habiles.

SOCRATE.

Ils disent qu'ils ont fait certains progrès, et qu'ils savent bien faire plusieurs opérations : mais ils ajoutent qu'ils manquent de méthode, qu'ils font mal certaines démonstrations, qu'ils se trompent sur des calculs, qu'il y a plusieurs choses très importantes dont ils n'ont rien découvert. Voilà ce que j'entends dire. Ces hommes si entêtés de la connoissance des astres, et qui y bornent leur principale étude, se sont trouvés dans cette étude même très inférieurs aux Occidentaux qui ont voyagé dans la Chine, et qui, selon les apparences, ne sont pas les plus parfaits astronomes de l'Occident. Tout cela ne répond point à cette idée merveilleuse d'un peuple supérieur à toutes les autres nations. Je ne dis rien de votre porcelaine ; c'est plutôt le mérite de votre terre que de votre peuple ; ou du moins si c'est un mérite pour les hommes, ce n'est qu'un mérite de vil artisan. Votre architecture n'a point de belles proportions; tout y est bas et écrasé; tout y est confus et chargé de petits ornements qui ne sont ni nobles ni naturels. Votre peinture a quelque vie et une grace je ne sais quelle; mais elle n'a ni correction de dessin, ni ordonnance, ni noblesse dans les figures, ni vérité dans les représentations ; on n'y voit ni paysages naturels, ni histoires, ni pensées raisonnables et suivies ; on n'est ébloui que par la beauté des couleurs et du vernis.

CONFUCIUS.

Ce vernis même est une merveille inimitable dans tout l'Occident.

SOCRATE.

Il est vrai : mais vous avez cela de commun avec les peuples les plus barbares, qui ont quelquefois le secret de faire en leur pays, par le secours de la nature, des choses que les nations les plus industrieuses ne sauroient exécuter chez elles.

CONFUCIUS.

Venons à l'écriture.

SOCRATE.

Je conviens que vous avez dans votre écriture un grand avantage pour la mettre en commerce chez tous les peuples voisins qui parlent des langues différentes de la chinoise. Chaque caractere signifiant un objet, de même que nos mots entiers, un étranger peut lire vos écrits sans savoir votre langue, et il peut vous répondre par les mêmes caracteres, quoique sa langue vous soit entièrement inconnue. De tels caracteres, s'ils étoient par-tout en usage, seroient comme une langue commune pour tout le genre humain, et la commodité en seroit infinie pour le commerce d'un bout du monde à l'autre. Si toutes les nations pouvoient convenir entre elles d'enseigner à tous leurs enfants ces caracteres, la diversité des langues n'arrêteroit plus les voyageurs, il y auroit un lien universel de société. Mais rien n'est plus impraticable que cet usage universel de vos caracteres : il y en a un si prodigieux nombre pour signifier tous les objets qu'on désigne dans le langage humain, que vos savants mettent un grand nombre d'années à apprendre à écrire. Quelle nation s'assujettira à une étude si pénible? Il n'y a aucune science épineuse qu'on n'apprît plus promptement. Que sait-on, en vérité, quand on ne sait encore que lire et écrire? D'ailleurs, peut-on espérer que tant de nations s'accordent à enseigner cette écriture à leurs enfants? Dès que vous renfermerez cet art dans un seul pays, ce n'est plus rien que de très incommode: dès lors vous n'avez plus l'avantage de vous faire entendre aux nations d'une langue inconnue, et vous avez l'extrême désavantage de passer misérablement la meilleure partie de votre vie à apprendre à écrire; ce qui vous jette dans deux inconvénients, l'un d'admirer vainement un art pénible et infructueux, l'autre de consumer toute votre jeunesse dans cette étude seche qui vous exclut de tout progrès pour les connoissances les plus solides.

CONFUCIUS.

Mais notre antiquité, de bonne foi, n'en êtes-vous pas convaincu?

SOCRATE.

Nullement: les raisons qui persuadent aux astronomes occidentaux que vos observations doivent être véritables, peuvent avoir frappé de même vos astronomes et leur avoir fourni une vraisemblance pour autoriser vos vaines fictions sur les antiquités de la Chine. Vos astronomes auront vu que telles choses ont dû arriver en tels et en tels temps par les mêmes regles qui en persuadent nos astronomes d'Occident : ils n'auront pas manqué de faire leurs prétendues observations sur ces regles pour leur donner une apparence de vérité. Un peuple fort vain et fort jaloux de la gloire de son antiquité, si peu qu'il soit intelligent dans l'astronomie, ne manque pas de colorer ainsi ses fictions; le hasard même peut les avoir un peu aidés. Enfin il faudroit que les plus savants astronomes d'Occident eussent la commodité d'examiner dans les originaux toute cette suite d'observations. Les Égyptiens étoient grands observateurs des astres et en même temps amoureux de leurs fables pour remonter à des milliers de siecles. Il ne faut pas douter qu'ils n'aient travaillé à accorder ces deux passions.

DES MORTS. 55

CONFUCIUS.

Que concluriez-vous donc sur notre empire? Il étoit hors de tout commerce avec vos nations où les sciences ont régné; il étoit environné de tous côtés par des nations grossieres; il a certainement, depuis plusieurs siecles au-dessus de mon temps, des loix, une police et des arts que les autres peuples orientaux n'ont point eus. L'origine de notre nation est inconnue : elle se cache dans l'obscurité des siecles les plus reculés. Vous voyez bien que je n'ai ni entêtement ni vanité là-dessus. De bonne foi, que pensez-vous sur l'origine d'un tel peuple ?

SOCRATE.

Il est difficile de décider juste ce qui est arrivé parmi tant de choses qui ont pu se faire et ne se faire pas dans la maniere dont les terres ont été peuplées. Mais voici ce qui me paroît assez naturel. Les peuples les plus anciens de nos histoires, les peuples les plus puissants et les plus polis, sont ceux de l'Asie et de l'Égypte : c'est là comme la source des colonies. Nous voyons que les Égyptiens ont fait des colonies dans la Grece, et en ont formé les mœurs. Quelques Asiatiques, comme les Phéniciens et les Phrygiens, ont fait de même sur toutes les côtes de la mer méditerranée. D'autres Asiatiques de ces royaumes qui étoient sur les bords du Tigre et de l'Euphrate ont pu pénétrer jusques dans les Indes pour les peupler. Les peuples, en se multipliant, auront passé les fleuves et les montagnes, et insensiblement auront répandu leurs colonies jusques dans la Chine : rien ne les aura arrêtés dans ce vaste continent qui est presque tout uni. Il n'y a guere d'apparence que les hommes soient parvenus à la Chine par l'extrémité du Nord qu'on nomme à présent la Tartarie; car les Chinois paroissent avoir été, dès la plus grande antiquité, des peuples doux, paisibles, policés, et cultivant la sagesse, ce qui est le contraire des nations violentes et farouches qui ont été nourries dans les pays sauvages du Nord. Il n'y a guere d'apparence non plus que les hommes soient arrivés à la Chine par la mer : les grandes navigations n'étoient alors ni usitées, ni possibles. De plus, les mœurs, les arts, les sciences et la religion des Chinois se rapportent très bien aux mœurs, aux arts, aux sciences, à la religion des Babyloniens et de ces autres peuples que nos histoires nous dépeignent. Je croirois donc que quelques siecles avant le vôtre ces peuples asiatiques ont pénétré jusqu'à la Chine; qu'ils y ont fondé votre empire; que vous avez eu des rois habiles et de vertueux législateurs; que la Chine a été plus estimable encore qu'elle ne l'est aujourd'hui pour les arts et pour les mœurs; que vos historiens ont flatté l'orgueil de la nation; qu'on a exagéré des choses qui méritoient quelque louange; qu'on a mêlé la fable avec la vérité, et qu'on a voulu dérober à la postérité l'origine de la nation pour la rendre plus merveilleuse à tous les autres peuples.

CONFUCIUS.

Vos Grecs n'en ont-ils pas fait autant?

SOCRATE.

Encore pis : ils ont leurs temps fabuleux qui approchent beaucoup du vôtre. J'ai vécu, suivant la supputation commune, environ 300 ans après vous. Cependant, quand on veut en rigueur remonter au-dessus de mon temps, on ne trouve aucun historien qu'Hérodote, qui a écrit immédiatement après la guerre des Perses, c'est-à-dire environ soixante ans avant ma mort : cet historien n'établit rien de suivi et ne pose aucune date précise par des auteurs contemporains pour tout ce qui est beaucoup plus ancien que cette guerre. Les temps de la guerre de Troie, qui n'ont qu'environ six cents ans au-dessus de moi, sont encore des temps reconnus pour fabuleux. Jugez s'il faut s'étonner que la Chine ne soit pas bien assurée de ce grand nombre de siecles que ses histoires lui donnent avant votre temps.

CONFUCIUS.

Mais pourquoi auriez-vous inclination de croire

que nous sommes sortis des Babyloniens?

SOCRATE.

Le voici. Il y a beaucoup d'apparence que vous venez de quelque peuple de la haute Asie qui s'est répandu de proche en proche jusqu'à la Chine, et peut-être même dans les temps de quelque conquête des Indes, qui a mené le peuple conquérant jusques dans les pays qui composent aujourd'hui votre empire. Votre antiquité est grande : il faut donc que votre espece de colonie se soit faite par quelqu'un de ces anciens peuples, comme ceux de Ninive ou de Babylone. Il faut que vous veniez de quelque peuple puissant et fastueux, car c'est encore le caractere de votre nation. Vous êtes seul de cette espece dans tous vos pays; et les peuples voisins, qui n'ont rien de semblable, n'ont pu vous donner vos mœurs. Vous avez, comme les anciens Babyloniens, l'astronomie et même l'astrologie judiciaire, la superstition, l'art de deviner, une architecture plus somptueuse que proportionnée, une vie de délices et de faste, de grandes villes, un empire où le prince a une autorité absolue, des loix fort révérées, des temples en abondance, et une multitude de dieux de toutes les figures. Tout ceci n'est qu'une conjecture, mais elle pourroit être vraie.

CONFUCIUS.

Je vais en demander des nouvelles au roi Yao, qui se promene, dit-on, avec vos anciens rois d'Argos et d'Athenes dans ce petit bois de myrtes.

SOCRATE.

Pour moi, je ne me fie ni à Cécrops, ni à Inachus, ni à Pélops, pas même aux héros d'Homere, sur nos antiquités.

DIALOGUE VIII.

ROMULUS et RÉMUS.

La grandeur où on ne parvient que par le crime ne sauroit donner ni gloire ni bonheur solide.

RÉMUS.

Enfin vous voilà, mon frere, au même état que moi; cela ne valoit pas la peine de me faire mourir. Quelques années où vous avez régné seul sont finies, il n'en reste rien; et vous les auriez passées plus doucement, si vous aviez vécu en paix, partageant l'autorité avec moi.

ROMULUS.

Si j'avois eu cette modération, je n'aurois ni fondé la puissante ville que j'ai établie, ni fait les conquêtes qui m'ont immortalisé.

DIALOGUES

RÉMUS.

Il valoit mieux être moins puissant et être plus juste et plus vertueux : je m'en rapporte à Minos et à ses deux collegues qui vont vous juger.

ROMULUS.

Cela est bien dur. Sur la terre personne n'eût osé me juger.

RÉMUS.

Mon sang dans lequel vous avez trempé vos mains fera votre condamnation ici-bas, et noircira à jamais votre réputation sur la terre. Vous vouliez de l'autorité et de la gloire. L'autorité n'a fait que passer dans vos mains; elle vous a échappé comme un songe. Pour la gloire, vous ne l'aurez jamais. Avant que d'être grand homme, il faut être honnête homme; et l'on doit s'éloigner des crimes indignes des hommes, avant que d'aspirer aux vertus des dieux. Vous aviez l'inhumanité d'un monstre, et vous prétendiez être un héros!

ROMULUS.

Vous ne m'auriez pas parlé de la sorte impunément, quand nous tracions notre ville.

RÉMUS.

Il est vrai : je ne l'ai que trop senti. Mais d'où vient que vous êtes descendu ici? On disoit que vous étiez devenu immortel.

ROMULUS.
Mon peuple a été assez sot pour le croire.

DIALOGUE IX.

ROMULUS et TATIUS.

Le vrai héroïsme est incompatible avec la fraude et la violence.

TATIUS.

Je suis arrivé ici un peu plutôt que toi : mais enfin nous y sommes tous deux; et tu n'es pas plus avancé que moi, ni mieux dans tes affaires.

ROMULUS.

La différence est grande. J'ai la gloire d'avoir fondé une ville éternelle avec un empire qui n'aura d'autres bornes que celles de l'univers; j'ai vaincu les peuples voisins; j'ai formé une nation invincible d'une foule de criminels réfugiés. Qu'as-tu fait qu'on puisse comparer à ces merveilles?

TATIUS.

Belles merveilles! assembler des voleurs, des scélérats; se faire chef de bandits, ravager impunément les pays voisins, enlever des femmes par trahison, n'avoir pour loi que la fraude et la violence, massacrer son propre frere; voilà ce que j'avoue que je n'ai point fait. Ta ville durera tant qu'il plaira aux dieux ; mais elle est élevée sur de mauvais fondements. Pour ton empire, il pourra aisément s'étendre; car tu n'as appris à tes citoyens qu'à usurper le bien d'autrui : ils ont grand besoin d'être gouvernés par un roi plus modéré et plus juste que toi. Aussi dit-on que Numa, mon gendre, t'a succédé : il est sage, juste, religieux, bienfaisant. C'est justement l'homme qu'il faut pour redresser ta république et réparer tes fautes.

ROMULUS.

Il est aisé de passer sa vie à juger des procès, à appaiser des querelles, à faire observer une police dans une ville; c'est une conduite foible et une vie obscure : mais remporter des victoires, faire des conquêtes, voilà ce qui fait les héros.

TATIUS.

Bon! voilà un étrange héroïsme qui n'aboutit qu'à assassiner les gens dont on est jaloux !

ROMULUS.

Comment, assassiner! je vois bien que tu me soupçonnes de l'avoir fait tuer.

TATIUS.

Je ne t'en soupçonne nullement; car je n'en doute point, j'en suis sûr. Il y avoit long-temps que tu ne pouvois plus souffrir que je partageasse la royauté avec toi. Tous ceux qui ont passé le Styx après moi m'ont assuré que tu n'as pas même sauvé les apparences : nul regret de ma mort, nul soin de la venger ni de punir mes meurtriers. Mais tu as trouvé ce que tu méritois. Quand on apprend à des impies à massacrer un roi, bientôt ils sauront faire périr l'autre.

ROMULUS.

Hé bien ! quand je t'aurois fait tuer, j'aurois suivi l'exemple de mauvaise foi que tu m'avois donné en trompant cette pauvre fille qu'on nommoit Tarpéia. Tu voulus qu'elle te laissât monter avec tes troupes pour surprendre la roche qui fut de son nom appellée Tarpéienne. Tu lui avois promis de lui donner ce que les Sabins portoient à la main gauche. Elle croyoit avoir les bracelets de grand prix qu'elle avoit vus : on lui donna tous les boucliers dont on l'accabla sur le champ. Voilà une action perfide et cruelle.

TATIUS.

La tienne de me faire tuer en trahison est encore plus noire ; car nous avions juré alliance et uni nos deux peuples. Mais je suis vengé. Tes sénateurs ont bien su réprimer ton audace et ta tyrannie. Il n'est resté aucune parcelle de ton corps déchiré : chacun apparemment eut soin d'emporter son morceau sous sa robe. Voilà comment on te fit dieu. Proculus te vit avec une majesté d'immortel. N'es-tu pas content de ces honneurs, toi qui es si glorieux ?

ROMULUS.

Pas trop : mais il n'y a point de remede à mes maux. On me déchire et on m'adore : c'est une espece de dérision. Si j'étois encore vivant, je les....

TATIUS.

Il n'est plus temps de menacer, les ombres ne sont plus rien. Adieu, méchant, je t'abandonne.

DIALOGUE X.

ROMULUS et NUMA POMPILIUS.

Combien est plus solide la gloire d'un roi sage et pacifique, que celle d'un conquérant injuste.

ROMULUS.

Vous avez bien tardé à venir ici ! votre regne a été bien long !

NUMA POMPILIUS.

C'est qu'il a été très paisible. Le moyen de parvenir en régnant à une extrême vieillesse, c'est de ne faire mal à personne, de n'abuser point de l'autorité, et de faire en sorte que personne n'ait d'intérêt à souhaiter notre mort.

ROMULUS.

Quand on se gouverne avec tant de modération, on vit obscurément, on meurt sans gloire; on a la peine de gouverner les hommes : l'autorité ne donne aucun plaisir. Il vaut bien mieux vaincre, abattre tout ce qui résiste, et aspirer à l'immortalité.

NUMA POMPILIUS.

Mais votre immortalité, je vous prie, en quoi consiste-t-elle ? J'avois oui dire que vous étiez au rang des dieux, nourri de nectar à la table de Jupiter : d'où vient que je vous trouve ici ?

ROMULUS.

A parler franchement, les sénateurs, jaloux de ma puissance, se défirent de moi, et me comblerent d'honneurs après m'avoir mis en pieces. Ils aimerent mieux m'invoquer comme dieu, que de m'obéir comme à leur roi.

NUMA POMPILIUS.

Quoi donc! ce que Proculus raconta n'est pas vrai?

ROMULUS.

Hé! ne savez-vous pas combien on fait accroire de choses au peuple? Vous en êtes plus instruit qu'un autre, vous qui leur avez persuadé que vous étiez inspiré par la nymphe Égérie. Proculus, voyant le peuple irrité de ma mort, voulut le consoler par une fable. Les hommes aiment à être trompés; la flatterie appaise les plus grandes douleurs.

NUMA POMPILIUS.

Vous n'avez donc eu pour toute immortalité que des coups de poignard?

ROMULUS.

Mais j'ai eu des autels, des prêtres, des victimes, de l'encens.

NUMA POMPILIUS.

Mais cet encens ne guérit de rien ; vous n'en êtes pas moins ici une ombre vaine et impuissante, sans espérance de revoir jamais la lumiere du jour. Vous voyez donc qu'il n'y a rien de si solide que d'être bon, juste, modéré, et aimé des peuples : on vit long-temps, on est toujours en paix. A la vérité, on n'a point d'encens, on ne passe point pour immortel ; mais on se porte bien, on regne sans trouble, et on fait beaucoup de bien aux hommes qu'on gouverne.

ROMULUS.

Vous qui avez vécu si long-temps, vous n'étiez pas jeune quand vous avez commencé à régner.

NUMA POMPILIUS.

J'avois quarante ans, et c'a été mon bonheur : si j'eusse commencé à régner plutôt, j'aurois été, sans expérience et sans sagesse, exposé à toutes mes passions. La puissance est trop dangereuse quand on est jeune et ardent. Vous l'avez bien éprouvé, vous qui dans vos emportements avez tué votre propre frere, et qui vous êtes rendu insupportable à tous vos citoyens.

ROMULUS.

Puisque vous avez vécu si long-temps, il falloit que vous eussiez une bonne et fidele garde autour de vous.

NUMA POMPILIUS.

Point du tout; je commençai par me défaire de ces trois cents gardes que vous aviez choisis, et qu'on nommoit *Céleres*. Un homme qui accepte avec peine la royauté, qui ne la veut que pour le bien public, et qui seroit content de la quitter, n'a point à craindre la mort comme un tyran. Pour moi, je croyois faire une grace aux Romains de les gouverner : je vivois pauvrement pour enrichir le peuple : toutes les nations voisines auroient souhaité d'être sous ma conduite. En cet état faut-il des gardes? Pour moi pauvre mortel, personne n'avoit d'intérêt à me donner l'immortalité dont le sénat vous jugea digne. Ma garde étoit l'amitié des citoyens, qui me regardoient comme leur pere. Un roi ne peut-il pas confier sa vie à un peuple qui lui confie ses biens, son repos, sa conservation? La confiance est égale des deux côtés.

ROMULUS.

A vous entendre, on croiroit que vous avez été roi

malgré vous. Mais vous avez là-dessus trompé le peuple, comme vous lui avez imposé sur la religion.

NUMA POMPILIUS.

On m'est venu chercher dans ma solitude de Cures. D'abord j'ai représenté que je n'étois point propre à gouverner un peuple belliqueux accoutumé à des conquêtes; qu'il leur falloit un Romulus toujours prêt à vaincre. J'ajoutai que la mort de Tatius et la vôtre ne me donnoient pas grande envie de succéder à ces deux rois. Enfin je représentai que je n'avois jamais été à la guerre. On persista à me desirer, je me rendis: mais j'ai toujours vécu pauvre, simple, modéré dans la royauté, sans me préférer à aucun citoyen. J'ai réuni les deux peuples des Sabins et des Romains, en sorte que l'on ne peut plus les distinguer. J'ai fait revivre l'âge d'or. Tous les peuples, non seulement des environs de Rome, mais encore de l'Italie, ont senti l'abondance que j'ai répandue par-tout. Le labourage mis en honneur a adouci les peuples farouches et les a attachés à la patrie sans leur donner une ardeur inquiete pour envahir les terres de leurs voisins.

ROMULUS.

Cette paix et cette abondance ne servent qu'à enorgueillir les peuples, qu'à les rendre indociles à leur roi, et qu'à les amollir; en sorte qu'ils ne peuvent plus ensuite supporter les fatigues et les périls de la guerre. Si on fût venu vous attaquer, qu'auriez-vous fait, vous qui n'aviez jamais rien vu pour la guerre? il auroit fallu dire aux ennemis d'attendre jusqu'à ce que vous eussiez consulté la nymphe.

NUMA POMPILIUS.

Si je n'ai pas su faire la guerre comme vous, j'ai su l'éviter et me faire respecter et aimer de tous mes voisins. J'ai donné aux Romains des loix qui, en les rendant justes, laborieux, sobres, les rendront toujours assez redoutables à ceux qui voudroient les attaquer. Je crains bien encore qu'ils ne se ressentent trop de l'esprit de rapine et de violence auquel vous les aviez accoutumés.

DIALOGUE XI.

XERXÈS et LÉONIDAS.

La sagesse et la valeur rendent les états invincibles, et non pas le grand nombre des sujets, ni l'autorité sans bornes des princes.

XERXÈS.

JE prétends, Léonidas, te faire un grand honneur. Il ne tient qu'à toi d'être toujours à ma suite sur le bord du Styx.

LÉONIDAS.

Je n'y suis descendu que pour ne te voir jamais, et pour repousser ta tyrannie. Va chercher tes femmes, tes eunuques, tes esclaves et tes flatteurs : voilà la compagnie qu'il te faut.

XERXÈS.

Voyez ce brutal, cet insolent, un gueux qui n'eut jamais que le nom de roi sans autorité, un capitaine de bandits ! Quoi ! tu n'as point de honte de te comparer au grand roi ? As-tu donc oublié que je couvrois la terre de soldats et la mer de navires ? ne sais-tu pas que mon armée ne pouvoit, en un repas, se désaltérer sans faire tarir des rivieres ?

LÉONIDAS.

Comment oses-tu vanter la multitude de tes troupes ? Trois cents Spartiates que je commandois aux Thermopyles furent tués par ton armée innombrable sans pouvoir être vaincus : ils ne succomberent qu'après s'être lassés de tuer. Ne vois-tu pas encore ici ces ombres errant en foule qui couvrent le rivage ? Ce sont les vingt mille Perses que nous avons tués. Demande-leur combien un Spartiate seul vaut d'autres hommes, et sur-tout des tiens. C'est la valeur, et non pas le nombre, qui rend invincible.

XERXÈS.

Ton action étoit un coup de fureur et de désespoir.

LÉONIDAS.

C'étoit une action sage et généreuse. Nous crûmes que nous devions nous dévouer à une mort certaine pour t'apprendre ce qu'il en coûte quand on veut mettre les Grecs dans la servitude, et pour donner le temps à toute la Grece de se préparer à vaincre ou à périr comme nous. En effet cet exemple de courage étonna les Perses et ranima les Grecs découragés. Notre mort fut bien employée.

XERXÈS.

Oh ! que je suis fâché de n'être point entré dans le Péloponnese après avoir ravagé l'Attique ! j'aurois mis en cendres ta Lacédémone comme j'y ai mis Athenes. Misérable impudent, je t'aurois....

LÉONIDAS.

Ce n'est plus ici le temps ni des injures ni des flatteries : nous sommes au pays de la vérité. T'imagines-tu donc être encore le grand roi ? tes trésors sont bien loin ; tu n'as plus de gardes ni d'armées, plus de faste ni de délices ; la louange ne vient plus chatouiller tes oreilles ; te voilà nud, seul, prêt à être jugé par Minos. Mais ton ombre est encore bien colere et bien superbe : tu n'étois pas plus emporté quand tu faisois fouetter la mer. En vérité, tu méritois bien d'être fouetté toi-même pour cette extravagance. Et ces fers dorés, t'en souviens-tu ? que tu fis jeter dans l'Hellespont pour tenir les tempêtes dans ton esclavage? Plaisant homme pour domter la mer! Tu fus contraint bientôt après de repasser à la hâte en Asie dans une barque comme un pêcheur. Voilà à quoi aboutit la folle vanité des hommes qui veulent forcer les loix de la nature et oublier leur propre foiblesse.

XERXÈS.

Ah! les rois qui peuvent tout (je le vois bien, mais, hélas! je le vois trop tard), sont livrés à toutes leurs passions. Hé! quel moyen, quand on est homme, de résister à sa propre puissance et à la flatterie de tous ceux dont on est entouré? Oh! quel malheur de naître dans de si grands périls!

LÉONIDAS.

Voilà pourquoi je fais plus de cas de ma royauté que de la tienne. J'étois roi à condition de mener une vie dure, sobre et laborieuse, comme mon peuple. Je n'étois roi que pour défendre ma patrie, et pour faire régner les loix; ma royauté me donnoit le pouvoir de faire du bien, sans me permettre de faire du mal.

XERXÈS.

Oui; mais tu étois pauvre, sans éclat, sans autorité. Un de mes satrapes étoit bien plus grand et plus magnifique que toi.

DES MORTS.

LÉONIDAS.

Je n'aurois pas eu de quoi percer le mont Athos comme toi. Je croyois même que chacun de tes satrapes voloit dans la province plus d'or et d'argent que nous n'en avions dans toute notre république. Mais nos armes, sans être dorées, savoient fort bien percer ces hommes lâches et efféminés dont la multitude innombrable te donnoit une si vaine confiance.

XERXÈS.

Mais enfin, si je fusse entré d'abord dans le Péloponnese, toute la Grece étoit dans les fers. Aucune ville, pas même la tienne, n'eût pu me résister.

LÉONIDAS.

Je le crois comme tu le dis; et c'est en quoi je méprise la grande puissance d'un peuple barbare qui n'est ni instruit, ni aguerri. Il manque de sages conseils : ou si on les lui offre, il ne sait pas les suivre, et préfere toujours d'autres conseils foibles et trompeurs.

XERXÈS.

Les Grecs vouloient faire une muraille pour fermer l'isthme : mais elle n'étoit pas encore faite, et je pouvois y entrer.

LÉONIDAS.

La muraille n'étoit pas encore faite, il est vrai : mais tu n'étois pas fait pour prévenir ceux qui la vouloient faire. Ta foiblesse fut encore plus salutaire aux Grecs que leur force.

XERXÈS.

Si j'eusse pris cet isthme, j'aurois fait voir....

LÉONIDAS.

Tu aurois fait quelque autre faute ; car il falloit que tu en fisses, étant aussi gâté que tu l'étois par la mollesse, par l'orgueil, et par la haine des conseils sinceres. Tu étois encore plus facile à surprendre que l'isthme.

XERXÈS.

Mais je n'étois ni lâche ni méchant comme tu t'imaginois.

LÉONIDAS.

Tu avois naturellement du courage et de la bonté de cœur. Les larmes que tu répandis à la vue de tant de milliers d'hommes, dont il n'en devoit rester aucun sur la terre avant la fin du siecle, marquent assez ton humanité. C'est le plus bel endroit de ta vie. Si tu n'avois pas été un roi trop puissant et trop heureux, tu aurois été un assez honnête homme.

DIALOGUE XII.

SOLON et PISISTRATE.

La tyrannie est souvent plus funeste aux souverains qu'aux peuples.

SOLON.

Hé bien! tu croyois devenir le plus heureux des mortels en rendant tes concitoyens tes esclaves : te voilà bien avancé! Tu as méprisé toutes mes remontrances, tu as foulé aux pieds toutes mes loix : que te reste-t-il de ta tyrannie, que l'exécration des Athéniens, et les justes peines que tu vas endurer dans le noir Tartare?

PISISTRATE.

Mais je gouvernois assez doucement. Il est vrai que je voulois gouverner, et sacrifier tout ce qui étoit suspect à mon autorité.

SOLON.

C'est ce qu'on appelle un tyran. Il ne fait pas le mal pour le seul plaisir de le faire; mais le mal ne lui coûte rien toutes les fois qu'il le croit utile à l'accroissement de sa grandeur.

PISISTRATE.

Je voulois acquérir de la gloire.

SOLON.

Quelle gloire! à mettre sa patrie dans les fers, et à passer dans toute la postérité pour un impie qui n'a connu ni justice, ni bonne foi, ni humanité. Tu devois acquérir de la gloire, comme tant d'autres Grecs, en servant ta patrie, et non en l'opprimant comme tu as fait.

PISISTRATE.

Mais quand on a assez d'élévation, de génie et d'éloquence pour gouverner, il est bien rude de passer sa vie dans la dépendance d'un peuple capricieux.

SOLON.

J'en conviens; mais il faut tâcher de mener justement les peuples par l'autorité des loix. Moi qui te parle, j'étois, tu le sais bien, de la race royale : ai-je montré quelque ambition pour gouverner Athenes? Au contraire, j'ai tout sacrifié pour mettre en autorité des loix salutaires; j'ai vécu pauvre; je me suis éloigné; je n'ai jamais voulu employer que la persuasion et le bon exemple, qui sont les armes de la vertu. Est-ce ainsi que tu as fait? Parle.

PISISTRATE.

Non, mais c'est que je songeois à laisser à mes enfants la royauté.

SOLON.

Tu as fort bien réussi ; car tu leur as laissé pour tout héritage la haine et l'horreur publique. Les plus généreux citoyens ont mérité une gloire immortelle et des statues pour avoir poignardé l'un ; l'autre, fugitif, est allé servilement chez un roi barbare implorer son secours contre sa propre patrie. Voilà les biens que tu as laissés à tes enfants. Si tu leur avois laissé l'amour de la patrie et le mépris du faste, ils vivroient encore heureux parmi les Athéniens.

PISISTRATE.

Mais quoi ! vivre sans gloire dans l'obscurité ?

SOLON.

La gloire ne s'aquiert-elle que par des crimes ? Il la faut chercher dans la guerre contre les ennemis, dans toutes les vertus modérées d'un bon citoyen, dans le mépris de tout ce qui enivre et qui amollit les hommes. Ô Pisistrate, la gloire est belle : heureux ceux qui la savent trouver ! mais qu'il est pernicieux de la vouloir trouver où elle n'est pas !

PISISTRATE.

Mais le peuple avoit trop de liberté ; et le peuple trop libre est le plus insupportable de tous les tyrans.

SOLON.

Il falloit m'aider à modérer la liberté du peuple

en établissant mes loix, et non pas renverser les loix pour tyranniser le peuple. Tu as fait comme un pere qui, pour rendre son fils modéré et docile, le vendroit pour lui faire passer sa vie dans l'esclavage.

PISISTRATE.

Mais les Athéniens sont trop jaloux de leur liberté.

SOLON.

Il est vrai que les Athéniens sont jusqu'à l'excès jaloux d'une liberté qui leur appartient: mais toi, n'étois-tu pas encore plus jaloux d'une tyrannie qui ne pouvoit t'appartenir?

PISISTRATE.

Je souffrois impatiemment de voir le peuple à la merci des sophistes et des rhéteurs qui prévaloient sur les gens sages.

SOLON.

Il valoit mieux encore que les sophistes et les rhéteurs abusassent quelquefois le peuple par leurs raisonnements et par leur éloquence, que de te voir fermer la bouche des bons et des mauvais conseillers, pour accabler le peuple, et pour n'écouter plus que tes propres passions. Mais quelle douceur goûtois-tu dans cette puissance? Quel est donc le charme de la tyrannie?

PISISTRATE.

C'est d'être craint de tout le monde, de ne craindre personne, et de pouvoir tout.

SOLON.

Insensé! tu avois tout à craindre; et tu l'as bien éprouvé quand tu es tombé du haut de ta fortune, et que tu as eu tant de peine à te relever. Tu le sens encore dans tes enfants. Qui est-ce qui avoit plus à craindre, ou de toi, ou des Athéniens; des Athéniens, qui, en portant le joug de la servitude, te détestoient; ou de toi, qui devois toujours craindre d'être trahi, dépossédé, et puni de ton usurpation? Tu avois donc plus à craindre que ce peuple même captif à qui tu te rendois redoutable.

PISISTRATE.

Je l'avoue franchement, la tyrannie ne me donnoit aucun vrai plaisir: mais je n'aurois pas eu le courage de la quitter. En perdant l'autorité, je serois tombé dans une langueur mortelle.

SOLON.

Reconnois donc combien la tyrannie est pernicieuse pour le tyran aussi-bien que pour le peuple: il n'est point heureux de l'avoir, il est malheureux de la perdre.

DIALOGUE XIII.

SOLON et JUSTINIEN.

Idée juste des loix propres à rendre un peuple bon et heureux.

JUSTINIEN.

Rien n'est semblable à la majesté des loix romaines. Vous avez eu chez les Grecs la réputation d'un grand législateur; mais si vous aviez vécu parmi nous, votre gloire auroit été bien obscurcie.

SOLON.

Pourquoi? m'auroit-on méprisé en votre pays?

JUSTINIEN.

C'est que les Romains ont bien enchéri sur les Grecs pour le nombre des loix et pour leur perfection.

SOLON.

En quoi ont-ils donc enchéri?

JUSTINIEN.

Nous avons une infinité de loix merveilleuses qui ont été faites en divers temps. J'aurai, dans tous les siecles, la gloire d'avoir compilé dans mon code tout ce grand corps de loix.

SOLON.

J'ai oui dire souvent à Cicéron ici-bas, que les loix

des douze tables étoient les plus parfaites que les Romains aient eues. Vous trouverez bon que je remarque en passant que ces loix allerent de Gréce à Rome, et qu'elles venoient principalement de Lacédémone.

JUSTINIEN.

Elles viendront d'où il vous plaira : mais elles étoient trop simples et trop courtes pour entrer en comparaison avec nos loix, qui ont tout prévu, tout décidé, tout mis en ordre avec un détail infini.

SOLON.

Pour moi, je croyois que des loix, pour être bonnes, devoient être claires, simples, courtes, proportionnées à tout un peuple qui doit les entendre, les retenir facilement, les aimer, les suivre à toute heure et à tout moment.

JUSTINIEN.

Mais des loix simples et courtes n'exercent point assez la science et le génie des jurisconsultes ; elles n'approfondissent point assez les belles questions.

SOLON.

J'avoue qu'il me paroissoit que les loix étoient faites pour éviter les questions épineuses, et pour conserver dans un peuple les bonnes mœurs, l'ordre et la paix : mais vous m'apprenez qu'elles doivent exercer les esprits subtils, et fournir de quoi plaider.

JUSTINIEN.

Rome a produit de savants jurisconsultes : Sparte n'avoit que des soldats ignorants.

SOLON.

J'aurois cru que les bonnes loix sont celles qui font qu'on n'a pas besoin de jurisconsultes, et que tous les ignorants vivent en paix à l'abri de ces loix simples et claires, sans être réduits à consulter de vains sophistes sur le sens de divers textes, sur la maniere de les concilier. Je conclurois que des loix ne sont guere bonnes, quand il faut tant de savants pour les expliquer, et qu'ils ne sont jamais d'accord entre eux.

JUSTINIEN.

Pour accorder tout, j'ai fait ma compilation.

SOLON.

Tribonien me disoit hier que c'est lui qui l'a faite.

JUSTINIEN.

Il est vrai : mais il l'a faite par mes ordres. Un empereur ne fait pas lui-même un tel ouvrage.

SOLON.

Pour moi, qui ai régné, j'ai cru que la fonction principale de celui qui gouverne les peuples étoit de leur donner des loix qui reglent tout ensemble le roi et les peuples pour les rendre bons et heureux. Commander des armées et remporter des victoires n'est rien en comparaison de la gloire d'un législateur. Mais pour revenir à Tribonien, il n'a fait qu'une compilation de loix de divers temps qui ont souvent varié, et vous n'avez jamais eu un vrai corps de loix faites ensemble par un même dessein pour former les mœurs et le gouvernement entier d'une nation : c'est un recueil de loix particulieres pour décider sur les prétentions réciproques des particuliers. Mais les Grecs ont seuls la gloire d'avoir fait des loix fondamentales pour conduire un peuple sur des principes philosophiques, et pour régler toute sa politique et tout son gouvernement. Pour la multitude de vos loix que vous vantez tant, c'est ce qui me fait croire que vous n'en avez pas eu de bonnes, ou que vous n'avez pas su les conserver dans la simplicité. Pour bien gouverner un peuple, il faut peu de juges et peu de loix. Il y a peu d'hommes capables d'être juges : la multitude des juges corrompt tout. La multitude des loix n'est pas moins pernicieuse : on ne les entend plus, on ne les garde plus. Dès qu'il y en a tant, on s'accoutume à les révérer en apparence, et à les violer sous de beaux prétextes. La vanité les fait faire avec faste, l'avarice et les autres passions les font mépriser. On s'en joue par la subtilité des sophistes, qui les expliquent comme chacun le demande pour son argent : de là naît la chicane qui est un monstre né pour dévorer le genre humain. Je juge des causes par leurs effets. Les loix ne me paroissent bonnes que dans les pays où on ne plaide point, et où des loix simples et courtes ont évité toutes les questions. Je ne voudrois ni dispositions par testament, ni adoptions, ni exhérédations, ni substitutions, ni emprunts, ni ventes, ni échanges. Je ne voudrois qu'une étendue très bornée de terre dans chaque famille, que ce bien fût inaliénable, et que le magistrat le partageât également aux enfants selon la loi après la mort du pere. Quand les familles se multiplieroient trop à proportion de l'étendue des terres, j'enverrois une partie du peuple faire une colonie dans quelque isle déserte. Moyennant cette regle courte et simple, je me passerois de tous vos fatras de loix, et je ne songerois qu'à régler les mœurs, qu'à élever la jeunesse à la sobriété, au travail, à la patience, au mépris de la mollesse, au courage contre les douleurs et contre la mort. Cela vaudroit mieux que de subtiliser sur les contrats, ou sur les tuteles.

JUSTINIEN.

Vous renverseriez par des loix si seches tout ce qu'il y a de plus ingénieux dans la jurisprudence.

SOLON.

J'aime mieux des loix simples, dures et sauvages, qu'un art ingénieux de troubler le repos des hommes et de corrompre le fond des mœurs. Jamais on n'a vu tant de loix que de votre temps : jamais on n'a vu votre empire si lâche, si efféminé, si abâtardi, si indigne des anciens Romains qui ressembloient aux Spartiates. Vous-même vous n'avez été qu'un fourbe, qu'un impie, un scélérat, un destructeur des bonnes loix, un homme vain et faux en tout. Votre Tribonien a été aussi méchant, aussi double, et aussi dissolu. Procope vous a démasqués. Je reviens aux loix : elles ne sont loix qu'autant qu'elles sont facilement conçues, crues, aimées, suivies, et ne sont bonnes qu'autant que leur exécution rend les peuples bons et heureux. Vous n'avez fait personne bon et heureux par votre fastueuse compilation ; d'où je conclus qu'elle mérite d'être brûlée. Je vois que vous vous fâchez. La majesté impériale se croit au-dessus de la vérité ; mais son ombre n'est plus qu'une ombre à qui on dit la vérité impunément. Je me retire néanmoins pour appaiser votre bile allumée.

DIALOGUE XIV.

DÉMOCRITE et HÉRACLITE.

Comparaison de Démocrite et d'Héraclite, où on donne l'avantage au dernier, comme plus humain.

DÉMOCRITE.

Je ne saurois m'accommoder d'une philosophie triste.

HÉRACLITE.

Ni moi d'une gaie. Quand on est sage, on ne voit rien dans le monde qui ne paroisse de travers et qui ne déplaise.

DÉMOCRITE.

Vous prenez les choses d'un trop grand sérieux, cela vous fera mal.

HÉRACLITE.

Vous les prenez avec trop d'enjouement : votre air moqueur est plutôt celui d'un satyre que d'un philosophe. N'êtes-vous point touché de voir le genre humain si aveugle, si corrompu, si égaré?

DÉMOCRITE.

Je suis bien plus touché de le voir si impertinent et si ridicule.

DES MORTS.

HÉRACLITE.

Mais enfin ce genre humain dont vous riez, c'est le monde entier avec qui vous vivez, c'est la société de vos amis, c'est votre famille, c'est vous-même.

DÉMOCRITE.

Je ne me soucie guere de tous les fous que je vois, et je me crois sage en me moquant d'eux.

HÉRACLITE.

S'ils sont fous, vous n'êtes guere sage ni bon de ne les plaindre pas et d'insulter à leur folie. D'ailleurs qui vous répond que vous ne soyez pas aussi extravagant qu'eux?

DÉMOCRITE.

Je ne puis l'être, pensant en toutes choses le contraire de ce qu'ils pensent.

HÉRACLITE.

Il y a des folies de diverses especes. Peut-être qu'à force de contredire les folies des autres, vous vous jetez dans une extrémité contraire qui n'est pas moins folle.

DÉMOCRITE.

Croyez-en ce qu'il vous plaira, et pleurez encore sur moi si vous avez des larmes de reste : pour moi je suis content de rire des fous. Tous les hommes ne le sont-ils pas? Répondez.

HÉRACLITE.

Hélas! ils ne le sont que trop, c'est ce qui m'afflige: nous convenons vous et moi en ce point, que les hommes ne suivent point la raison. Mais moi, qui ne veux pas faire comme eux, je veux suivre la raison qui m'oblige de les aimer; et cette amitié me remplit de compassion pour leurs égarements. Ai-je tort d'avoir pitié de mes semblables, de mes freres, de ce qui est, pour ainsi dire, une partie de moi-même? Si vous entriez dans un hôpital de blessés, ririez-vous de voir leurs blessures? Les plaies du corps ne sont rien en comparaison de celles de l'ame : vous auriez honte de votre cruauté, si vous aviez ri d'un malheureux qui a la jambe coupée; et vous avez l'inhumanité de vous moquer du monde entier qui a perdu la raison!

DÉMOCRITE.

Celui qui a perdu une jambe est à plaindre, en ce qu'il ne s'est point ôté lui-même ce membre : mais celui qui perd la raison la perd par sa faute.

HÉRACLITE.

Hé! c'est en quoi il est plus à plaindre. Un insensé furieux qui s'arracheroit lui-même les yeux seroit encore plus digne de compassion qu'un autre aveugle.

DÉMOCRITE.

Accommodons-nous : il y a de quoi nous justifier tous deux. Il y a par-tout de quoi rire et de quoi pleurer. Le monde est ridicule, et j'en ris. Il est déplorable, et vous en pleurez. Chacun le regarde à sa mode et suivant son tempérament. Ce qui est de certain, c'est que le monde est de travers. Pour bien faire, pour bien penser, il faut faire, il faut penser autrement que le grand nombre : se régler par l'autorité et par l'exemple du commun des hommes, c'est le partage des insensés.

HÉRACLITE.

Tout cela est vrai ; mais vous n'aimez rien, et le mal d'autrui vous réjouit. C'est n'aimer ni les hommes, ni la vertu qu'ils abandonnent.

DIALOGUE XV.

HÉRODOTE et LUCIEN.

Une trop grande crédulité est un excès à éviter : mais celui de l'incrédulité est bien plus funeste.

HÉRODOTE.

Ah ! bon jour, mon ami. Tu n'as plus envie de rire, toi qui as fait discourir tant d'hommes célebres en leur faisant passer la barque de Caron. Te voilà donc descendu à ton tour sur les bords du Styx ! Tu avois raison de te jouer des tyrans, des flatteurs, des scélérats : mais de moi !

LUCIEN.

Quand est-ce que je m'en suis moqué? Tu cherches querelle.

HÉRODOTE.

Dans ton histoire véritable et ailleurs, tu prends mes relations pour des fables.

LUCIEN.

Avois-je tort? Combien as-tu avancé de choses sur la parole des prêtres et des autres gens qui veulent toujours du mystere et du merveilleux!

HÉRODOTE.

Impie! tu ne croyois pas la religion.

LUCIEN.

Il falloit une religion plus pure et plus sérieuse que celle de Jupiter et de Vénus, de Mars, d'Apollon, et des autres dieux, pour persuader les gens de bon sens. Tant pis pour toi de l'avoir crue.

HÉRODOTE.

Mais tu ne méprisois pas moins la philosophie. Rien n'étoit sacré pour toi.

LUCIEN.

Je méprisois les dieux, parceque les poëtes nous les dépeignoient comme les plus malhonnêtes gens du monde. Pour les philosophes, ils faisoient semblant de n'estimer que la vertu, et ils étoient pleins de vices. S'ils eussent été philosophes de bonne foi, je les aurois respectés.

HÉRODOTE.

Et Socrate, comment l'as-tu traité? Est-ce sa faute, ou la tienne? Parle.

LUCIEN.

Il est vrai que j'ai badiné sur les choses dont on l'accusoit; mais je ne l'ai pas condamné sérieusement.

HÉRODOTE.

Faut-il se jouer aux dépens d'un si grand homme sur des calomnies grossieres? Mais, dis la vérité, tu ne songeois qu'à rire, qu'à te moquer de tout, qu'à montrer du ridicule en chaque chose, sans te mettre en peine d'en établir aucune solidement.

LUCIEN.

Hé! n'ai-je pas gourmandé les vices? N'ai-je pas foudroyé les grands qui abusent de leur grandeur? N'ai-je pas élevé jusqu'au ciel le mépris des richesses et des délices?

HÉRODOTE.

Il est vrai, tu as bien parlé de la vertu : mais pour blâmer les vices de tout le genre humain, c'étoit plutôt un goût de satyre, qu'un sentiment de solide philosophie. Tu louois même la vertu sans vouloir remonter jusqu'aux principes de religion et de philosophie qui en sont les vrais fondements.

LUCIEN.

Tu raisonnes mieux ici bas que tu ne faisois dans

tes grands voyages. Mais accordons-nous. Hé bien! je n'étois pas assez crédule, et tu l'étois trop.

HÉRODOTE.

Ah! te voilà encore toi-même, tournant tout en plaisanterie. Ne seroit-il pas temps que ton ombre eût un peu de gravité?

LUCIEN.

Gravité! j'en suis las, à force d'avoir vu des hommes qui n'en avoient que les dehors. J'étois environné de philosophes qui s'en piquoient, sans bonne foi, sans justice, sans amitié, sans modération, sans pudeur.

HÉRODOTE.

Tu parles des philosophes de ton temps qui avoient dégénéré : mais...

LUCIEN.

Que voulois-tu donc que je fisse? que j'eusse vu ceux qui étoient morts plusieurs siecles avant ma naissance ? Je ne me souvenois point d'avoir été au siege de Troie, comme Pythagore. Tout le monde ne peut pas avoir été Euphorbe.

HÉRODOTE.

Autre moquerie. Et voilà tes réponses aux plus solides raisonnements! Je souhaite pour ta punition que les dieux, que tu n'as pas voulu croire, t'envoient dans le corps de quelque voyageur qui aille dans tous les pays dont j'ai raconté des choses que tu traites de fabuleuses.

LUCIEN.

Après cela il ne me manqueroit plus que de passer de corps en corps dans toutes les sectes de philosophes que j'ai décriées : par là je serois tour à tour de toutes les opinions contraires dont je me suis moqué: Cela seroit bien joli. Mais tu as dit des choses à-peu-près aussi croyables.

HÉRODOTE.

Va, je t'abandonne, et je me console quand je songe que je suis avec Homere, Socrate, Pythagore, que tu n'as pas épargnés plus que moi ; enfin avec Platon, de qui tu as appris l'art des dialogues, quoique tu te sois moqué de sa philosophie.

DIALOGUE XVI.

SOCRATE et ALCIBIADE.

Les plus grandes qualités naturelles ne servent souvent qu'à déshonorer, si elles ne sont soutenues par un amour constant de la vertu.

SOCRATE.

Te voilà toujours agréable. Qui charmeras-tu dans les enfers?

ALCIBIADE.

Et toi, te voilà toujours censeur du genre humain.

Qui persuaderas-tu ici, toi qui veux toujours persuader quelqu'un?

SOCRATE.

Je suis rebuté de vouloir persuader les hommes, depuis que j'ai éprouvé combien mes discours ont mal réussi pour te persuader la vertu.

ALCIBIADE.

Voulois-tu que je vécusse pauvre comme toi, sans me mêler des affaires publiques?

SOCRATE.

Lequel valoit mieux, ou de ne s'en mêler pas, ou de les brouiller et de devenir l'ennemi de sa patrie?

ALCIBIADE.

J'aime mieux mon personnage que le tien. J'ai été beau, magnifique, tout-couvert de gloire, vivant dans les délices, la terreur des Lacédémoniens et des Perses. Les Athéniens n'ont pu sauver leur ville qu'en me rappellant. S'ils m'eussent cru, Lysander ne seroit jamais entré dans leur port. Pour toi, tu n'étois qu'un pauvre homme, laid, camus, chauve, qui passoit sa vie à discourir pour blâmer les hommes dans tout ce qu'ils font. Aristophane t'a joué sur le théâtre; tu as passé pour un impie, et on t'a fait mourir.

SOCRATE.

Voilà bien des choses que tu mets ensemble : examinons-les en détail. Tu as été beau, mais décrié pour avoir fait de honteux usages de ta beauté. Les délices ont corrompu ton beau naturel. Tu as rendu de grands services à ta patrie ; mais tu lui as fait de grands maux. Dans les biens et dans les maux que tu lui as faits, c'est une vaine ambition qui t'a fait agir ; par conséquent il ne t'en revient aucune gloire véritable. Les ennemis de la Grece, auxquels tu t'étois livré, ne pouvoient se fier à toi, et tu ne pouvois te fier à eux. N'auroit-il pas été plus glorieux de vivre pauvre dans ta patrie, et d'y souffrir patiemment tout ce que les méchants font d'ordinaire pour opprimer la vertu ? Il vaut mieux être laid et sage comme moi, que beau et dissolu comme tu l'étois. L'unique chose qu'on peut me reprocher, est de t'avoir trop aimé, et de m'être laissé éblouir par un naturel aussi léger que le tien. Tes vices ont déshonoré l'éducation philosophique que Socrate t'avoit donnée : voilà mon tort.

ALCIBIADE.

Mais ta mort montre que tu étois un impie.

SOCRATE.

Les impies sont ceux qui ont brisé les statues d'Hermès. J'aime mieux avoir avalé du poison pour avoir enseigné la vérité et avoir irrité les hommes qui ne la peuvent souffrir, que de trouver la mort comme toi dans le sein d'une courtisane.

ALCIBIADE.

Ta raillerie est toujours piquante.

SOCRATE.

Hé! quel moyen de souffrir un homme qui étoit propre à faire tant de biens, et qui a fait tant de maux? Tu viens encore insulter à la vertu.

ALCIBIADE.

Quoi! l'ombre de Socrate et la vertu sont donc la même chose! Te voilà bien présomptueux...

SOCRATE.

Compte pour rien Socrate si tu veux, j'y consens: mais, après avoir trompé mes espérances sur la vertu que je tâchois de t'inspirer, ne viens point encore te moquer de la philosophie et me vanter toutes tes actions; elles ont eu de l'éclat, mais nulle regle. Tu n'as point de quoi rire; la mort t'a fait aussi laid et aussi camus que moi: que te reste-t-il de tes plaisirs?

ALCIBIADE.

Ah! il est vrai, il ne m'en reste que la honte et les remords. Mais où vas tu? Pourquoi donc veux-tu me quitter?

SOCRATE.

Adieu: je ne t'ai pas suivi dans tes voyages ambitieux, ni en Sicile, ni à Sparte, ni en Asie; il n'est pas juste que tu me suives dans les champs élysées, où je vais mener une vie paisible et bienheureuse avec Solon, Lycurgue, et les autres sages.

ALCIBIADE.

Ah! mon cher Socrate, faut-il que je sois séparé de toi! Hélas! où irai-je donc?

SOCRATE.

Avec ces ames foibles et vaines dont la vie a été un mélange perpétuel de bien et de mal, et qui n'ont jamais aimé de suite la pure vertu. Tu étois né pour la suivre : tu lui as préféré tes passions. Maintenant elle te quitte à son tour, et tu la regretteras éternellement.

ALCIBIADE.

Hélas! mon cher Socrate, tu m'as tant aimé : ne veux-tu plus avoir jamais aucune pitié de moi? Tu ne saurois désavouer, car tu le sais mieux qu'un autre, que le fond de mon naturel étoit bon.

SOCRATE.

C'est ce qui te rend plus inexcusable. Tu étois bien né, et tu as mal vécu. Mon amitié pour toi, non plus que ton beau naturel, ne sert qu'à ta condamnation. Je t'ai aimé pour la vertu : mais enfin je t'ai aimé jusqu'à hasarder ma réputation. J'ai souffert pour l'amour de toi qu'on m'ait soupçonné injustement de vices monstrueux que j'ai condamnés dans toute ma doctrine. Je t'ai sacrifié ma vie aussi-bien que mon honneur. As-tu oublié l'expédition de Potidée, où je logeai toujours avec toi? Un pere ne sauroit être plus attaché à son fils que je l'étois à toi. Dans toutes les rencontres des guerres j'étois toujours à ton côté. Un jour le combat étant douteux, tu fus blessé; aussitôt je me jetai au-devant de toi pour te couvrir de mon corps comme d'un bouclier. Je sauvai ta vie, ta liberté, tes armes. La couronne m'étoit due par cette action : je priai les chefs de l'armée de te la donner. Je n'eus de passion que pour ta gloire. Je n'eusse jamais cru que tu eusses pu devenir la honte de ta patrie et la source de tous ses malheurs.

ALCIBIADE.

Je m'imagine, mon cher Socrate, que tu n'as pas oublié aussi cette autre occasion où, nos troupes ayant été défaites, tu te retirois à pied avec beaucoup de peine, et où me trouvant à cheval je m'arrêtai pour repousser les ennemis qui t'alloient accabler. Faisons compensation.

SOCRATE.

Je le veux. Si je rappelle ce que j'ai fait pour toi, ce n'est point pour te le reprocher, ni pour me faire valoir; c'est pour montrer les soins que j'ai pris pour te rendre bon, et combien tu as mal répondu à toutes mes peines.

ALCIBIADE.

Tu n'as rien à dire contre ma premiere jeunesse. Souvent, en écoutant tes instructions, je m'attendrissois jusqu'à en pleurer. Si quelquefois je t'échappois étant entraîné par les compagnies, tu courois après moi comme un maître après son esclave fugitif. Jamais je n'ai osé te résister. Je n'écoutois que toi; je ne craignois que de te déplaire.

Il est vrai que je fis une gageure un jour de donner un soufflet à Hipponicus. Je le lui donnai; ensuite j'allai lui demander pardon, et me dépouiller devant lui, afin qu'il me punît avec des verges: mais il me pardonna, voyant que je ne l'avois offensé que par la légèreté de mon naturel enjoué et folâtre.

SOCRATE.

Alors tu n'avois commis que la faute d'un jeune fou: mais dans la suite tu as fait les crimes d'un scélérat qui ne compte pour rien les dieux, qui se joue de la vertu et de la bonne foi, qui met sa patrie en cendres pour contenter son ambition, qui porte dans toutes les nations étrangeres des mœurs dissolues. Va, tu me fais horreur et pitié. Tu étois fait pour être bon, et tu as voulu être méchant; je ne puis m'en consoler. Séparons-nous. Les trois juges décideront de ton sort: mais il ne peut plus y avoir ici bas d'union entre nous deux.

DIALOGUE XVII.

SOCRATE ET ALCIBIADE.

Le bon gouvernement est celui où les citoyens sont élevés dans le respect des loix, et dans l'amour de la patrie, et du genre humain qui est la grande patrie.

SOCRATE.

Vous voilà devenu bien sage à vos dépens, et aux dépens de tous ceux que vous avez trompés. Vous pourriez être le digne héros d'une seconde Odyssée; car vous avez vu les mœurs d'un plus grand nombre de peuples dans vos voyages, qu'Ulysse n'en vit dans les siens.

ALCIBIADE.

Ce n'est pas l'expérience qui me manque, mais la sagesse : mais quoique vous vous moquiez de moi, vous ne sauriez nier qu'un homme n'apprenne bien des choses quand il voyage et qu'il étudie sérieusement les mœurs de tant de peuples.

SOCRATE.

Il est vrai que cette étude, si elle étoit bien faite, pourroit beaucoup agrandir l'esprit: mais il faudroit un vrai philosophe, un homme tranquille et appliqué, qui ne fût point dominé comme vous par l'ambition et par le plaisir, un homme sans passion et sans préjugé, qui chercheroit tout ce qu'il y auroit de bon en chaque peuple, et qui découvriroit ce que les loix de chaque pays lui ont apporté de bien et de mal. Au retour de ce voyage, un philosophe seroit un excellent législateur. Mais vous n'avez jamais été l'homme qu'il falloit pour donner des loix ; votre talent étoit tout pour les violer. A peine étiez-vous hors de l'enfance, que vous conseillâtes à votre oncle Périclès d'engager la guerre pour éviter de rendre compte des deniers publics. Je crois même qu'après votre mort vous seriez un dangereux garde des loix.

ALCIBIADE.

Laissez-moi là, je vous prie ; le fleuve d'oubli doit effacer toutes mes fautes : parlons des mœurs des peuples. Je n'ai trouvé par-tout que des coutumes, et fort peu de loix. Tous les barbares n'ont d'autre regle que l'habitude et l'exemple de leurs peres. Les Perses mêmes, dont on a tant vanté les mœurs du temps de Cyrus, n'ont aucune trace de cette vertu. Leur valeur et leur magnificence montrent un assez beau naturel : mais il est corrompu par la mollesse et par le faste le plus grossier. Leurs rois, encensés comme des idoles, ne sauroient être honnêtes gens, ni connoître la vérité : l'humanité ne peut soutenir avec modération une puissance aussi désordonnée que la leur; ils s'imaginent que tout est fait pour eux ; ils se jouent du bien, de l'honneur et de la vie de tous les autres hommes. Rien ne marque tant de barbarie que cette forme de gouvernement ; car il n'y a plus de loix, et la volonté d'un seul homme dont on flatte toutes les passions est sa loi unique.

SOCRATE.

Ce pays-là ne convenoit guere à un génie aussi libre et aussi hardi que le vôtre : mais ne trouvez-vous pas que la liberté d'Athenes est dans une autre extrémité?

ALCIBIADE.

Sparte est ce que j'ai vu de meilleur.

SOCRATE.

La servitude des Ilotes ne vous paroît-elle pas contraire à l'humanité? Remontez hardiment aux vrais principes; défaites-vous de tous les préjugés : avouez qu'en cela les Grecs sont eux-mêmes un peu barbares. Est-il permis à une partie des hommes de traiter l'autre comme des bêtes de charge?

ALCIBIADE.

Pourquoi non, si c'est un peuple subjugué?

SOCRATE.

Le peuple subjugué est toujours peuple ; le droit de conquête est un droit moins fort que celui de l'humanité. Ce qu'on appelle conquête devient le comble de la tyrannie et l'exécration du genre humain, à moins que le conquérant n'ait fait sa conquête par une guerre juste, et n'ait rendu heureux le peuple conquis en lui donnant de bonnes loix. Il n'est donc pas permis aux Lacédémoniens de traiter si inhumainement les Ilotes, qui sont hommes comme eux. Quelle horrible barbarie, que de voir un peuple qui se joue de la vie d'un autre, et qui compte pour rien sa vie et son repos ! De même qu'un chef de famille ne doit jamais s'entêter de la grandeur de sa maison, jusqu'à vouloir troubler la paix et la tranquillité publique de tout le peuple, dont lui et sa famille ne sont qu'un membre ; de même c'est une conduite insensée, brutale et pernicieuse, que le chef d'une nation mette sa gloire à augmenter la puissance de son peuple en troublant le repos et la liberté des peuples voisins. Un peuple n'est pas moins un membre du genre humain, qui est la société générale, qu'une famille est un membre d'une nation particuliere. Chacun doit incomparablement plus au genre humain, qui est la grande patrie, qu'à la patrie particuliere dont il est né : il est donc infiniment plus pernicieux de blesser la justice de peuple à peuple, que de la blesser de famille à famille contre sa république. Renoncer au sentiment d'humanité, non seulement c'est manquer de politesse et tomber dans la barbarie, mais c'est l'aveuglement le plus dénaturé des brigands et des sauvages ; c'est n'être plus homme, et être anthropophage.

ALCIBIADE.

Vous vous fâchez ! Il me semble que vous étiez de meilleure humeur dans le monde ; vos ironies piquantes avoient quelque chose de plus enjoué.

SOCRATE.

Je ne saurois être enjoué sur des choses aussi sérieuses. Les Lacédémoniens ont abandonné tous les arts pacifiques pour ne se réserver que celui de la guerre ; et comme la guerre est le plus grand des maux, ils ne savent que faire du mal ; ils s'en piquent ; ils dédaignent tout ce qui n'est pas la destruction du genre humain, et tout ce qui ne peut servir à la gloire brutale d'une poignée d'hommes qu'on appelle les Spartiates. Il faut que d'autres hommes cultivent la terre pour les nourrir, pendant qu'ils se réservent pour ravager les terres voisines. Ils ne sont pas sobres, austeres contre eux-mêmes, pour être justes et modérés à l'égard d'autrui : au contraire, ils sont durs et farouches contre tout ce qui n'est point la patrie, comme si la nature humaine n'étoit pas plus leur patrie que Sparte. La guerre est un mal qui déshonore le genre humain : si l'on pouvoit ensevelir toutes les histoires dans un éternel oubli, il faudroit cacher à la postérité que des hommes ont été capables de tuer d'autres hommes. Toutes les guerres sont civiles; car c'est toujours l'homme qui répand son propre sang, qui déchire ses propres entrailles. Plus la guerre est étendue, plus elle est funeste: donc celle des peuples qui composent le genre humain est encore pire que celle des familles qui troublent une nation. Il n'est donc permis de faire la guerre que malgré soi, à la derniere extrémité, pour repousser la violence de l'ennemi. Comment est-ce que Lycurgue n'a point eu d'horreur de former un peuple oisif et imbécille pour toutes les occupations douces et innocentes de la paix, et de ne lui avoir donné d'autre exercice d'esprit que celui de nuire par la guerre à l'humanité ?

ALCIBIADE.

Votre bile s'échauffe avec raison : mais aimeriez-vous mieux un peuple comme celui d'Athenes, qui raffine jusqu'au dernier excès sur les arts destinés à la volupté ? Il vaut encore mieux souffrir des naturels farouches comme ceux de Lacédémone.

SOCRATE.

Vous voilà bien changé ! vous n'êtes plus cet homme si décrié : les bords du Styx font de beaux changements! Mais peut-être que vous parlez ainsi par complaisance ; car vous avez toute votre vie été un Protée sur les mœurs. Quoi qu'il en soit, j'avoue qu'un peuple qui par la contagion de ses mœurs porte le faste, la mollesse, l'injustice et la fraude chez les autres peuples, fait encore pis que celui qui n'a d'autre occupation, d'autre mérite que celui de répandre du sang ; car la vertu est plus précieuse aux hommes que la vie. Lycurgue est donc louable d'avoir banni de sa république tous les arts qui ne servent qu'au faste et à la volupté : mais il est inexcusable d'en avoir ôté l'agriculture, et les autres arts nécessaires pour une vie simple et frugale. N'est-il pas honteux qu'un peuple ne se suffise pas à lui-même, et qu'il lui faille un autre peuple appliqué à l'agriculture pour le nourrir ?

ALCIBIADE.

Hé bien! je passe condamnation sur ce chapitre : mais n'aimez-vous pas mieux la sévere discipline de Sparte, et l'inviolable subordination qui y soumet la jeunesse aux vieillards, que la science effrénée d'Athenes ?

SOCRATE.

Un peuple gâté par une liberté excessive est le plus insupportable de tous les tyrans ; ainsi la populace soulevée contre les loix est le plus insolent de tous les maîtres. Mais il faut un milieu. Ce milieu est qu'un peuple ait des loix écrites, toujours constantes, et consacrées par toute la nation ; qu'elles soient au-dessus de tout ; que ceux qui gouvernent n'aient d'autorité que par elles ; qu'ils puissent tout pour le bien, et suivant les loix ; qu'ils ne puissent rien contre ces loix pour autoriser le mal. Voilà ce que les hommes, s'ils n'étoient pas aveugles et ennemis d'eux-mêmes, établiroient unanimement pour leur félicité : mais les uns, comme les Athéniens, renversent les loix, de peur de donner trop d'autorité aux magistrats, par qui les loix devroient régner ; et les autres, comme les Perses, par un respect superstitieux des loix, se mettent dans un tel esclavage sous ceux qui devroient faire les loix, que ceux-ci regnent eux-mêmes, et qu'il n'y a plus d'autre loi réelle que leur volonté absolue. Ainsi les uns et les autres s'éloignent du but, qui est une liberté modérée par la seule autorité des loix, dont ceux qui gouvernent ne devroient être que les simples défenseurs. Celui qui gouverne doit être le plus obéissant à la loi. Sa personne détachée de la loi n'est rien, et elle n'est consacrée qu'autant qu'il est lui-même, sans intérêt et sans passion, la loi vivante donnée pour le bien des hommes. Jugez par-là combien les Grecs, qui méprisent tant les barbares, sont encore dans la barbarie. La guerre du Péloponnese, où la jalousie ambitieuse des deux républiques a mis tout en feu pendant vingt-huit ans, en est une funeste preuve. Vous-même qui parlez ici, n'avez-vous pas flatté tantôt l'ambition triste et implacable des Lacédémoniens, tantôt l'ambition des Athéniens plus vaine et plus enjouée? Athenes avec moins de puissance a fait de plus grands efforts, et a triomphé long-temps de toute la Grece : mais enfin elle a succombé tout-à-coup, parceque le despotisme du peuple est une puissance folle et aveugle, qui se forcene contre elle-même, et qui n'est absolue et au-dessus des loix que pour achever de se détruire.

ALCIBIADE.

Je vois bien qu'Avitus n'a pas eu tort de vous faire boire un peu de ciguë, et qu'on devoit encore plus craindre votre politique que votre nouvelle religion.

DIALOGUE XVIII.

SOCRATE, ALCIBIADE et TIMON.

Juste milieu entre la misanthropie, et le caractere corrompu d'Alcibiade.

ALCIBIADE.

Je suis surpris, mon cher Socrate, de voir que vous ayez tant de goût pour ce misanthrope, qui fait peur aux petits enfants.

SOCRATE.

Il faut être bien plus surpris de ce qu'il s'apprivoise avec moi.

TIMON.

On m'accuse de haïr les hommes, et je ne m'en défends pas : on n'a qu'à voir comment ils sont faits pour juger si j'ai tort. Haïr le genre humain, c'est haïr une méchante bête, une multitude de sots, de frippons, de flatteurs, de traîtres, et d'ingrats.

ALCIBIADE.

Voilà un beau dictionnaire d'injures. Mais vaut-il mieux être farouche, dédaigneux, incompatible et toujours mordant? Pour moi, je trouve que les sots me réjouissent, et que les gens d'esprit me contentent. J'ai envie de leur plaire à mon tour, et je m'accommode de tout pour me rendre agréable dans la société.

TIMON.

Et moi je ne m'accommode de rien: tout me déplaît; tout est faux, de travers, insupportable; tout m'irrite, et me fait bondir le cœur. Vous êtes un Protée qui prenez indifféremment toutes les formes les plus contraires, parceque vous ne tenez à aucune. Ces métamorphoses, qui ne vous coûtent rien, montrent un cœur sans principes ni de justice ni de vérité. La vertu, selon vous, n'est qu'un beau nom:

il n'y en a aucune de fixe. Ce que vous approuvez à Athenes, vous le condamnez à Lacédémone. Dans la Grece vous êtes Grec ; en Asie vous êtes Perse. Ni dieux, ni loix, ni patrie, ne vous retiennent: vous ne suivez qu'une seule regle, qui est la passion de plaire, d'éblouir, de dominer, de vivre dans les délices, et de brouiller tous les états. Ô ciel! faut-il qu'on souffre sur la terre un tel homme, et que les autres hommes n'aient point de honte de l'admirer ! Alcibiade est aimé des hommes, lui qui se joue d'eux, et qui les précipite par ses crimes dans tant de malheurs. Pour moi, je hais et Alcibiade, et tous les sots qui l'aiment; et je serois bien fâché d'être aimé par eux, puisqu'ils ne savent aimer que le mal.

ALCIBIADE.

Voilà une déclaration bien obligeante! Je ne vous en sais néanmoins aucun mauvais gré. Vous me mettez à la tête de tout le genre humain, et me faites beaucoup d'honneur. Mon parti est plus fort que le vôtre : mais vous avez bon courage, et ne craignez pas d'être seul contre tous.

TIMON.

J'aurois horreur de n'être pas seul, quand je vois la bassesse, la lâcheté, la légèreté, la corruption et la noirceur de tous les hommes qui couvrent la terre.

ALCIBIADE.

N'en exceptez-vous aucun?

TIMON.

Non, non, en vérité, aucun, et vous moins qu'un autre.

ALCIBIADE.

Quoi! pas vous-même? Vous haïssez-vous aussi?

TIMON.

Oui, je me hais souvent, quand je me surprends dans quelque foiblesse.

ALCIBIADE.

Vous faites très bien, et vous n'avez de tort qu'en ce que vous ne le faites pas toujours. Qu'y a-t-il de plus haïssable qu'un homme qui a oublié qu'il est homme, qui hait sa propre nature, qui ne voit rien qu'avec horreur et avec une mélancolie farouche, qui tourne tout en poison, et qui renonce à toute société, quoique les hommes ne soient nés que pour être sociables?

TIMON.

Donnez-moi des hommes simples, droits, mais en tout bons et pleins de justice : je les aimerai, je ne les quitterai jamais, je les encenserai comme des dieux qui habitent sur la terre. Mais tant que vous me donnerez des hommes qui ne sont pas hommes, des renards en finesse, et des tigres en cruauté, qui auront le visage, le corps, la voix humaine, avec un cœur de monstre comme les sirenes, l'humanité même me les fera détester et fuir.

ALCIBIADE.

Il faut donc vous faire des hommes exprès. Ne vaut-il pas mieux s'accommoder aux hommes tels qu'on les trouve, que de vouloir les haïr jusqu'à ce qu'ils s'accommodent à nous ? Avec ce chagrin si critique, on passe tristement sa vie, méprisé, moqué, abandonné, et on ne goûte aucun plaisir. Pour moi je donne tout aux coutumes et aux imaginations de chaque peuple : par tout je me réjouis, et je fais des hommes tout ce que je veux. La philosophie qui n'aboutit qu'à faire d'un philosophe un hibou, est d'un bien mauvais usage. Il faut en ce monde une philosophie qui aille plus terre à terre. On prend les honnêtes gens par les motifs de la vertu, les voluptueux par leurs plaisirs, et les frippons par leur intérêt. C'est la seule bonne maniere de savoir vivre ; tout le reste est vision, et bile noire qu'il faudroit purger avec un peu d'ellébore.

TIMON.

Parler ainsi, c'est anéantir la vertu, et tourner en ridicule les bonnes mœurs. On ne souffriroit pas un homme si contagieux dans une république bien policée : mais, hélas ! où est-elle ici-bas, cette république? Ô mon pauvre Socrate! la vôtre, quand la verrons-nous? Demain, oui demain, je m'y retirerois si elle étoit commencée; mais je voudrois que nous allassions, loin de toutes les terres connues, fonder cette heureuse colonie de philosophes purs dans l'isle Atlantique.

ALCIBIADE.

Hé! vous ne songez pas que vous vous y porteriez. Il faudroit auparavant vous réconcilier avec vous-même, avec qui vous dites que vous êtes si souvent brouillé.

TIMON.

Vous avez beau vous en moquer, rien n'est plus sérieux. Oui, je le soutiens que je me hais souvent, et que j'ai raison de me haïr. Quand je me trouve amolli par les plaisirs jusqu'à supporter les vices des hommes, et prêt à leur complaire; quand je sens réveiller en moi l'intérêt, la volupté, la sensibilité pour une vaine réputation parmi les sots et les méchants; je me trouve presque semblable à eux, je me fais mon procès, je m'abhorre, et je ne puis me supporter.

ALCIBIADE.

Qui est-ce qui fait ensuite votre accommodement? Le faites-vous tête à tête avec vous-même sans arbitre?

TIMON.

C'est qu'après m'être condamné, je me redresse et je me corrige.

ALCIBIADE.

Il y a donc bien des gens chez vous! Un homme corrompu, entraîné par les mauvais exemples ; un second qui gronde le premier ; un troisieme qui les raccommode, en corrigeant celui qui s'est gâté.

TIMON.

Faites le plaisant tant qu'il vous plaira : chez vous la compagnie n'est pas si nombreuse ; car il n'y a dans votre cœur qu'un seul homme toujours souple et dépravé, qui se travestit en cent façons pour faire toujours également le mal.

ALCIBIADE.

Il n'y a donc que vous sur la terre qui soyez bon : encore ne l'êtes-vous que dans certains intervalles.

TIMON.

Non, je ne connois rien de bon, ni digne d'être aimé.

ALCIBIADE.

Si vous ne connoissez rien de bon, rien qui ne vous choque et dans les autres et au dedans de vous, si la vie entiere vous déplaît, vous auriez dû vous en délivrer, et prendre congé d'une si mauvaise compagnie. Pourquoi continuiez-vous à vivre pour être chagrin de tout et pour blâmer tout depuis le matin jusqu'au soir? Ne saviez-vous pas qu'on ne manque à Athenes ni de cordons coulants, ni de précipices?

TIMON.

J'aurois été tenté de faire ce que vous dites, si je n'avois craint de faire plaisir à tant d'hommes qui sont indignes qu'on leur en fasse.

ALCIBIADE.

Mais n'auriez-vous eu aucun regret de quitter personne? Quoi! personne sans exception? Songez-y bien avant que de répondre.

TIMON.

J'aurois eu un peu de regret de quitter Socrate; mais...

ALCIBIADE.

Hé! ne savez-vous pas qu'il est homme?

TIMON.

Non, je n'en suis pas bien assuré: j'en doute quelquefois; car il ne ressemble guere aux autres. Il me paroît sans artifice, sans intérêt, sans ambition. Je le trouve juste, sincere, égal. S'il y avoit au monde dix hommes comme lui, en vérité je crois qu'ils me réconcilieroient avec l'humanité.

ALCIBIADE.

Hé bien! croyez-le donc. Demandez-lui si la raison permet d'être misanthrope au point où vous l'êtes.

TIMON.

Je le veux : quoiqu'il ait toujours été un peu trop facile et trop sociable, je ne crains pas de m'engager à suivre son conseil. Ô mon cher Socrate ! quand je vois les hommes, et que je jette ensuite les yeux sur vous, je suis tenté de croire que vous êtes Minerve, qui est venue sous une figure d'homme instruire sa ville. Parlez, mais selon votre cœur ; me conseilleriez-vous de rentrer dans la société empestée des hommes, méchants, aveugles, et trompeurs ?

SOCRATE.

Non, je ne vous conseillerai jamais de vous rengager, ni dans les assemblées du peuple, ni dans les festins pleins de licence, ni dans aucune société avec un grand nombre de citoyens ; car le grand nombre est toujours corrompu. Une retraite honnête et tranquille à l'abri des passions des hommes et des siennes propres, est le seul état qui convienne à un vrai philosophe. Mais il faut aimer les hommes, et leur faire du bien malgré leurs défauts. Il ne faut rien attendre d'eux que de l'ingratitude, et les servir sans intérêt. Vivre au milieu d'eux pour les tromper, pour les éblouir, et pour en tirer de quoi contenter ses passions, c'est être le plus méchant des hommes, et se préparer des malheurs qu'on mérite : mais se tenir à l'écart, et néanmoins à portée d'instruire et de servir certains hommes, c'est être une divinité bienfaisante sur la terre. L'ambition d'Alcibiade est pernicieuse : mais votre misanthropie est une vertu foible, qui est mêlée d'un chagrin de tempérament. Vous êtes plus sauvage que détaché. Votre vertu âpre, impatiente, ne sait pas assez supporter le vice d'autrui : c'est un amour de soi-même, qui fait qu'on s'impatiente quand on ne peut réduire les autres au point qu'on voudroit. La philanthropie est une vertu douce, patiente et désintéressée, qui supporte le mal sans l'approuver. Elle attend les hommes; elle ne donne rien à son goût, ni à sa commodité. Elle se sert de la connoissance de sa propre foiblesse, pour supporter celle d'autrui. Elle n'est jamais dupe des hommes les plus trompeurs et les plus ingrats; car elle n'espere ni ne veut rien d'eux pour son propre intérêt, elle ne leur demande rien que pour leur bien véritable. Elle ne se lasse jamais dans cette bonté désintéressée ; elle imite les dieux, qui ont donné aux hommes la vie sans avoir besoin de leur encens ni de leurs victimes.

TIMON.

Mais je ne hais point les hommes par inhumanité; je ne les hais que malgré moi, parcequ'ils sont haïssables. C'est leur dépravation que je hais, et leurs personnes, parcequ'elles sont dépravées.

SOCRATE.

Hé bien! je le suppose. Mais si vous ne haïssez dans l'homme que le mal, pourquoi n'aimez-vous pas l'homme pour le délivrer de ce mal et pour le rendre bon? Le médecin hait la fievre et toutes les autres maladies qui tourmentent les corps des hommes : mais il ne hait point les malades. Les vices sont les maladies de l'ame: soyez un sage et charitable médecin, qui songe à guérir son malade par amitié pour lui, loin de le haïr. Le monde est un grand hôpital de tout le genre humain, qui doit exciter votre compassion: l'avarice, l'ambition, l'envie et la colere, sont des plaies plus grandes et plus dangereuses dans les ames que des abcès et des ulceres ne le sont dans les corps. Guérissez tous les malades que vous pourrez guérir, et plaignez tous ceux qui se trouveront incurables.

TIMON.

Oh! voilà, mon cher Socrate, un sophisme facile à démêler. Il y a une extrême différence entre les vices de l'ame et les maladies du corps. Les maladies sont des maux qu'on souffre et qu'on ne fait pas ; on n'en est point coupable, on est à plaindre. Mais pour les vices, ils sont volontaires, ils rendent la volonté coupable. Ce ne sont pas des maux qu'on souffre; ce sont des maux qu'on fait. Ces maux mérítent de l'indignation et du châtiment, et non pas de la pitié.

SOCRATE.

Il est vrai qu'il y a deux sortes de maladies des hommes : les unes involontaires et innocentes ; les autres volontaires, et qui rendent le malade coupable. Puisque la mauvaise volonté est le plus grand des maux, le vice est la plus déplorable de toutes les maladies. L'homme méchant qui fait souffrir les autres souffre lui-même par sa malice, et il se prépare les supplices que les justes dieux lui doivent : il est donc encore plus à plaindre qu'un malade innocent. L'innocence est une santé précieuse de l'ame : c'est une ressource et une consolation dans les plus affreuses douleurs. Quoi ! cesserez-vous de plaindre un homme, parcequ'il est dans la maladie la plus funeste, qui est la mauvaise volonté ? Si sa maladie n'étoit qu'au pied ou à la main, vous le plaindriez ; et vous ne le plaignez pas lorsqu'elle a gangréné le fond de son cœur !

TIMON.

Hé bien ! je conviens qu'il faut plaindre les méchants, mais non pas les aimer.

SOCRATE.

Il ne faut pas les aimer pour leur malice ; mais il faut les aimer pour les en guérir. Vous aimez donc les hommes sans croire les aimer; car la compassion est un amour qui s'afflige du mal de la personne qu'on aime. Savez-vous bien ce qui vous empêche d'aimer les méchants? ce n'est pas votre vertu, mais c'est l'imperfection de la vertu qui est en vous. La vertu imparfaite succombe dans le support des imperfections d'autrui. On s'aime encore trop soi-même pour pouvoir toujours supporter ce qui est contraire à son goût et à ses maximes. L'amour propre ne veut non plus être contredit par la vertu que par le vice. On s'irrite contre les ingrats, parcequ'on veut de la reconnoissance par amour propre. La vertu parfaite détache l'homme de lui-même, et fait qu'il ne se lasse point de supporter la foiblesse des autres. Plus on est loin du vice, plus on est patient et tranquille pour s'appliquer à le guérir. La vertu imparfaite est ombrageuse, critique, âpre, sévere, et implacable. La vertu qui ne cherche plus que le bien est toujours égale, douce, affable, compatissante: elle n'est surprise ni choquée de rien: elle prend tout sur elle, et ne songe qu'à faire du bien.

TIMON.

Tout cela est bien aisé à dire, mais difficile à faire.

SOCRATE.

Ô mon cher Timon! les hommes grossiers et aveugles croient que vous êtes misanthrope parceque vous avez poussé trop loin la vertu: et moi je vous soutiens que si vous étiez plus vertueux, vous feriez ceci comme je le dis; vous ne vous laisseriez entraîner ni par votre humeur sauvage, ni par votre tristesse de tempérament, ni par vos dégoûts, ni par l'impatience que vous causent les défauts des hommes. C'est à force de vous aimer trop, que vous ne pouvez plus aimer les autres hommes imparfaits. Si vous étiez parfait, vous pardonneriez sans peine aux hommes d'être imparfaits, comme les dieux le font. Pourquoi ne pas souffrir doucement ce que les dieux meilleurs que vous souffrent? Cette délicatesse qui vous rend si facile à être blessé, est une véritable imperfection. La raison qui se borne à s'accommoder des choses raisonnables, et à ne s'échauffer que contre ce qui est faux, n'est qu'une demi-raison. La raison parfaite va plus loin; elle supporte en paix la déraison d'autrui. Voilà le principe de vertu compatissante pour autrui et détachée de soi-même, qui est le vrai lien de la société.

ALCIBIADE.

En vérité, Timon, vous voilà bien confondu avec votre vertu farouche et critique. C'est s'aimer trop soi-même que de vouloir vivre tout seul uniquement pour soi, et de ne pouvoir souffrir rien de tout ce qui choque notre propre sens. Quand on ne s'aime point tant, on se donne librement aux autres.

SOCRATE.

Arrêtez, s'il vous plaît, Alcibiade; vous abuseriez aisément de ce que j'ai dit. Il y a deux manieres de se donner aux hommes. La premiere est de se faire aimer, non pour être leur idole, mais pour employer leur confiance à les rendre bons. Cette philanthropie est toute divine. Il y en a une autre qui est une fausse monnoie, quand on se donne aux hommes pour leur plaire, pour les éblouir, pour usurper de l'autorité sur eux en les flattant. Ce n'est pas eux qu'on aime, c'est soi-même. On n'agit que par vanité et par intérêt; on fait semblant de se donner, pour posséder ceux à qui on fait accroire qu'on se donne à eux. Ce faux philanthrope est comme un pêcheur qui jette un hameçon avec un appât : il paroît nourrir les poissons, mais il les prend et les fait mourir. Tous les tyrans, tous les magistrats, tous les politiques qui ont de l'ambition, paroissent bienfaisants et généreux; ils paroissent se donner, et ils veulent prendre les peuples; ils jettent l'hameçon dans les festins, dans les compagnies, dans les assemblées publiques. Ils ne sont pas sociables pour l'intérêt des hommes, mais pour abuser de tout le genre humain. Ils ont un esprit flatteur, insinuant, artificieux, pour corrompre les mœurs des hommes comme les courtisannes, et pour réduire en servitude tous ceux dont ils ont besoin. La corruption de ce qu'il y a de meilleur est le plus pernicieux de tous les maux. De tels hommes sont les pestes du genre humain. Au moins l'amour propre d'un misanthrope n'est que sauvage et inutile au monde : mais celui de ces faux philanthropes est traître et tyrannique ; ils promettent toutes les vertus de la société, et ils ne font de la société qu'un trafic, dans lequel ils veulent tout attirer à eux, et asservir tous les citoyens. Le misanthrope fait plus de peur et moins de mal. Un serpent qui se glisse entre les fleurs est plus à craindre qu'un animal sauvage qui s'enfuit vers sa taniere dès qu'il vous apperçoit.

ALCIBIADE.

Timon, retirons-nous, en voilà bien assez : nous avons chacun une bonne leçon ; en profitera qui pourra. Mais je crois que nous n'en profiterons guere : vous serez encore furieux contre toute la nature humaine ; et moi je vais faire le Protée entre les Grecs et le roi de Perse.

DIALOGUE XIX.

ALCIBIADE et PÉRICLES.

Sans la vertu les plus grands talents ne sont comptés pour rien après la mort.

PÉRICLÈS.

Mon cher neveu, je suis bien aise de te revoir. J'ai toujours eu de l'amitié pour toi.

ALCIBIADE.

Tu me l'as bien témoigné dès mon enfance. Mais je n'ai jamais eu tant de besoin de ton secours qu'à présent : Socrate, que je viens de trouver, me fait craindre les trois juges, devant lesquels je vais comparoître.

PÉRICLÈS.

Hélas! mon cher neveu, nous ne sommes plus à Athenes : ces trois vieillards inexorables ne comptent pour rien l'éloquence. Moi-même j'ai senti leur rigueur, et je prévois que tu n'en seras pas exempt.

ALCIBIADE.

Quoi! n'y a-t-il pas quelque moyen pour gagner ces trois hommes? Sont-ils insensibles à la flatterie, à la pitié, aux graces du discours, à la poésie, à la musique, aux raisonnements subtils, au récit des grandes actions?

DES MORTS.

PÉRICLÈS.

Tu sais bien que si l'éloquence avoit ici quelque pouvoir, sans vanité, ma condition devroit être aussi bonne que celle d'un autre; mais on ne gagne rien ici à parler. Ces traits flatteurs qui enlevoient le peuple d'Athenes, ces tours convaincants, ces manieres insinuantes qui prennent les hommes par leurs commodités et par leurs passions, ne sont plus d'usage ici : les oreilles y sont bouchées, et les cœurs de fer. Moi qui suis mort dans cette malheureuse guerre du Péloponnese, je ne laisse pas d'en être puni. On devroit bien me pardonner une faute qui m'a coûté la vie, et même c'est toi qui me la fis faire.

ALCIBIADE.

Il est vrai que je te conseillai d'engager la guerre plutôt que de rendre compte. N'est-ce pas ainsi que l'on fait toujours? Quand on gouverne un état, on commence par soi, par sa commodité, sa réputation, son intérêt; le public va comme il peut : autrement quel seroit le sot qui se donneroit la peine de gouverner, de veiller nuit et jour pour faire bien dormir les autres? Est-ce que vos juges d'ici trouvent cela mauvais?

PÉRICLÈS.

Oui, si mauvais, qu'après être mort de la peste dans cette maudite guerre, où je perdis la confiance du peuple, j'ai souffert ici de grands supplices pour avoir troublé la paix mal-à-propos. Juge par-là, mon pauvre neveu, si tu en seras quitte à meilleur marché.

ALCIBIADE.

Voilà de mauvaises nouvelles. Les vivants, quand ils sont bien fâchés, disent, Je voudrois être mort: et moi, je dirois volontiers au contraire, Je voudrois me porter bien.

PÉRICLÈS.

Oh! tu n'es plus au temps de cette belle robe traînante de pourpre avec laquelle tu charmois toutes les femmes d'Athenes et de Sparte. Tu seras puni, non seulement de ce que tu as fait, mais encore de ce que tu m'as conseillé de faire.

DIALOGUE XX.

ALCIBIADE, MERCURE et CARON.

Caractere d'un jeune prince corrompu par l'ambition et l'amour du plaisir.

CARON.

Quel homme menes-tu là ? il fait bien l'important. Qu'a-t-il plus qu'un autre pour s'en faire accroire?

MERCURE.

Il étoit beau, bien fait, habile, vaillant, éloquent,

propre à charmer tout le monde. Jamais homme n'a été si souple, il prenoit toutes sortes de formes comme Protée. A Athenes, il étoit délicat, savant et poli; à Sparte, dur, austere et laborieux; en Asie, efféminé, mou, et magnifique, comme les Perses; en Thrace, il étoit toujours à cheval, et buvoit comme Silene. Aussi a-t-il tout brouillé et tout renversé dans tous les pays où il a passé.

CARON.

Mais ne renversera-t-il pas aussi ma barque qui est vieille, et qui fait eau par-tout? Pourquoi vas-tu te charger de telle marchandise? Il valoit mieux le laisser parmi les vivants : il auroit causé des guerres, des carnages, des désolations, qui nous auroient envoyé ici bien des ombres. Pour la sienne, elle me fait peur. Comment s'appelle-t-il?

MERCURE.

Alcibiade. N'en as-tu point oui parler?

CARON.

Alcibiade! Hé! toutes les ombres qui viennent me rompent la tête à force de m'en entretenir. Il m'a donné bien de la peine avec tous les morts qu'il a fait périr en tant de guerres. N'est-ce pas lui qui, s'étant réfugié à Sparte après les impiétés qu'il avoit faites à Athenes, corrompit la femme du roi Agis?

MERCURE.

C'est lui-même.

CARON.

Je crains qu'il ne fasse de même avec Proserpine; car il est plus joli et plus flatteur que notre roi Pluton. Mais Pluton n'entend pas raillerie.

MERCURE.

Je te le livre tel qu'il est. S'il fait autant de fracas aux enfers qu'il en a fait toute sa vie sur la terre, ce ne sera plus ici le royaume du silence. Mais demande-lui un peu comment il fera. Ho! Alcibiade, dis à Caron comment tu prétends faire ici-bas.

ALCIBIADE.

Moi, je prétends y ménager tout le monde. Je conseille à Caron de doubler son droit de péage, à Pluton de faire la guerre contre Jupiter pour être le premier des dieux, attendu que Jupiter gouverne mal les hommes, et que l'empire des morts est plus étendu que celui des vivants. Que fait-il là-haut dans son Olympe où il laisse toute chose sur la terre aller de travers? Il vaut bien mieux reconnoître pour souverain de toutes les divinités celui qui punit ici-bas les crimes, et qui redresse tout ce que son frere, par son indolence, a laissé gâter. Pour Proserpine, je lui dirai des nouvelles de la Sicile qu'elle a tant aimée; je lui chanterai sur ma lyre les chansons qu'on y a faites en son honneur; je lui parlerai des nymphes avec lesquelles elle cueilloit des fleurs quand Pluton la vint enlever; je lui dirai aussi toutes mes aventures, et il y aura bien du malheur si je ne puis lui plaire.

MERCURE.

Tu vas gouverner les enfers, je parierois pour toi: Pluton te fera entrer dans son conseil, et s'en trouvera mal. Voilà ce qui me console pour Jupiter mon pere que tu veux faire détrôner.

ALCIBIADE.

Pluton s'en trouvera fort bien, et vous le verrez.

MERCURE.

Tu as donné de pernicieux conseils en ta vie.

ALCIBIADE.

J'en ai donné de bons aussi.

MERCURE.

Celui de l'entreprise de Sicile étoit-il bien sage? les Athéniens s'en sont-ils bien trouvés?

ALCIBIADE.

Il est vrai que je donnai aux Athéniens le conseil d'attaquer les Syracusains, non seulement pour conquérir toute la Sicile et ensuite l'Afrique, mais encore pour tenir Athenes dans ma dépendance. Quand on a affaire à un peuple léger, inégal, sans raison, il ne faut pas le laisser sans affaire; il faut le tenir toujours dans quelque grand embarras, afin qu'il ait sans cesse besoin de vous et qu'il ne s'avise pas de censurer votre conduite. Mais cette affaire, quoiqu'un peu hasardeuse, n'auroit pas laissé de réussir si je l'eusse conduite. On me rappella à Athenes pour une sottise, pour ces termes mutilés. Après mon départ, Lamachus périt comme un étourdi. Nicias étoit un grand indolent, toujours craintif et irrésolu. Les gens qui craignent tant ont plus à craindre que les autres; car ils perdent les avantages que la fortune leur présente, et ils laissent venir tous les inconvénients qu'ils ont prévus. On m'accusa encore d'avoir, par dérision avec des libertins, représenté dans une débauche les mysteres de Cérès. On disoit que j'y faisois le principal personnage, qui étoit celui du sacrificateur. Mais tout cela, chansons; on ne pouvoit m'en convaincre.

MERCURE.

Chansons! D'où vient donc que tu n'osas jamais te présenter et répondre aux accusations?

ALCIBIADE.

Je me serois livré à eux s'il eût été question de toute autre chose ; mais comme il s'agissoit de ma vie, je ne l'aurois pas confiée à ma propre mere.

MERCURE.

Voilà une lâche réponse. N'as-tu point de honte de me la faire? Toi qui savois hasarder ta vie à la merci d'un chartier brutal dès ta plus tendre enfance, tu n'as point osé mettre ta vie entre les mains des juges pour sauver ton honneur dans un âge mûr! Ô mon ami, il falloit que tu te sentisses coupable.

ALCIBIADE.

C'est qu'un enfant qui joue dans un chemin et qui ne veut pas interrompre son jeu pour laisser passer une charrette, fait par dépit et par mutinerie ce qu'un homme ne fait point par raison. Mais enfin vous direz ce qu'il vous plaira, je craignis mes envieux, et la sottise du peuple, qui se met en fureur quand il est question de toutes vos divinités.

MERCURE.

Voilà un langage de libertin, et je parierois que tu t'étois moqué des mysteres de Cérès Éleusine. Pour mes figures, je n'en doute point, tu les avois mutilées.

CARON.

Je ne veux point recevoir dans ma barque cet ennemi des dieux, cette peste du genre humain.

ALCIBIADE.

Il faut bien que tu me reçoives ; où veux tu donc que j'aille?

CARON.

Retourne à la lumiere pour tourmenter tous les vivants et faire encore du bruit sur la terre. C'est ici le séjour du silence et du repos.

ALCIBIADE.

Hé! de grace, ne me laisse pas errer sur les rives du Styx comme les morts privés de la sépulture : mon ame a été trop grande parmi les hommes pour recevoir un tel affront. Après tout, puisque j'ai reçu les honneurs funebres, je puis contraindre Caron à me passer dans sa barque. Si j'ai mal vécu, les juges des enfers me puniront; mais pour ce vieux fantasque, je l'obligerai bien....

CARON.

Puisque tu le prends sur un ton si haut, je veux savoir comment tu as été inhumé; car on parle de ta mort bien confusément. Les uns disent que tu as été poignardé dans le sein d'une courtisane. Belle mort pour un homme qui fait le grand personnage! D'autres disent qu'on te brûla. Jusqu'à ce que le fait soit éclairci, je me moque de ta fierté. Non, tu n'entreras point ici.

ALCIBIADE.

Je n'aurai pas de peine à raconter ma derniere aventure; elle est à mon honneur, et elle couronne une belle vie. Lysander, sachant combien j'avois fait de mal aux Lacédémoniens en servant ma patrie dans le combat et en négociant pour elle auprès des Perses, résolut de demander à Pharnabaze de me faire mourir. Ce Pharnabaze commandoit sur les côtes d'Asie au nom du grand roi. Pour moi, ayant vu que les chefs athéniens se conduisoient avec témérité, et qu'ils ne vouloient pas même écouter mes avis pendant que leur flotte étoit dans la riviere de la Chevre près de l'Hellespont, je leur prédis leur ruine, qui arriva bientôt après; et je me retirai dans un lieu de Phrygie que les Perses m'avoient donné pour ma subsistance. Là je vivois content, désabusé de la fortune qui m'avoit tant de fois trompé, et je ne songeois plus qu'à me réjouir. La courtisane Thimandra étoit avec moi. Pharnabaze n'osa refuser ma mort aux Lacédémoniens : il envoya son frere Magnaüs pour me faire couper la tête et pour brûler mon corps. Mais il n'osa avec tous ses Perses entrer dans la maison où j'étois : ils mirent le feu tout autour, aucun d'eux n'ayant le courage d'entrer pour m'attaquer. Dès que je m'apperçus de leur dessein, je jetai sur le feu tous mes habits, toutes les hardes que je trouvai, et même les tapis qui étoient dans la maison : puis je mis mon manteau plié autour de ma main gauche, et, de la droite tenant mon épée nue, je me jetai hors de la maison au travers de mes ennemis, sans que le feu me fît aucun mal ; à peine brûla-t-il un peu mes habits. Tous ces barbares s'enfuirent dès que je parus; mais, en fuyant, ils me tirerent tant de traits, que je tombai percé de coups. Quand ils se furent retirés, Thimandra alla prendre mon corps, l'enveloppa, et lui donna la sépulture le plus honorablement qu'elle put.

MERCURE.

Cette Thimandra n'est-elle pas la mere de la fameuse courtisane de Corinthe nommée Laïs?

ALCIBIADE.

C'est elle-même. Voilà l'histoire de ma mort et de ma sépulture. Vous reste-t-il quelques difficultés?

CARON.

Oui, une grande sans doute, que je te défie de lever.

ALCIBIADE.

Explique-la nous, nous verrons.

CARON.

Tu n'as pu te sauver de cette maison brûlée qu'en te jetant comme un désespéré au travers de tes ennemis; et tu veux que Thimandra, qui demeura dans les ruines de cette maison tout en feu, n'ait souffert aucun mal! De plus, j'entends dire à plusieurs ombres que les Lacédémoniens ni les Perses ne t'ont point fait mourir : on assure que tu avois séduit une jeune femme d'une maison très noble, selon ta coutume ; que les freres de cette femme voulurent se venger de ce déshonneur, et te firent brûler.

ALCIBIADE.

Quoi qu'il en soit, tu ne peux douter, suivant ce compte même, que je n'aie été brûlé comme les autres morts.

CARON.

Mais tu n'as pas reçu les honneurs de la sépulture. Tu cherches des subtilités. Je vois bien que tu as été un dangereux brouillon.

ALCIBIADE.

J'ai été brûlé comme les autres morts, et cela suffit. Veux-tu donc que Thimandra vienne t'apporter mes cendres, ou qu'elle t'envoie un certificat? Mais si tu veux encore contester, je m'en rapporte aux trois juges d'ici-bas. Laisse-moi passer pour plaider ma cause devant eux.

CARON.

Bon! tu l'aurois gagnée si tu passois. Voici un homme bien rusé!

MERCURE.

Il faut avouer la vérité : en passant j'ai vu l'urne où la courtisane avoit, disoit-on, mis les cendres de son amant. Un homme qui savoit si bien enchanter les femmes ne pouvoit manquer de sépulture : il a eu des honneurs, des regrets, des larmes, plus qu'il ne méritoit.

ALCIBIADE.

Je prends acte que Mercure a vu mes cendres dans une urne. Maintenant je somme Caron de me recevoir dans sa barque : il n'est plus en droit de me refuser.

MERCURE.

Je le plains d'avoir à se charger de toi, méchant homme : tu as mis le feu par-tout. C'est toi qui as allumé cette horrible guerre dans toute la Grece. Tu es cause que les Athéniens et les Lacédémoniens ont été vingt-huit ans en armes les uns contre les autres, par mer et par terre.

ALCIBIADE.

Ce n'est pas moi qui en suis la cause, il faut s'en prendre à mon oncle Périclès.

MERCURE.

Périclès, il est vrai, engagea cette funeste guerre, mais ce fut par ton conseil. Ne te souviens-tu pas d'un jour que tu allas heurter à sa porte ? ses gens te dirent qu'il n'avoit pas le temps de te voir, parcequ'il étoit embarrassé pour les comptes qu'il devoit rendre aux Athéniens de l'administration des revenus de la république. Alors tu répondis : Au lieu de songer à rendre compte, il feroit bien mieux de songer à quelque expédient pour n'en rendre jamais. L'expédient que tu lui fournis fut de brouiller les affaires, d'allumer la guerre, et de tenir le peuple dans la confusion. Périclès fut assez corrompu pour te croire : il alluma la guerre, il y périt. Ta patrie y est presque périe aussi ; elle y a perdu sa liberté. Après cela faut-il s'étonner si Archestrate disoit que la Grece entiere n'étoit pas assez puissante pour supporter deux Alcibiades ! Timon le misanthrope n'étoit pas moins plaisant dans son chagrin, lorsqu'indigné contre les Athéniens, dans lesquels il ne voyoit plus de traces de vertu, et te rencontrant un jour dans la rue, il te salua et te prit par la main en te disant : Courage, mon enfant ! pourvu que tu croisses encore en autorité, tu causeras bientôt à ces gens-ci tous les maux qu'ils méritent.

ALCIBIADE.

Faut-il s'amuser aux discours d'un mélancolique qui haïssoit tout le genre humain ?

MERCURE.

Laissons là ce mélancolique. Mais le conseil que tu donnas à Périclès, n'est-ce pas le conseil d'un voleur ?

ALCIBIADE.

Mon pauvre Mercure, ce n'est point à toi à parler de voleur ; on sait que tu en as fait long-temps le métier : un dieu filou n'est pas propre à corriger les hommes sur la mauvaise foi en matiere d'argent.

MERCURE.

Caron, je te conjure de le passer le plus vîte que tu pourras; car nous ne gagnerons rien avec lui. Prends garde seulement qu'il ne surprenne les trois juges, et Pluton même : avertis-les de ma part que c'est un scélérat capable de faire révolter tous les morts, et de renverser le plus paisible de tous les empires. La punition qu'il mérite, c'est de ne voir aucune femme, et de se taire toujours. Il a trop abusé de sa beauté et de son éloquence. Il a tourné tous ses grands talents à faire du mal.

CARON.

Je donnerai de bons mémoires contre lui, et je crois qu'il passera fort mal son temps parmi les ombres, s'il n'a plus de mauvaises intrigues à y faire.

DIALOGUE XXI.

DENIS, PYTHIAS et DAMON.

La véritable vertu ne peut aimer que la vertu.

DENYS.

O dieu! qu'est-ce qui se présente à mes yeux? c'est Pythias qui arrive ici, c'est Pythias lui-même. Je ne l'aurois jamais cru. Ha! c'est lui, il vient pour mourir et pour dégager son ami.

PYTHIAS.

Oui, c'est moi. Je n'étois parti que pour payer aux dieux ce que je leur avois voué, régler mes affaires domestiques selon la justice, et dire adieu à mes enfants, pour mourir avec plus de tranquillité.

DENYS.

Mais pourquoi reviens-tu? Quoi donc! ne crains-tu point la mort? viens tu la chercher comme un désespéré, un furieux?

PYTHIAS.

Je viens la souffrir, quoique je ne l'aie point méritée; je ne puis me résoudre à laisser mourir mon ami en ma place.

DENYS.

Tu l'aimes donc plus que toi-même?

PYTHIAS.

Non, je l'aime comme moi; mais je trouve que je dois périr plutôt que lui, puisque c'est moi que tu as eu intention de faire mourir : il ne seroit pas juste qu'il souffrît pour me délivrer de la mort. Le supplice que tu m'as préparé est-il prêt?

DENYS.

Mais tu prétends ne mériter pas plus la mort que lui.

PYTHIAS.

Il est vrai, nous sommes tous deux également innocents ; et il n'est pas plus juste de me faire mourir que lui.

DENYS.

Pourquoi dis-tu donc qu'il ne seroit pas juste qu'il mourût au lieu de toi?

PYTHIAS.

Il est également injuste à toi de faire mourir Damon, ou bien de me faire mourir : mais Pythias seroit injuste, s'il laissoit souffrir à Damon une mort que le tyran n'a préparée qu'à Pythias.

DENYS.

Tu ne viens donc au jour marqué, que pour sauver la vie à un ami en perdant la tienne ?

PYTHIAS.

Je viens à ton égard souffrir une injustice qui est ordinaire aux tyrans ; et, à l'égard de Damon, faire une action de justice en le tirant d'un péril où il s'est mis par générosité pour moi.

DENYS.

Et toi, Damon, ne craignois-tu pas, dis la vérité, que Pythias ne revînt point, et de payer pour lui ?

DAMON.

Je ne savois que trop que Pythias reviendroit ponctuellement, et qu'il craindroit bien plus de manquer à sa parole que de perdre la vie. Plût aux dieux que ses proches et ses amis l'eussent retenu malgré lui! maintenant il seroit la consolation des gens de bien ; et j'aurois celle de mourir pour lui.

DENYS.

Quoi ! la vie te déplaît-elle ?

DAMON.

Oui, elle me déplaît quand je vois un tyran.

DENYS.

Hé bien! tu ne le verras plus. Je vais te faire mourir tout à l'heure.

PYTHIAS.

Excuse le transport d'un homme qui regrette son ami prêt à mourir : mais souviens-toi que c'est moi seul que tu as destiné à la mort. Je viens la souffrir pour dégager mon ami, ne me refuse pas cette consolation dans ma derniere heure.

DENYS.

Je ne puis souffrir deux hommes qui méprisent la vie et ma puissance.

DAMON.

Tu ne peux donc souffrir la vertu ?

DENYS.

Non, je ne puis souffrir cette vertu fiere et dédaigneuse qui méprise la vie, qui ne craint aucun supplice, qui est insensible aux richesses et aux plaisirs.

DAMON.

Du moins tu vois qu'elle n'est point insensible à l'honneur, à la justice, et à l'amitié.

DENYS.

Çà, qu'on emmene Pythias au supplice; nous verrons si Damon continuera à mépriser mon pouvoir.

DAMON.

Pythias, en revenant se soumettre à tes ordres, a mérité de toi que tu le fasses vivre; et moi, en me livrant pour lui à ton indignation, je t'ai irrité : contente-toi, fais-moi mourir.

PYTHIAS.

Non, non, Denys, souviens-toi que je suis le seul qui t'ai déplu : Damon n'a pu....

DENYS.

Hélas! que vois-je! où suis-je! que je suis malheureux et digne de l'être! Non, je n'ai rien connu jusques ici : j'ai passé ma vie dans les ténebres et dans l'égarement. Toute ma puissance m'est inutile pour me faire aimer : je ne puis pas me vanter d'avoir acquis, depuis plus de trente ans de tyrannie, un seul ami dans toute la terre. Ces deux hommes, dans une condition privée, s'aiment tendrement, se confient l'un à l'autre sans réserve, sont heureux en s'aimant, et veulent mourir l'un pour l'autre.

PYTHIAS.

Comment auriez-vous des amis, vous qui n'avez jamais aimé personne? Si vous aviez aimé les hommes, ils vous aimeroient. Vous les avez craints, ils vous craignent, ils vous haïssent.

DENYS.

Damon, Pythias, daignez me recevoir entre vous deux, pour être le troisieme ami d'une si parfaite société; je vous laisse vivre, et je vous comblerai de biens.

DAMON.

Nous n'avons pas besoin de tes biens; et pour ton amitié, nous ne pouvons l'accepter que quand tu seras bon et juste. Jusques-là tu ne peux avoir que des esclaves tremblants et de lâches flatteurs. Il faut être vertueux, bienfaisant, sociable, sensible à l'amitié, prêt à entendre la vérité, et savoir vivre dans une espece d'égalité avec de vrais amis, pour être aimé par des hommes libres.

DIALOGUE XXII.

DION et GÉLON.

Dans un souverain ce n'est pas l'homme qui doit régner, ce sont les loix.

DION.

Il y a long-temps, ô merveilleux homme, que je desire de te voir; je sais que Syracuse te dut autrefois sa liberté.

GÉLON.

Et moi je sais que tu n'as pas eu assez de sagesse pour la lui rendre. Tu n'avois pas mal commencé contre le tyran, quoiqu'il fût ton beau-frere; mais, dans la suite, l'orgueil, la mollesse et la défiance, vices d'un tyran, corrompirent peu-à-peu tes mœurs. Aussi les tiens mêmes t'ont fait périr.

DION.

Peut-on gouverner une république sans être exposé aux traîtres et aux envieux?

GÉLON.

Oui, sans doute: j'en suis une belle preuve. Je n'étois pas Syracusain; quoiqu'étranger, on me vint chercher pour me faire roi; on me fit accepter le diadême; je le portai avec tant de douceur et de modération pour le bonheur des peuples, que mon nom est encore aimé et révéré par les citoyens, quoique ma famille, qui a régné après moi, m'ait déshonoré par ses vices. On les a soufferts pour l'amour de moi. Après cet exemple, il faut avouer qu'on peut commander sans se faire haïr. Mais ce n'est pas à moi qu'il faut cacher tes fautes : la prospérité t'avoit fait oublier la philosophie de ton ami Platon.

DION.

Hé! quel moyen d'être philosophe, quand on est le maître de tout, et qu'on a des passions qu'aucune crainte ne retient!

GÉLON.

J'avoue que les hommes qui gouvernent les autres me font pitié ; cette grande puissance de faire le mal est un horrible poison. Mais enfin j'étois homme comme toi, et cependant j'ai vécu dans l'autorité royale jusqu'à une extrême vieillesse, sans abuser de ma puissance.

DION.

Je reviens toujours là : il est facile d'être philosophe dans une condition privée ; mais quand on est au-dessus de tout....

GÉLON.

Hé! c'est quand on se voit au-dessus de tout qu'on

a un plus grand besoin de philosophie pour soi et pour les autres qu'on doit gouverner. Alors il faut être doublement sage, et borner au-dedans par sa raison une puissance que rien ne borne au dehors.

DION.

Mais j'avois vu le vieux Denys, mon beau-pere, qui avoit fini ses jours paisiblement dans la tyrannie; je m'imaginois qu'il n'y avoit qu'à faire de même.

GÉLON.

Ne vois-tu pas que tu avois commencé comme un homme de bien qui veut rendre la liberté à sa patrie? Espérois-tu qu'on te souffriroit dans la tyrannie, puisqu'on ne s'étoit confié à toi qu'afin de renverser le tyran? C'est un hasard quand les méchants évitent les dangers qui les environnent: encore même sont-ils assez punis par le besoin où ils se trouvent de se précautionner contre ces périls en répandant le sang humain, en désolant les républiques; ils n'ont aucun moment de repos ni de sûreté; ils ne peuvent jamais goûter ni le plaisir de la vertu, ni la douceur de l'amitié, ni celle de la confiance et d'une bonne réputation. Mais toi, qui étois l'espérance des gens de bien, qui promettois des vertus sinceres, qui avois voulu établir la république de Platon, tu commençois à vivre en tyran, et tu croyois qu'on te laisseroit vivre!

DION.

Ho bien! si je retournois au monde, je laisserois les hommes se gouverner eux-mêmes comme ils pourroient. J'aimerois mieux m'aller cacher dans quelque isle déserte que de me charger de gouverner une république. Si on est méchant, on a tout à craindre: si on est bon, on a trop à souffrir.

GÉLON.

Les bons rois, il est vrai, ont bien des peines à souffrir; mais ils jouissent d'une tranquillité et d'un plaisir pur au-dedans d'eux-mêmes que les tyrans ignorent toute leur vie. Sais-tu bien le secret de régner ainsi? Tu devrois le savoir, car tu l'as souvent oui dire à Platon.

DION.

Redis-le-moi de grace, car la bonne fortune me l'a fait oublier.

GÉLON.

Il ne faut pas que l'homme regne, il faut qu'il se contente de faire régner les loix. S'il prend la royauté pour lui, il la gâte, et se perd lui-même; il ne doit l'exercer que pour le maintien des loix et le bien des peuples.

DION.

Cela est bien aisé à dire, mais difficile à faire.

GÉLON.

Difficile, il est vrai, mais non pas impossible. Celui qui en parle l'a fait comme il te le dit. Je ne cherchai point l'autorité, elle me vint chercher ; je la craignis, j'en connus tous les embarras, je ne l'acceptai que pour le bien des hommes. Je ne leur fis jamais sentir que j'étois le maître ; je leur fis seulement sentir qu'eux et moi nous devions céder à la raison et à la justice. Une vieillesse respectée, une mort qui a mis toute la Sicile en deuil, une réputation sans tache et immortelle, une vertu récompensée ici bas par le bonheur des champs élysiens, sont le fruit de cette philosophie si long-temps conservée sur le trône.

DION.

Hélas ! je savois tout ce que tu me dis, je prétendois en faire autant ; mais je ne me défiois point de mes passions, et elles m'ont perdu. De grace, souffre que je ne te quitte plus.

GÉLON.

Non, tu ne peux être admis parmi ces ames bienheureuses qui ont bien gouverné. Adieu.

DIALOGUE XXIII.

PLATON et DENYS le tyran.

Un prince ne peut trouver de véritable bonheur et de sûreté que dans l'amour de ses sujets.

DENYS LE TYRAN.

Hé ! bon jour, Platon. Te voilà comme je t'ai vu en Sicile.

PLATON.

Pour toi, il s'en faut bien que tu sois ici aussi brillant que sur ton trône.

DENYS LE TYRAN.

Tu n'étois qu'un philosophe chimérique; ta république n'étoit qu'un beau songe.

PLATON.

Ta tyrannie n'a pas été plus solide que ma république; elle est tombée par terre.

DENYS LE TYRAN.

C'est ton ami Dion qui me trahit.

PLATON.

C'est toi qui te trahis toi-même. Quand on se fait haïr, on a tout à craindre.

DENYS LE TYRAN.

Mais aussi, que n'en coûte-t-il pas pour se faire

aimer! il faut contenter les autres. Ne vaut-il pas mieux se contenter soi-même au hasard d'être haï?

PLATON.

Quand on se fait haïr pour contenter ses passions, on a autant d'ennemis que de sujets, on n'est jamais en sûreté. Dis-moi la vérité, dormois-tu en repos?

DENYS LE TYRAN.

Non, je l'avoue. C'est que je n'avois pas encore fait mourir assez de gens.

PLATON.

Hé! ne vois-tu pas que la mort des uns t'attiroit la haine des autres? que ceux qui voyoient massacrer leurs voisins attendoient de périr à leur tour, et ne pouvoient se sauver qu'en te prévenant? Il faut, ou tuer jusqu'au dernier des citoyens, ou abandonner la rigueur des peines pour tâcher de se faire aimer. Quand les peuples vous aiment, vous n'avez plus besoin de gardes; vous êtes au milieu de votre peuple comme un pere qui ne craint rien au milieu de ses propres enfants.

DENYS LE TYRAN.

Je me souviens que tu me disois toutes ces raisons quand je fus sur le point de quitter la tyrannie pour être ton disciple; mais un flatteur m'en empêcha. Il faut avouer qu'il est bien difficile de renoncer à la puissance souveraine.

PLATON.

N'auroit-il pas mieux valu la quitter volontairement pour être philosophe, que d'en être honteusement dépossédé pour aller gagner sa vie à Corinthe par le métier de maître d'école?

DENYS LE TYRAN.

Mais je ne prévoyois pas qu'on me chasseroit.

PLATON.

Hé! comment pouvois-tu espérer de demeurer le maître en un lieu où tu avois mis tout le monde dans la nécessité de te perdre pour éviter ta cruauté?

DENYS LE TYRAN.

J'espérois qu'on n'oseroit jamais m'attaquer.

PLATON.

Quand les hommes risquent davantage en vous laissant vivre qu'en vous attaquant, il s'en trouve toujours qui vous préviennent : vos propres gardes ne peuvent assurer leur vie qu'en vous arrachant la vôtre. Mais parle-moi franchement, n'as-tu pas vécu avec plus de douceur dans ta pauvreté de Corinthe que dans ta splendeur de Syracuse?

DENYS LE TYRAN.

Il est vrai: à Corinthe, le maître d'école mangeoit et dormoit assez bien; le tyran à Syracuse avoit toujours des craintes et des défiances; il falloit égorger quelqu'un, ravir les trésors, faire des conquêtes; les plaisirs n'étoient plus plaisirs, ils étoient usés pour moi, et ne laissoient pas de m'agiter avec trop de violence. Dis-moi aussi, philosophe, te trouvois-tu bien malheureux quand je te fis vendre?

P·L A T O N.

J'avois dans l'esclavage le même repos que tu goûtois à Corinthe, avec cette différence, que j'avois le bonheur de souffrir pour la vertu par l'injustice du tyran, et que tu étois le tyran honteusement dépossédé de sa tyrannie.

D E N Y S L E T Y R A N.

Va, je ne gagne rien à disputer contre toi; si jamais je retourne au monde, je choisirai une condition privée, ou bien je me ferai aimer par le peuple que je gouvernerai.

DIALOGUE XXIV.

PLATON et ARISTOTE.

Critique de la philosophie d'Aristote, solidité des idées éternelles de Platon.

A R I S T O T E.

Avez-vous oublié votre ancien disciple? Ne me connoissez-vous plus?

DES MORTS.

PLATON.

Je n'ai garde de reconnoître en vous mon disciple. Vous n'avez jamais songé qu'à paroître le maître de tous les philosophes, et qu'à faire tomber dans l'oubli tous ceux qui vous ont précédé.

ARISTOTE.

C'est que j'ai dit des choses originales, et que je les ai expliquées fort nettement. Je n'ai point pris le style poétique ; en cherchant le sublime, je ne suis point tombé dans le galimatias ; je n'ai point donné dans les idées éternelles.

PLATON.

Tout ce que vous avez dit étoit tiré des livres que vous avez tâché de déprimer. Vous avez parlé, j'en conviens, d'une maniere nette, précise, pure, mais seche et incapable de faire sentir la sublimité des vérités divines. Pour les idées éternelles, vous vous en moquerez tant qu'il vous plaira : mais vous ne sauriez vous en passer, si vous voulez établir quelques vérités certaines. Quel moyen d'assurer ou de nier une chose d'une autre, à moins qu'il n'y ait des idées de ces deux choses qui ne changent point ? Qu'est-ce que la raison, sinon nos idées ? Si nos idées changeoient, la raison seroit aussi changeante. Aujourd'hui le tout seroit plus grand que la partie : demain la mode en seroit passée, et la partie seroit plus grande que le tout. Ces idées éternelles que vous voulez tourner en ridicule, ne sont donc que les premiers principes de la raison, qui demeurent toujours les mêmes. Bien loin que nous puissions juger de ces premieres vérités, ce sont-elles qui nous jugent, et qui nous corrigent quand nous nous trompons. Si je dis une chose extravagante, les autres hommes en rient d'abord, et j'en suis honteux. C'est que ma raison et celle de mes voisins est une regle au-dessus de moi, qui me vient redresser malgré moi, comme une regle véritable redresseroit une ligne tortue que j'aurois tracée. Faute de remonter aux idées qui sont les premieres et les simples notions de chaque chose, vous n'avez point eu de principes assez fermes, et vous n'alliez qu'à tâtons.

ARISTOTE.

Y a-t-il rien de plus clair que ma morale?

PLATON.

Elle est claire, elle est belle, je l'avoue; votre logique est subtile, méthodique, exacte, ingénieuse: mais votre physique n'est qu'un amas de termes abstraits et de noms vagues, pour accoutumer les esprits à se payer de mots et à croire entendre ce qu'ils n'entendent pas. C'est en cette occasion que vous auriez eu grand besoin d'idées claires pour éviter le galimatias que vous reprochez aux autres. Un ignorant sensé avoue de bonne foi qu'il ne sait ce que c'est que la matiere premiere. Un de vos disciples croit dire des merveilles, en disant qu'elle n'est ni quoi, ni quelle, ni combien, ni aucune des choses par lesquelles l'être est déterminé. Avec ce jargon un homme se croit grand philosophe, et méprise le vulgaire. Les épicuriens venus après vous ont raisonné plus sensément que vous sur le mouvement et sur les figures des petits corps qui forment par leur assemblage tous les composés que nous voyons. Au moins leur physique explique plusieurs choses d'une maniere vraisemblable. Il est vrai qu'ils n'ont jamais remonté jusqu'à l'idée et à la nature de ces petits corps; ils supposent toujours sans preuve des regles toutes faites, et sans savoir par qui; puis ils en tirent comme ils peuvent la composition de toute la nature sensible. Cette philosophie dans son principe est une pure fiction, il est vrai; mais enfin elle sert à entendre beaucoup de choses dans la nature. Votre physique n'enseigne que des mots; ce n'est pas une philosophie, ce n'est qu'une langue bizarre. Tirésias vous menace qu'un jour il viendra d'autres philosophes qui vous déposséderont des écoles où vous aurez régné long-temps, et qui feront tomber de bien haut votre réputation.

ARISTOTE.

Je voulois cacher mes principes, c'est ce qui m'a fait envelopper ma physique.

PLATON.

Vous y avez si bien réussi, que personne ne vous entend; ou du moins si on vous entend, on trouve que vous ne dites rien.

ARISTOTE.

Je ne pouvois rechercher toutes les vérités, ni faire toutes les expériences.

PLATON.

Personne ne le pouvoit aussi commodément que vous : vous aviez l'autorité et l'argent d'Alexandre. Si j'avois eu les mêmes avantages, j'aurois fait de belles découvertes.

ARISTOTE.

Que ne ménagiez-vous Denys le tyran, pour en tirer le même parti?

PLATON.

C'est que je n'étois ni courtisan ni flatteur : mais vous, qui trouvez qu'on doit ménager les princes, n'avez-vous pas perdu les bonnes graces de votre disciple par vos entreprises trop ambitieuses?

ARISTOTE.

Hélas! il n'est que trop vrai. Ici bas même, si quelquefois il se rappelle le temps de sa confiance pour moi, d'autres fois il ne daigne plus me reconnoître, et me regarde de travers.

PLATON.

C'est qu'il n'a point trouvé dans votre conduite la pure morale de vos écrits. Dites la vérité, vous ne ressembliez point à votre Magnanime.

ARISTOTE.

Et vous, n'avez-vous point parlé du mépris de toutes les choses terrestres et passageres, pendant que vous viviez magnifiquement?

PLATON.

Je l'avoue, mais j'étois considérable dans ma patrie. J'y ai vécu avec modération et honneur. Sans autorité ni ambition, je me suis fait révérer des Grecs. Le philosophe venu de Stagire, qui veut tout brouiller dans le royaume de son disciple, est un personnage qui en bonne philosophie doit être fort odieux.

DIALOGUE XXV.

ALEXANDRE et ARISTOTE.

Quelque grandes que soient les qualités naturelles d'un jeune prince, il a tout à craindre s'il n'éloigne les flatteurs, et s'il ne s'accoutume de bonne heure à résister à ses passions, et à aimer ceux qui auront le courage de lui dire la vérité.

ARISTOTE.

Je suis ravi de voir mon disciple. Quelle gloire pour moi d'avoir instruit le vainqueur de l'Asie!

ALEXANDRE.

Mon cher Aristote, je te revois avec plaisir. Je ne t'avois point vu depuis que j'ai quitté la Macédoine: mais je ne t'ai jamais oublié pendant mes conquêtes, tu le sais bien.

ARISTOTE.

Te souviens-tu de ta jeunesse qui étoit si aimable?

ALEXANDRE.

Oui, il me semble que je suis encore à Pella ou à Pydne; que tu viens de Stagire pour m'enseigner la philosophie.

ARISTOTE.

Mais tu avois un peu négligé mes préceptes, quand la trop grande prospérité enivra ton cœur.

ALEXANDRE.

Je l'avoue : tu sais bien que je suis sincere. Maintenant que je ne suis plus que l'ombre d'Alexandre, je reconnois qu'Alexandre étoit trop hautain et trop superbe pour un mortel.

ARISTOTE.

Tu n'avois point pris mon Magnanime pour te servir de modele.

ALEXANDRE.

Je n'avois garde : ton Magnanime n'est qu'un pédant ; il n'a rien de vrai ni de naturel ; il est guindé et outré en tout.

ARISTOTE.

Mais n'étois-tu pas outré dans ton héroïsme ? Pleurer de n'avoir pas encore subjugué un monde quand on disoit qu'il y en avoit plusieurs ; parcourir des royaumes immenses pour les rendre à leurs rois après les avoir vaincus ; ravager l'univers pour faire parler de toi ; se jeter seul sur les remparts d'une ville ennemie ; vouloir passer pour une divinité ! Tu es plus outré que mon Magnanime.

ALEXANDRE.

Me voilà donc revenu à ton école ? Tu me dis toutes mes vérités, comme si nous étions encore à Pella. Il n'auroit pas été trop sûr de me parler si librement sur les bords de l'Euphrate : mais, sur les bords du Styx, on écoute un censeur plus patiemment. Dis-moi donc, mon pauvre Aristote, toi qui sais tout, d'où vient que certains princes sont si jolis dans leur enfance, et qu'ensuite ils oublient toutes les bonnes maximes qu'ils ont apprises, lorsqu'il seroit question d'en faire quelque usage? A quoi sert-il qu'ils parlent dans leur jeunesse comme des perroquets, pour approuver tout ce qui est bon, et que la raison, qui devroit croître en eux avec l'âge, semble s'enfuir dès qu'ils sont entrés dans les affaires?

ARISTOTE.

En effet, ta jeunesse fut merveilleuse; tu entretenois avec politesse les ambassadeurs qui venoient chez Philippe, tu aimois les lettres, tu lisois les poëtes, tu étois charmé d'Homere, ton cœur s'enflammoit au récit des vertus et des grandes actions des héros. Quand tu pris Thebes, tu respectas la maison de Pindare; ensuite tu allas, en entrant dans l'Asie, voir le tombeau d'Achille et les ruines de Troie. Tout cela marque un naturel humain et sensible aux belles choses. On vit encore ce beau naturel quand tu confias ta vie au médecin Philippe, mais sur-tout lorsque tu traitas si bien la famille de Darius, que ce roi mourant se consoloit dans son malheur, pensant que tu serois le pere de sa famille. Voilà ce que la philosophie et le beau naturel avoient mis en toi. Mais le reste, je n'ose le dire.

DES MORTS.

ALEXANDRE.

Dis, dis, mon cher Aristote, tu n'as plus rien à ménager.

ARISTOTE.

Ce faste, cette mollesse, ces soupçons, ces cruautés, ces coleres, ces emportements furieux contre tes amis, cette crédulité pour les lâches flatteurs qui t'appelloient un dieu.

ALEXANDRE.

Ah! tu dis vrai. Je voudrois être mort après avoir vaincu Darius.

ARISTOTE.

Quoi! tu voudrois n'avoir point subjugué le reste de l'Orient?

ALEXANDRE.

Cette conquête m'est moins glorieuse, qu'il ne m'est honteux d'avoir succombé à mes prospérités, et d'avoir oublié la condition humaine. Mais dis-moi donc d'où vient qu'on est si sage dans l'enfance, et si peu raisonnable quand il seroit temps de l'être.

ARISTOTE.

C'est que dans la jeunesse on est instruit, excité, corrigé par des gens de bien. Dans la suite on s'abandonne à trois sortes d'ennemis : à sa présomption, à ses passions, et aux flatteurs.

DIALOGUE XXVI.

ALEXANDRE et CLITUS.

Funeste délicatesse des grands, qui ne peuvent souffrir leurs véritables serviteurs lorsqu'ils veulent leur faire connoître leurs défauts.

CLITUS.

Bon jour, grand roi. Depuis quand es-tu descendu sur ces rives sombres ?

ALEXANDRE.

Ah ! Clitus, retire-toi ; je ne puis supporter ta vue, elle me reproche ma faute.

CLITUS.

Pluton veut que je demeure devant tes yeux, pour te punir de m'avoir tué injustement. J'en suis fâché, car je t'aime encore malgré le mal que tu m'as fait ; mais je ne puis plus te quitter.

ALEXANDRE.

Oh ! la cruelle compagnie ! Voir toujours un homme qui rappelle le souvenir de ce qu'on a eu tant de honte d'avoir fait !

CLITUS.

Je regarde bien mon meurtrier : pourquoi ne saurois-tu pas regarder un homme que tu as fait mourir ? Je vois bien que les grands sont plus délicats que les autres hommes : ils ne veulent voir que des gens contents d'eux, qui les flattent, et qui fassent semblant de les admirer. Il n'est plus temps d'être délicat sur les bords du Styx. Il falloit quitter cette délicatesse en quittant cette grandeur royale. Tu n'as plus rien à donner ici, et tu ne trouveras plus de flatteurs.

ALEXANDRE.

Ah! quel malheur! sur la terre j'étois un dieu; ici je ne suis plus qu'une ombre, et on m'y reproche sans pitié mes fautes.

CLITUS.

Pourquoi les faisois-tu?

ALEXANDRE.

Quand je te tuai, j'avois trop bu.

CLITUS.

Voilà une belle excuse pour un héros et pour un dieu! Celui qui devoit être assez raisonnable pour gouverner la terre entiere, perdoit par l'ivresse toute sa raison, et se rendoit semblable à une bête féroce. Mais avoue de bonne foi la vérité, tu étois encore plus enivré par la mauvaise gloire et par la colere que par le vin : tu ne pouvois souffrir que je condamnasse ta vanité qui te faisoit recevoir les honneurs divins, et oublier les services qu'on t'avoit rendus. Réponds-moi ; je ne crains plus que tu me tues.

ALEXANDRE.

Ô dieux cruels, que ne puis-je me venger de vous ! Mais hélas ! je ne puis pas même me venger de cette ombre de Clitus qui vient m'insulter brutalement.

CLITUS.

Te voilà aussi colere et aussi fougueux que tu l'étois parmi les vivants. Mais personne ne te craint ici; pour moi, tu me fais pitié.

ALEXANDRE.

Quoi ! le grand Alexandre faire pitié à un homme vil tel que Clitus ! Que ne puis-je ou le tuer ou me tuer moi-même !

CLITUS.

Tu ne peux plus ni l'un ni l'autre, les ombres ne meurent point; te voilà immortel, mais autrement que tu ne l'avois prétendu. Il faut te résoudre à n'être qu'une ombre comme moi et comme le dernier des hommes. Tu ne trouveras plus ici de provinces à ravager, ni de rois à fouler aux pieds, ni de palais à brûler dans ton ivresse, ni de fables ridicules à conter pour te vanter d'être le fils de Jupiter.

ALEXANDRE.

Tu me traites comme un misérable.

CLITUS.

Non, je te reconnois pour un grand conquérant, d'un naturel sublime, mais gâté par de trop grands succès. Te dire la vérité avec affection, est-ce t'offenser? Si la vérité t'offense, retourne sur la terre chercher tes flatteurs.

ALEXANDRE.

A quoi donc me servira toute ma gloire si Clitus même ne m'épargne pas?

CLITUS.

C'est ton emportement qui a terni ta gloire parmi les vivants. Veux-tu la conserver pure dans les enfers? il faut être modeste avec des ombres qui n'ont rien à perdre ni à gagner avec toi.

ALEXANDRE.

Mais tu disois que tu m'aimois.

CLITUS.

Oui, j'aime ta personne sans aimer tes défauts.

ALEXANDRE.

Si tu m'aimes, épargne-moi.

CLITUS.

Parceque je t'aime je ne t'épargnerai point. Quand tu parus si chaste à la vue de la femme et de la fille de Darius, quand tu montras tant de générosité pour ce prince vaincu, tu méritois de grandes louanges, je te les donnai. Ensuite la prospérité te fit oublier le soin de ta propre gloire même. Je te quitte, adieu.

DIALOGUE XXVII.

ALEXANDRE et DIOGENE.

La flatterie est pernicieuse aux princes.

DIOGENE.

Ne vois-je pas Alexandre parmi les morts?

ALEXANDRE.

Tu ne te trompes pas, Diogene.

DIOGENE.

Hé, comment! les dieux meurent-ils?

ALEXANDRE.

Non pas les dieux, mais les hommes mortels par leur nature.

DIOGENE.

Mais crois-tu n'être qu'un simple homme?

ALEXANDRE.

Hé! pourrois-je avoir un autre sentiment de moi-même?

DIOGENE.

Tu es bien modeste après ta mort. Rien n'auroit manqué à ta gloire, Alexandre, si tu l'avois été autant pendant ta vie.

ALEXANDRE.

En quoi donc me suis-je si fort oublié?

DIOGENE.

Tu le demandes, toi qui, non content d'être fils d'un grand roi qui s'étoit rendu maître de la Grece entiere, prétendois venir de Jupiter? On te faisoit la cour, en te disant qu'un serpent s'étoit approché d'Olympias. Tu aimois mieux avoir ce monstre pour pere, parceque cela flattoit davantage ta vanité, que d'être descendu de plusieurs rois de Macédoine, parceque tu ne trouvois rien dans cette naissance au-dessus de l'humanité. Ne souffrois-tu pas les basses et honteuses flatteries de la prêtresse de Jupiter Ammon? Elle répondit que tu blasphémois en supposant que ton pere pouvoit avoir des meurtriers; tu sus profiter de ses salutaires avis, et tu évitas avec un grand soin de tomber dans la suite dans de pareilles impiétés. Ô homme trop foible pour supporter les talents que tu avois reçus du ciel!

ALEXANDRE.

Crois-tu, Diogene, que j'aie été assez insensé pour ajouter foi à toutes ces fables?

DIOGENE.

Pourquoi donc les autorisois-tu?

ALEXANDRE.

C'est qu'elles m'autorisoient moi-même. Je les méprisois, et je m'en servois parcequ'elles me donnoient un pouvoir absolu sur les hommes. Ceux qui auroient peu considéré le fils de Philippe trembloient devant le fils de Jupiter. Les peuples ont besoin d'être trompés : la vérité est foible auprès d'eux; le mensonge est tout-puissant sur leur esprit. La seule réponse de la prêtresse, dont tu parles avec dérision, a plus avancé mes conquêtes que mon courage et toutes les ressources de mon esprit. Il faut connoître les hommes, se proportionner à eux, et les mener par les voies par lesquelles ils sont capables de marcher.

DIOGENE.

Les hommes du caractere que tu dépeins sont dignes de mépris, comme l'erreur à laquelle ils sont livrés : pour être estimé de ces hommes si vils, tu as eu recours au mensonge qui t'a rendu plus indigne qu'eux.

DIALOGUE XXVIII.

DIOGENE et DENYS L'ANCIEN.

Un prince qui fait consister son bonheur et sa gloire à satisfaire ses voluptés et ses passions, n'est heureux ni en cette vie ni en l'autre.

DENYS L'ANCIEN.

Je suis ravi de voir un homme de ta réputation. Alexandre m'a parlé de toi depuis qu'il est descendu en ces lieux.

DIOGENE.

Pour moi, je n'avois que trop entendu parler de toi sur la terre. Tu y faisois du bruit comme les torrents qui ravagent tout.

DENYS L'ANCIEN.

Est-il vrai que tu étois heureux dans ton tonneau?

DIOGENE.

Une marque certaine que j'y étois heureux, c'est que je ne cherchai jamais rien, et que je méprisai même les offres de ce jeune Macédonien dont tu parles. Mais n'est-il pas vrai que tu n'étois point heureux en possédant Syracuse et la Sicile, puisque tu voulois encore entrer par Rhege dans toute l'Italie?

DENYS L'ANCIEN.

Ta modération n'étoit que vanité et affectation de vertu.

DIOGENE.

Ton ambition n'étoit que folie, qu'un orgueil forcené qui ne peut faire justice ni aux autres ni à soi.

DENYS L'ANCIEN.

Tu parles bien hardiment.

DIOGENE.

Et toi, t'imagines-tu être encore tyran ici?

DENYS L'ANCIEN.

Hélas! je ne sens que trop que je ne le suis plus. Je tenois les Syracusains, comme je m'en suis vanté bien des fois, dans des chaînes de diamant; mais le ciseau des parques a coupé ces chaînes avec le fil de mes jours.

DIOGENE.

Je t'entends soupirer, et je suis sûr que tu soupirois aussi dans ta gloire. Pour moi, je ne soupirois point dans mon tonneau, et je n'ai que faire de soupirer ici bas; car je n'ai laissé, en mourant, aucun bien digne d'être regretté. Ô mon pauvre tyran, que tu as perdu à être si riche! et que Diogene a gagné à ne posséder rien!

DENYS L'ANCIEN.

Tous les plaisirs en foule venoient s'offrir à moi:

ma musique étoit admirable ; j'avois une table exquise, des esclaves sans nombre, des parfums, des meubles d'or et d'argent, des tableaux, des statues, des spectacles de toutes les façons, des gens d'esprit pour m'entretenir et pour me louer, des armées pour vaincre tous mes ennemis.

DIOGENE.

Et par dessus tout cela des soupçons, des alarmes et des fureurs, qui t'empêchoient de jouir de tant de biens.

DENYS L'ANCIEN.

Je l'avoue. Mais aussi quel moyen de vivre dans un tonneau ?

DIOGENE.

Hé ! qui t'empêchoit de vivre paisiblement en homme de bien comme un autre dans ta maison, et d'embrasser une douce philosophie ? Mais il est vrai que tu croyois toujours voir un glaive suspendu sur ta tête au milieu des plaisirs.

DENYS L'ANCIEN.

N'en parlons plus, tu veux m'insulter.

DIOGENE.

Souffriras-tu une autre question aussi forte que celle-là ?

DENYS L'ANCIEN.

Il faut bien la souffrir, je n'ai plus de menaces à

te faire pour t'en empêcher, je suis ici bien désarmé.

DIOGENE.

N'avois-tu pas promis des récompenses à tous ceux qui inventeroient de nouveaux plaisirs? C'étoit une étrange rage pour la volupté. Oh! que tu t'étois bien mécompté! Avoir tout renversé dans son pays pour être heureux, et être si misérable et si affamé de plaisirs!

DENYS L'ANCIEN.

Il falloit bien tâcher d'en faire inventer de nouveaux, puisque tous les plaisirs ordinaires étoient usés pour moi.

DIOGENE.

La nature entiere ne te suffisoit donc pas? Hé! qu'est-ce qui auroit pu appaiser tes passions furieuses? Mais les plaisirs nouveaux auroient-ils pu guérir tes défiances et étouffer les remords de tes crimes?

DENYS L'ANCIEN.

Non : mais les malades cherchent comme ils peuvent à se soulager dans leurs maux. Ils essaient de nouveaux remedes pour se guérir, et de nouveaux mets pour se ragoûter.

DIOGENE.

Tu étois donc dégoûté et affamé tout ensemble ; dégoûté de tout ce que tu avois, affamé de tout ce que tu ne pouvois avoir. Voilà un bel état, et c'est là ce que tu as pris tant de peine à acquérir et à conserver! Voilà une belle recette pour se faire heureux. C'est bien à toi à te moquer de mon tonneau, où un peu d'eau, de pain et de soleil, me rendoit content! Quand on sait goûter ces plaisirs simples de la pure nature, ils ne s'usent jamais et on n'en manque point : mais quand on les méprise, on a beau être riche et puissant, on manque de tout, car on ne peut jouir de rien.

DENYS L'ANCIEN.

Ces vérités que tu dis m'affligent ; car je pense à mon fils que j'ai laissé tyran après moi : il seroit plus heureux si je l'avois laissé pauvre artisan, accoutumé à la modération, et instruit par la mauvaise fortune ; au moins il auroit quelques vrais plaisirs que la nature ne refuse point dans les conditions médiocres.

DIOGENE.

Pour lui rendre l'appétit, il faudroit lui faire souffrir la faim ; pour lui ôter l'ennui de son palais doré, le mettre dans mon tonneau vacant depuis ma mort.

DENYS L'ANCIEN.

Encore ne saura-t-il pas se soutenir dans cette puissance que j'ai eu tant de peine à lui préparer.

DIOGENE.

Hé! que veux-tu que sache un homme élevé dans

la mollesse et né dans une trop grande prospérité ? A peine sait-il prendre le plaisir quand il vient à lui. Il faut que tout le monde se tourmente pour le divertir.

DIALOGUE XXIX.

PYRRHON et SON VOISIN.

Fausseté et absurdité du pyrrhonisme.

LE VOISIN.

Bon jour, Pyrrhon. On dit que vous avez bien des disciples, et que votre école a une haute réputation. Voudriez-vous bien me recevoir et m'instruire ?

PYRRHON.

Je le veux, ce me semble.

LE VOISIN.

Pourquoi donc ajoutez-vous, Ce me semble ? Est-ce que vous ne savez pas ce que vous voulez ? Si vous ne le savez pas, qui le saura donc ? Et que savez-vous donc, vous qui passez pour un si savant homme ?

PYRRHON.

Moi, je ne sais rien.

LE VOISIN.

Qu'apprend-on donc en vous écoutant ?

PYRRHON.

Rien du tout.

LE VOISIN.

Pourquoi donc vous écoute-t-on?

PYRRHON.

Pour se convaincre de son ignorance. N'est-ce pas savoir beaucoup que de savoir qu'on ne sait rien?

LE VOISIN.

Non, ce n'est pas savoir grand'chose. Un paysan bien grossier et bien ignorant connoît son ignorance, et il n'est pourtant ni philosophe, ni habile homme; il connoît pourtant mieux son ignorance que vous la vôtre, car vous vous croyez au-dessus de tout le genre humain en affectant d'ignorer toutes choses. Cette ignorance affectée ne vous ôte point la présomption, au lieu que le paysan qui connoît son ignorance se défie de lui-même en toutes choses, et de bonne foi.

PYRRHON.

Le paysan ne croit ignorer que certaines choses élevées et qui demandent de l'étude, mais il ne croit pas ignorer qu'il marche, qu'il parle, qu'il vit. Pour moi, j'ignore tout cela, et par principes.

LE VOISIN.

Quoi! vous ignorez tout cela de vous? Beaux principes de n'en admettre aucun!

PYRRHON.

Oui, j'ignore si je vis, si je suis. En un mot, j'ignore toutes choses sans exception.

LE VOISIN.

Mais ignorez-vous que vous pensez?

PYRRHON.

Oui, je l'ignore.

LE VOISIN.

Ignorer toutes choses, c'est douter de toutes choses et ne trouver rien de certain, n'est-il pas vrai?

PYRRHON.

Cela est vrai, si quelque chose le peut être.

LE VOISIN.

Ignorer et douter, c'est la même chose; douter et penser sont encore la même chose : donc vous ne pouvez douter sans penser. Votre doute est donc la preuve certaine que vous pensez: donc il y a quelque chose de certain, puisque votre doute même prouve la certitude de votre pensée.

PYRRHON.

J'ignore même mon ignorance. Vous voilà bien attrapé.

LE VOISIN.

Si vous ignorez votre ignorance, pourquoi en parlez-vous? pourquoi la défendez-vous? pourquoi voulez-vous la persuader à vos disciples, et les détromper de tout ce qu'ils ont jamais cru ? Si vous ignorez jusqu'à votre ignorance, il n'en faut plus donner les leçons, ni mépriser ceux qui croient savoir la vérité.

PYRRHON.

Toute la vie n'est peut-être qu'un songe continuel. Peut-être que le moment de la mort sera un réveil soudain, où l'on découvrira l'illusion de ce qu'on a cru de plus réel; comme un homme qui s'éveille voit disparoître tous les fantômes qu'il croit voir et toucher pendant ses songes.

LE VOISIN.

Vous craignez donc de dormir et de rêver les yeux ouverts ? Vous dites de toutes choses, Peut-être : mais ce Peut-être que vous dites est une pensée. Votre songe, tout faux qu'il est, est pourtant le songe d'un homme qui rêve. Tout au moins il est sûr que vous rêvez; car il faut être quelque chose, et quelque chose de pensant, pour avoir des songes. Le néant ne peut ni dormir, ni rêver, ni se tromper, ni ignorer, ni douter, ni dire Peut-être. Vous voilà donc malgré vous condamné à savoir quelque chose qui est votre rêverie, et à être tout au moins un être rêveur et pensant.

PYRRHON.

Cette subtilité m'embarrasse. Je ne veux point

d'un disciple si subtil et si incommode dans mon école.

LE VOISIN.

Vous voulez donc, et vous ne voulez pas? En vérité, tout ce que vous dites et tout ce que vous faites dément votre doute affecté : votre secte est une secte de menteurs. Si vous ne voulez point de moi pour disciple, je veux encore moins de vous pour maître.

DIALOGUE XXX.

PYRRHUS et DÉMÉTRIUS POLIORCETES.

La tempérance et la vertu rendent les hommes héros, et non pas les conquêtes et les succès.

DÉMÉTRIUS.

JE viens saluer ici le plus grand héros que la Grece ait eu après Alexandre.

PYRRHUS.

N'est-ce pas là Démétrius que j'apperçois? Je le connois au portrait qu'on m'en a fait ici.

DÉMÉTRIUS.

Avez-vous entendu parler des grandes guerres que j'ai eu à soutenir?

PYRRHUS.

Oui; mais j'ai aussi entendu parler de votre mollesse et de votre lâcheté pendant la paix.

DÉMÉTRIUS.

Si j'ai eu un peu de mollesse, mes grandes actions l'ont bien réparée.

PYRRHUS.

Pour moi, dans toutes les guerres que j'ai faites j'ai toujours été ferme. J'ai montré aux Romains que je savois soutenir mes alliés; car lorsqu'ils attaquerent les Tarentins, je passai à leur secours avec une armée formidable, et fis sentir aux Romains la force de mon bras.

DÉMÉTRIUS.

Mais Fabricius eut enfin bon marché de vous, et on voyoit bien que vos troupes n'étoient pas comparables aux romaines. Vos éléphants furent cause de votre victoire: ils troublerent les Romains, qui n'étoient pas accoutumés à cette maniere de combattre. Mais, dès le second combat, l'avantage fut égal de part et d'autre. Dans le troisieme les Romains remporterent une pleine victoire; vous fûtes contraint de repasser en Épire, et enfin vous mourûtes de la main d'une femme.

PYRRHUS.

Je mourus en combattant: mais pour vous je sais

ce qui vous a mis au tombeau ; ce sont vos débauches et votre gourmandise. Vous avez soutenu de rudes guerres, je l'avoue, et même vous avez eu de l'avantage : mais, au milieu de ces guerres, vous étiez environné d'un troupeau de courtisannes qui vous suivoient incessamment comme des moutons suivent leur berger. Pour moi je me suis montré ferme en toutes sortes d'occasions, même dans mes malheurs, et je crois en cela avoir surpassé Alexandre.

DÉMÉTRIUS.

Vous le croyez ? cependant ses actions ont bien surpassé les vôtres. Passer le Danube sur des peaux de boucs ; forcer le passage du Granique avec très peu de troupes contre une multitude infinie de soldats ; battre toujours les Perses en plaine, en défilé ; prendre leurs villes ; percer jusqu'aux Indes ; enfin subjuguer toute l'Asie : cela est bien plus grand qu'entrer en Italie, et être obligé d'en sortir honteusement.

PYRRHUS.

Par ces grandes conquêtes, Alexandre s'attira la mort : car on prétend qu'Antipater, qu'il avoit laissé en Macédoine, le fit empoisonner à Babylone pour avoir tous ses états.

DÉMÉTRIUS.

Son espérance fut vaine, et mon pere lui montra bien qu'il se jouoit à plus fort que lui.

PYRRHUS.

J'avoue que je donnai un mauvais exemple à Alexandre, car j'avois dessein de conquérir l'Italie. Mais lui, il vouloit se faire roi du monde ; et il auroit été bien plus heureux en demeurant roi de Macédoine qu'en courant par toute l'Asie comme un insensé.

DIALOGUE XXXI.

DÉMOSTHENE et CICÉRON.

Parallele de ces deux orateurs, où l'on donne le caractere de la véritable éloquence.

CICÉRON.

Quoi ! prétends-tu que j'ai été un orateur médiocre ?

DÉMOSTHENE.

Non pas médiocre ; car ce n'est pas sur une personne médiocre que je prétends avoir la supériorité. Tu as été sans doute un orateur célebre. Tu avois de grandes parties ; mais souvent tu t'es écarté du point en quoi consiste la perfection.

CICÉRON.

Et toi, n'as-tu point eu de défauts ?

DÉMOSTHENE.

Je crois qu'on ne m'en peut reprocher aucun pour l'éloquence.

CICÉRON.

Peux-tu comparer la richesse de ton génie à la mienne, toi qui es sec, sans ornement; qui es toujours contraint par des bornes étroites et resserrées; toi qui n'étends aucun sujet; toi à qui on ne peut rien retrancher, tant la maniere dont tu traites les sujets est, si j'ose me servir de ce terme, affamée? au lieu que je donne aux miens une étendue qui fait paroître une abondance et une fertilité de génie qui a fait dire qu'on ne pouvoit rien ajouter à mes ouvrages.

DÉMOSTHENE.

Celui à qui on ne peut rien retrancher n'a rien dit que de parfait.

CICÉRON.

Celui à qui on ne peut rien ajouter n'a rien omis de tout ce qui pouvoit embellir son ouvrage.

DÉMOSTHENE.

Ne trouves-tu pas tes discours plus remplis de traits d'esprit que les miens? Parle de bonne foi, n'est-ce pas là la raison pour laquelle tu t'éleves au-dessus de moi?

####### CICÉRON.

Je veux bien te l'avouer, puisque tu me parles ainsi. Mes pieces sont infiniment plus ornées que les tiennes : elles marquent bien plus d'esprit, de tour, d'art, de facilité. Je fais paroître la même chose sous vingt manieres différentes. On ne pouvoit s'empêcher, en entendant mes oraisons, d'admirer mon esprit, d'être continuellement surpris de mon art, de s'écrier sur moi, de m'interrompre pour m'applaudir et me donner des louanges. Tu devois être écouté fort tranquillement, et apparemment tes auditeurs ne t'interrompoient pas.

####### DÉMOSTHENE.

Ce que tu dis de nous deux est vrai : tu ne te trompes que dans la conclusion que tu en tires. Tu occupois l'assemblée de toi-même; et moi je ne l'occupois que des affaires dont je parlois. On t'admiroit; et moi j'étois oublié par mes auditeurs, qui ne voyoient que le parti que je voulois leur faire prendre. Tu réjouissois par les traits de ton esprit; et moi je frappois, j'abattois, j'atterrois par des coups de foudre. Tu faisois dire : Qu'il parle bien ! Et moi je faisois dire : Allons, marchons contre Philippe. On te louoit : on étoit trop hors de soi pour me louer. Quand tu haranguois, tu paroissois orné : on ne découvroit en moi aucun ornement; il n'y avoit dans mes pieces que des raisons précises, fortes, claires, ensuite des mouvements semblables à des foudres auxquels on ne pouvoit résister. Tu as été un orateur parfait quand tu as été, comme moi, simple, grave, austere, sans art apparent, en un mot quand tu as été Démosthénique : mais lorsqu'on a senti en tes discours l'esprit, le tour et l'art, alors tu n'étois que Cicéron, t'éloignant de la perfection autant que tu t'éloignois de mon caractere.

DIALOGUE XXXII.

DÉMOSTHENE et CICÉRON.

Différence entre l'orateur et le véritable philosophe.

CICÉRON.

Pour avoir vécu du temps de Platon, et avoir même été son disciple, il me semble que vous avez bien peu profité de cet avantage.

DÉMOSTHENE.

N'avez-vous donc rien remarqué dans mes oraisons, vous qui les avez si bien lues, qui sentît les maximes de Platon et sa maniere de persuader?

CICÉRON.

Ce n'est pas ce que je veux dire. Vous avez été le

plus grand orateur des Grecs; mais enfin vous n'avez été qu'orateur. Pour moi, quoique je n'aie jamais connu Platon que dans ses écrits, et que j'aie vécu environ trois cents ans après lui, je me suis efforcé de l'imiter dans la philosophie; je l'ai fait connoître aux Romains, et j'ai le premier introduit chez eux ce genre d'écrire; en sorte que j'ai rassemblé, autant que j'en ai été capable, en une même personne, l'éloquence et la philosophie.

DÉMOSTHENE.

Et vous croyez avoir été un grand philosophe?

CICÉRON.

Il suffit, pour l'être, d'aimer la sagesse, et de travailler à acquérir la science et la vertu. Je crois me pouvoir donner ce titre sans trop de vanité.

DÉMOSTHENE.

Pour orateur, j'en conviens, vous avez été le premier de votre nation; et les Grecs même de votre temps vous ont admiré: mais pour philosophe, je ne puis en convenir; on ne l'est pas à si bon marché.

CICÉRON.

Vous ne savez pas ce qu'il m'en a coûté, mes veilles, mes travaux, mes méditations, les livres que j'ai lus, les maîtres que j'ai écoutés, les traités que j'ai composés.

DÉMOSTHENE.

Tout cela n'est point la philosophie.

CICÉRON.

Que faut-il donc de plus?

DÉMOSTHENE.

Il faut faire ce que vous avez dit de Caton en vous moquant de lui : étudier la philosophie, non pour découvrir les vérités qu'elle enseigne, afin d'en raisonner comme font la plupart des hommes, mais pour la réduire en pratique.

CICÉRON.

Et ne l'ai-je pas fait? n'ai-je pas vécu conformément à la doctrine de Platon et d'Aristote que j'avois embrassée?

DÉMOSTHENE.

Laissons Aristote, je lui disputerois peut-être la qualité de philosophe; et je ne puis avoir grande opinion d'un Grec qui s'est attaché à un roi, et encore à Philippe. Pour Platon, je vous maintiens que vous n'avez jamais suivi ses maximes.

CICÉRON.

Il est vrai que, dans ma jeunesse et pendant la plus grande partie de ma vie, j'ai suivi la vie active et laborieuse de ceux que Platon appelle *politiques* : mais quand j'ai vu que ma patrie avoit changé de face, et que je ne pouvois plus lui être utile par les grands emplois, j'ai cherché à la servir par les sciences, et je me suis retiré dans mes maisons de campagne pour m'appliquer à la contemplation et à l'étude de la vérité.

DÉMOSTHENE.

C'est-à-dire que la philosophie a été votre pis-aller, quand vous n'avez plus eu de part au gouvernement et que vous avez voulu vous distinguer par vos études : car vous y avez plus cherché la gloire que la vertu.

CICÉRON.

Il ne faut point mentir, j'ai toujours aimé la gloire comme une suite de la vertu.

DÉMOSTHENE.

Dites mieux, beaucoup la gloire et peu la vertu.

CICÉRON.

Sur quel fondement jugez-vous si mal de moi?

DÉMOSTHENE.

Sur vos propres discours. Dans le même temps que vous faisiez le philosophe, n'avez-vous pas prononcé ces beaux discours où vous flattiez César votre tyran plus bassement que Philippe ne l'étoit par ses esclaves? Cependant on sait comme vous l'aimiez ; il y a bien paru après sa mort, et de son vivant vous ne l'épargniez pas dans vos lettres à Atticus.

CICÉRON.

Il falloit bien s'accommoder au temps et tâcher

d'adoucir le tyran de peur qu'il ne fît encore pis.

DÉMOSTHENE.

Vous parlez en bon orateur et en mauvais philosophe. Mais que devint votre philosophie après sa mort? qui vous obligea de rentrer dans les affaires?

CICÉRON.

Le peuple romain, qui me regardoit comme son unique appui.

DÉMOSTHENE.

Votre vanité vous le fit croire et vous livra à un jeune homme dont vous étiez la dupe. Mais enfin revenons à notre point; vous avez toujours été orateur et jamais philosophe.

CICÉRON.

Vous, avez-vous jamais été autre chose?

DÉMOSTHENE.

Non, je l'avoue; mais aussi n'ai-je jamais fait d'autre profession. Je n'ai trompé personne : j'ai compris de bonne heure qu'il falloit choisir entre la rhétorique et la philosophie; que chacune demandoit un homme entier. Le desir de la gloire m'a touché : j'ai cru qu'il étoit beau de gouverner un peuple par mon éloquence, et de résister à la puissance de Philippe, n'étant qu'un simple citoyen fils d'un artisan. J'aimois le bien public, et la liberté de la Grece; mais, je l'avoue à présent, je m'aimois encore plus moi-même, et j'étois fort sensible au plaisir de recevoir une couronne en plein théâtre, et de laisser ma statue dans la place publique avec une belle inscription. Maintenant je vois les choses d'une autre maniere; et je comprends que Socrate avoit raison, quand il soutenoit à Gorgias « que l'éloquence n'étoit pas une « si belle chose qu'il pensoit; dût-il arriver à sa fin « et rendre un homme maître absolu dans sa répu- « blique ». Nous y sommes arrivés, vous et moi : avouez que nous n'en avons pas été plus heureux.

CICÉRON.

Il est vrai que notre vie n'a été pleine que de travaux et de périls. Je n'eus pas sitôt défendu Roscius, qu'il fallut m'enfuir en Grece pour éviter l'indignation de Sylla. L'accusation de Verrès m'attira bien des ennemis. Mon consulat, le temps de ma plus grande gloire, fut aussi le temps de mes plus grands travaux et de mes plus grands périls : je fus plusieurs fois en danger de ma vie, et la haine dont je me chargeai alors éclata ensuite par mon exil. Enfin ce n'est que mon éloquence qui a causé ma mort; et si j'avois moins poussé Antoine, je serois encore en vie. Je ne vous dis rien de vos malheurs, il seroit inutile de vous les rappeler : mais il ne nous en faut prendre, l'un et l'autre, qu'au destin, ou, si vous voulez, à la fortune qui nous a fait naître dans des temps si corrompus, qu'il étoit impossible de redresser nos républiques ni même d'empêcher leur ruine.

DÉMOSTHENE.

C'est en quoi nous avons manqué de jugement, entreprenant l'impossible ; car ce n'est point notre peuple qui nous a forcés à prendre soin des affaires publiques, et nous n'y étions point engagés par notre naissance. Je pardonne à un prince né dans la pourpre de gouverner le moins mal qu'il peut un état que les dieux lui ont confié en le faisant naître d'une certaine race, puisqu'il ne lui est pas libre de l'abandonner en quelque mauvais état qu'il se trouve : mais un simple particulier ne doit songer qu'à se régler soi-même et gouverner sa famille ; il ne doit jamais desirer les charges publiques, moins encore les rechercher. Si on le force à les prendre, il peut les accepter par l'amour de la patrie ; mais dès qu'il n'a pas la liberté de bien faire et que ses citoyens n'écoutent plus les loix ni la raison, il doit rentrer dans la vie privée, et se contenter de déplorer les calamités publiques qu'il ne peut détourner.

CICÉRON.

A votre compte, mon ami Pomponius Atticus étoit plus sage que moi, et que Caton même que nous avons tant vanté.

DÉMOSTHENE.

Oui sans doute, Atticus étoit un vrai philosophe. Caton s'opiniâtra mal-à-propos à vouloir redresser un peuple qui ne vouloit plus vivre en liberté, et vous cédâtes trop facilement à la fortune de César; du moins vous ne conservâtes pas assez votre dignité.

CICÉRON.

Mais enfin l'éloquence n'est-elle pas une bonne chose et un grand présent des dieux?

DÉMOSTHENE.

Elle est très bonne en elle-même : il n'y a que l'usage qui en peut être mauvais, comme de flatter les passions du peuple, ou de contenter les nôtres. Et que faisions-nous autre chose dans nos déclamations ameres contre nos ennemis, moi contre Midias ou Eschine, vous contre Pison, Vatinius ou Antoine? Combien nos passions et nos intérêts nous ont-ils fait offenser la vérité et la justice! Le véritable usage de l'éloquence est de mettre la vérité en son jour, et de persuader aux autres ce qui leur est véritablement utile, c'est-à-dire la justice et les autres vertus; c'est l'usage qu'en a fait Platon, que nous n'avons imité ni l'un ni l'autre.

DIALOGUE XXXIII.

CORIOLAN et CAMILLE.

Les hommes ne naissent pas indépendants, mais soumis aux loix de la patrie où ils sont nés, et où ils ont été élevés et protégés dans leur enfance.

CORIOLAN.

Hé bien! vous avez senti comme moi l'ingratitude de la patrie. C'est une étrange chose que de servir un peuple insensé. Avouez-le de bonne foi, et excusez un peu ceux à qui la patience échappe.

CAMILLE.

Pour moi, je trouve qu'il n'y a jamais d'excuse pour ceux qui s'élevent contre leur patrie. On peut se retirer, céder à l'injustice, attendre des temps moins rigoureux; mais c'est une impiété que de prendre les armes contre la mere qui nous a fait naître.

CORIOLAN.

Ces grands noms de mere et de patrie ne sont que des noms. Les hommes naissent libres et indépendants : les sociétés, avec toutes leurs subordinations et leurs polices, sont des institutions humaines qui ne peuvent jamais détruire la liberté essentielle à l'homme. Si la société d'hommes dans laquelle nous sommes nés manque à la justice et à la bonne foi, nous ne lui devons plus rien, nous rentrons dans les droits naturels de notre liberté, et nous pouvons aller chercher quelque autre société plus raisonnable pour y vivre en repos, comme un voyageur passe de ville en ville selon son goût et sa commodité. Toutes ces belles idées de patrie ont été données par des esprits artificieux et pleins d'ambition pour nous dominer : les législateurs nous en ont bien fait accroire. Mais il faut toujours revenir au droit naturel qui rend chaque homme libre et indépendant. Chaque homme étant né dans cette indépendance à l'égard des autres, il n'engage sa liberté, en se mettant dans la société d'un peuple, qu'à condition qu'il sera traité équitablement; dès que la société manquera à la condition, le particulier rentre dans ses droits, et la terre entiere est à lui aussi-bien qu'aux autres. Il n'a qu'à se garantir d'une force supérieure à la sienne, et qu'à jouir de sa liberté.

CAMILLE.

Vous voilà devenu bien subtil philosophe ici-bas; on dit que vous étiez moins adonné aux raisonnements pendant que vous étiez vivant. Mais ne voyez-vous pas votre erreur? ce pacte avec une société peut avoir quelque vraisemblance quand un homme choisit un pays pour y vivre; encore même est-on en droit de le punir selon les loix de la nation, s'il s'y est agrégé, et qu'il n'y vive pas selon les mœurs de la république. Mais les enfants qui naissent dans un pays ne choisissent point leur patrie : les dieux la leur donnent, ou plutôt les donnent eux-mêmes à cette société d'hommes qui est leur patrie, afin que cette patrie les possede, les gouverne, les récompense, les punisse comme ses enfants. Ce n'est point le choix, la police, l'art, l'institution arbitraire, qui assujettit les enfants à un pere : c'est la nature qui l'a décidé ; les peres joints ensemble font la patrie, et ont une pleine autorité sur les enfants qu'ils ont mis au monde. Oseriez-vous en douter?

CORIOLAN.

Oui, je l'ose. Quoiqu'un homme soit mon pere, je suis homme aussi-bien que lui, et aussi libre que lui, par la regle essentielle de l'humanité. Je lui dois de la reconnoissance et du respect; mais enfin la nature ne m'a pas fait dépendant de lui.

CAMILLE.

Vous établissez là de belles regles pour la vertu. Chacun se croira en droit de vivre selon ses pensées; il n'y aura plus sur la terre ni police, ni sûreté, ni subordination, ni société réglée, ni principes certains de bonnes mœurs.

CORIOLAN.

Il y aura toujours la raison et la vertu imprimées par la nature dans les cœurs des hommes. S'ils abusent de leur liberté, tant pis pour eux; mais quoique leur liberté mal prise puisse se tourner en libertinage, il est pourtant certain que par leur nature ils sont libres.

CAMILLE.

J'en conviens. Mais il faut avouer aussi que tous les hommes les plus sages ayant senti l'inconvénient de cette liberté, qui feroit autant de gouvernements bizarres qu'il y a de têtes mal faites, ont conclu que rien n'étoit si capital au repos du genre humain, que d'assujettir la multitude aux loix établies en chaque lieu. N'est-il pas vrai que c'est là le réglement que les hommes sages ont fait en tous les pays, comme le fondement de toute société?

CORIOLAN.

Il est vrai.

CAMILLE.

Ce réglement est nécessaire.

CORIOLAN.

Il est vrai encore.

CAMILLE.

Non seulement il est sage, juste et nécessaire en lui-même, mais encore il est autorisé par le consentement presque universel, ou du moins du plus grand nombre. S'il est nécessaire pour la vie humaine, il n'y a que les hommes indociles et déraisonnables qui le rejettent.

CORIOLAN.

J'en conviens, mais il n'est qu'arbitraire.

CAMILLE.

Ce qui est essentiel à la société, à la paix, à la sûreté des hommes, ce que la raison demande nécessairement, doit être fondé dans la nature raisonnable même, et n'est point arbitraire. Donc cette subordination n'est point une invention pour mener les esprits foibles; c'est au contraire un lien nécessaire que la raison fournit pour régler, pour pacifier, pour unir les hommes entre eux. Donc il est vrai que la raison, qui est la vraie nature des animaux raisonnables, demande qu'ils s'assujettissent à des loix et à de certains hommes qui sont en la place des premiers législateurs, qu'en un mot ils obéissent, qu'ils concourent tous ensemble aux besoins et aux intérêts communs, qu'ils n'usent de leur liberté que selon la raison, pour affermir et perfectionner la société. Voilà ce que j'appelle être bon citoyen, aimer la patrie et s'attacher à la république.

CORIOLAN.

Vous qui m'accusez de subtilité, vous êtes plus subtil que moi.

CAMILLE.

Point du tout. Rentrons, si vous voulez, dans le détail : par quelle proposition vous ai-je surpris ? La raison est la nature de l'homme. Celle-là est-elle vraie ?

CORIOLAN.

Oui, sans doute.

CAMILLE.

L'homme n'est point libre pour aller contre la raison. Que dites-vous de celle-là ?

CORIOLAN.

Il n'y a pas moyen de l'empêcher de passer.

CAMILLE.

La raison veut qu'on vive en société, et par conséquent avec subordination. Répondez.

CORIOLAN.

Je le crois comme vous.

CAMILLE.

Donc il faut qu'il y ait des regles inviolables de société que l'homme nomme loix, et des hommes gardiens des loix qu'on nomme magistrats pour punir ceux qui les violent : autrement il y auroit autant de gouvernements arbitraires que de têtes, et les têtes les plus mal faites seroient celles qui voudroient le plus renverser les mœurs et les loix, pour gouverner, ou du moins pour vivre selon leurs caprices.

CORIOLAN.

Tout cela est clair.

CAMILLE.

Donc il est de la nature raisonnable d'assujettir sa liberté aux loix et aux magistrats de la société où l'on vit.

CORIOLAN.

Cela est certain : mais on est libre de quitter cette société.

CAMILLE.

Si chacun est libre de quitter la sienne où il est né, bientôt il n'y aura plus de société réglée sur la terre.

CORIOLAN.

Pourquoi?

CAMILLE.

Le voici : c'est que le nombre des mauvaises têtes étant le plus grand, toutes les mauvaises têtes croiront pouvoir secouer le joug de leur patrie, et aller ailleurs vivre sans regle et sans joug; ce plus grand nombre deviendra indépendant et détruira bientôt par-tout toute autorité.

Ils iront même hors de leur patrie chercher des armes contre la patrie même. Dès ce moment il n'y a plus de société de peuple qui soit constante et assurée. Ainsi vous renverseriez les loix et la société, que la raison selon vous demande, pour flatter une liberté effrénée ou plutôt le libertinage des fous et des méchants, qui ne se croient libres que quand ils peuvent impunément mépriser la raison et les loix.

CORIOLAN.

Je vois bien maintenant toute la suite de votre raisonnement, et je commence à le goûter.

CAMILLE.

Ajoutez que cet établissement de république et de loix étant ensuite autorisé par le consentement et la pratique universelle du genre humain, excepté de quelques peuples brutaux et sauvages, la nature humaine entiere, pour ainsi dire, s'est livrée aux loix depuis des siecles innombrables, par une absolue nécessité; les fous mêmes et les méchants, pourvu qu'ils ne le soient qu'à demi, sentent et reconnoissent ce besoin de vivre en commun, et d'être sujets à des loix.

CORIOLAN.

J'entends bien; et vous voulez que la patrie ayant ce droit qui est sacré et inviolable, on ne puisse s'armer contre elle.

CAMILLE.

Ce n'est pas seulement moi qui le veux, c'est la nature qui le demande. Quand Volumnia votre mere et Veturia votre femme vous parlerent pour Rome, que vous dirent-elles? que sentiez-vous au fond de votre cœur?

CORIOLAN.

Il est vrai que la nature me parloit pour ma mere, mais elle ne me parloit pas de même pour Rome.

CAMILLE.

Hé bien! votre mere vous parloit pour Rome, et la nature vous parloit par la bouche de votre mere. Voilà les liens naturels qui nous attachent à la patrie. Pouviez-vous attaquer la ville de votre mere, de tous vos parents, de tous vos amis, sans violer les droits de la nature? Je ne vous demande là-dessus aucun raisonnement, c'est votre sentiment sans réflexion que je consulte.

CORIOLAN.

Il est vrai, on agit contre la nature toutes les fois que l'on combat contre sa patrie : mais s'il n'est pas permis de l'attaquer, du moins avouez qu'il est permis de l'abandonner quand elle est injuste et ingrate.

CAMILLE.

Non, je ne l'avouerai jamais. Si elle vous exile, si elle vous rejette, vous pouvez aller chercher un asyle ailleurs. C'est lui obéir que de sortir de son sein quand elle nous chasse; mais il faut encore loin d'elle la respecter, souhaiter son bien, être prêt à y retourner, à la défendre et à mourir pour elle.

CORIOLAN.

Où prenez-vous toutes ces belles idées d'héroïsme ? Quand ma patrie m'a renoncé, et ne veut plus me rien devoir, le contrat est rompu entre nous ; je la renonce réciproquement et ne lui dois plus rien.

CAMILLE.

Vous avez déja oublié que nous avons mis la patrie en la place de nos parents, et qu'elle a sur nous l'autorité des loix ; faute de quoi il n'y auroit plus aucune société fixe et réglée sur la terre.

CORIOLAN.

Il est vrai, je conçois qu'on doit regarder comme une vraie mere cette société qui nous a donné la naissance, les mœurs, la nourriture, qui a acquis de si grands droits sur nous par nos parents et par nos amis qu'elle porte dans son sein. Je veux bien qu'on lui doive ce qu'on doit à une mere ; mais....

CAMILLE.

Si ma mere m'avoit abandonné et maltraité, pourrois-je la méconnoître et la combattre ?

CORIOLAN.

Non, mais vous pourriez....

CAMILLE.

Pourrois-je la mépriser et l'abandonner, si elle revenoit à moi et me montroit un vrai déplaisir de m'avoir maltraité ?

CORIOLAN.

Non.

CAMILLE.

Il faut donc être toujours tout prêt à reprendre les sentiments de la nature pour sa patrie, ou plutôt ne les perdre jamais, et revenir à son service toutes les fois qu'elle vous en ouvre le chemin.

CORIOLAN.

J'avoue que ce parti me paroît le meilleur; mais la fierté et le dépit d'un homme qu'on a poussé à bout ne lui laissent pas faire tant de réflexions.

Le peuple romain, insolent, fouloit aux pieds les patriciens. Je ne pus souffrir cette indignité, le peuple furieux me contraignit de me retirer chez les Volsques. Quand je fus là, mon ressentiment et le desir de me faire valoir chez le peuple ennemi des Romains m'engagerent à prendre les armes contre mon pays. Vous m'avez fait voir, mon cher Camille, qu'il auroit fallu demeurer paisible dans mon malheur.

CAMILLE.

Nous avons ici bas les ombres de plusieurs grands hommes qui ont fait ce que je vous dis. Thémistocle, ayant fait la faute de s'en aller en Perse, aima mieux et mourir et s'empoisonner en buvant du sang de taureaux, que de servir le roi de Perse contre les Athéniens. Scipion, vainqueur de l'Afrique, ayant été traité indignement à Rome à cause qu'on accusoit son frere d'avoir pris de l'argent dans sa guerre contre Antiochus, se retira à Linternum, où il passa dans la solitude le reste de ses jours, ne pouvant se résoudre, ni à vivre au milieu de sa patrie ingrate, ni à manquer à la fidélité qu'il lui devoit : voilà ce que nous avons appris de lui depuis qu'il est descendu dans le royaume de Pluton.

CORIOLAN.

Vous citez les autres exemples, et vous ne dites rien du vôtre qui est le plus beau de tous.

CAMILLE.

Il est vrai que l'injustice qu'on m'avoit faite me rendoit inutile. Les autres capitaines avoient même perdu toute autorité : on ne faisoit plus que flatter le peuple, et vous savez combien il est funeste à un état que ceux qui le gouvernent le repaissent toujours d'espérances vaines et flatteuses. Tout à coup les Gaulois, auxquels on avoit manqué de parole, gagnerent la bataille d'Allia; c'étoit fait de Rome s'ils eussent poursuivi les Romains. Vous savez que la jeunesse se renferma dans le Capitole, et que les sénateurs se mirent dans leurs sieges curules où ils furent tués. Il n'est pas nécessaire de raconter le reste que vous avez oui dire cent fois. Si je n'eusse étouffé mon ressentiment pour sauver ma patrie, tout étoit perdu sans ressource. J'étois à Ardée quand j'appris le malheur de Rome, j'armai les Ardéates. J'appris par des espions que les Gaulois, se croyant les maîtres de tout, étoient ensevelis dans le vin et dans la bonne chere. Je les surpris la nuit, j'en fis un grand carnage. A ce coup les Romains, comme des gens ressuscités qui sortent du tombeau, m'envoient prier d'être leur chef. Je répondis qu'ils ne pouvoient représenter la patrie, ni moi les reconnoître, et que j'attendois les ordres des jeunes patriciens qui défendoient le Capitole, parceque ceux-ci étoient le vrai corps de la république, qu'il n'y avoit qu'eux à qui je dusse obéir pour me mettre à la tête de leurs troupes. Ceux qui étoient dans le Capitole m'élurent dictateur. Cependant les Gaulois se consumoient par des maladies contagieuses après un siege de sept mois devant le Capitole. La paix fut faite; et dans le moment qu'on pesoit l'argent moyennant lequel ils promettoient de se retirer, j'arrive, je rends l'or aux Romains : Nous ne gardons point notre ville, dis-je alors aux Gaulois, avec l'or, mais avec le fer; retirez-vous. Ils sont surpris, ils se retirent. Le lendemain, je les attaque dans leur retraite, et je les taille en pieces.

DIALOGUE XXXIV.

CAMILLE et FABIUS MAXIMUS.

La générosité et la bonne foi sont plus utiles dans la politique que la finesse et les détours.

FABIUS.

C'est aux trois juges à nous régler pour le rang, puisque vous ne voulez pas me céder; ils décideront, et je les crois assez justes pour préférer ces grandes actions de la guerre punique où la république étoit déja puissante et admirée de toutes les nations éloignées, aux petites guerres de Rome naissante pendant lesquelles on combattoit toujours aux portes de la ville.

CAMILLE.

Ils n'auront pas grande peine à décider entre un Romain qui a été cinq fois dictateur quoiqu'il n'ait jamais été consul, qui a triomphé quatre fois, qui a mérité le titre de second fondateur de Rome, et un autre citoyen qui n'a fait que temporiser par finesse et fuir devant Annibal.

FABIUS.

J'ai plus mérité que vous le titre de second fondateur; car Annibal et toute la puissance des Carthaginois dont j'ai délivré Rome, étoient un mal plus redoutable que l'incursion d'une foule de barbares que vous avez dissipés. Vous serez bien embarrassé quand il faudra comparer la prise de Veies qui étoit un village, avec celle de la superbe et belliqueuse Tarente, cette seconde Lacédémone dont elle étoit une colonie.

CAMILLE.

Le siege de Veies étoit plus important aux Romains que celui de Tarente. Il n'en faut pas juger par la grandeur de la ville, mais par les maux qu'elle causoit à Rome. Veies étoit alors à proportion plus forte pour Rome naissante que Tarente ne le fut dans la suite pour Rome qui avoit augmenté sa puissance par tant de prospérité.

FABIUS.

Mais cette petite ville de Veies, vous demeurâtes dix ans à la prendre; le siege dura autant que celui de Troie : aussi entrâtes-vous dans Rome après cette conquête sur un chariot triomphal traîné par quatre chevaux blancs. Il vous fallut même des vœux pour parvenir à ce grand succès; vous promîtes aux dieux la dixieme partie du butin. Sur cette parole ils vous firent prendre la ville; mais dès qu'elle fut prise, vous oubliâtes vos bienfaiteurs, et vous donnâtes le pillage aux soldats, quoique les dieux méritassent la préférence.

CAMILLE.

Ces fautes-là se font sans mauvaise volonté dans le transport que cause une victoire remportée. Mais les dames romaines payerent mon vœu, car elles donnèrent tout l'or de leurs joyaux pour faire une coupe d'or du poids de huit talents qu'on offrit au temple de Delphes : aussi le sénat ordonna qu'on feroit l'éloge public de chacune de ces généreuses femmes après sa mort.

FABIUS.

Je consens à leur éloge et point au vôtre. C'est vous qui avez violé votre vœu; ce sont elles qui l'ont accompli.

CAMILLE.

On ne peut point me reprocher d'avoir jamais manqué volontairement à la bonne foi, j'en ai donné une bonne marque.

FABIUS.

Je vois déja venir de loin notre maître-d'école tant de fois rebattu.

CAMILLE.

Ne pensez pas vous en moquer; le maître-d'école me fait grand honneur. Les Falériens avoient, à la mode des Grecs, un homme instruit des lettres pour élever leurs enfants en commun, afin que la société, l'émulation et les maximes du bien public les rendissent encore plus les enfants de la république que de leurs parents: le traître me vint livrer toute la jeunesse des Falériens. Il ne tenoit qu'à moi de subjuguer le peuple, ayant de si précieux ôtages: mais j'eus horreur du traître et de la trahison. Je ne fis pas comme ceux qui ne sont qu'à demi gens de bien, et qui aiment la trahison quoiqu'ils détestent le traître; je commandai au licteur de déchirer les habits du maître-d'école, je lui fis lier les mains derriere le dos, et je chargeai les enfants de le ramener en le fouettant jusques dans leur ville. Est-ce avoir de la bonne foi? qu'en croyez-vous, Fabius? parlez.

FABIUS.

Je crois que cette action est belle, et elle vous releve plus que la prise de Veies.

CAMILLE.

Mais savez-vous la suite? elle marque bien ce que fait la vertu, et combien la générosité est plus utile pour la politique même que la finesse.

FABIUS.

N'est-ce pas que les Falériens, touchés de votre bonne foi, vous envoyerent des ambassadeurs pour se mettre eux et leur ville à votre discrétion, disant qu'ils ne pouvoient rien faire de meilleur pour leur patrie, que de la soumettre à un homme si juste et si ennemi du crime?

CAMILLE.

Il est vrai : mais je renvoyai leurs ambassadeurs à Rome, afin que le sénat et le peuple décidassent.

FABIUS.

Vous craigniez l'envie et la jalousie de vos concitoyens.

CAMILLE.

N'avois-je pas raison? Plus on pratique la vertu au-dessus des autres, plus on doit craindre d'irriter leur jalousie; d'ailleurs je devois cette déférence à la république. Mais on ne voulut point décider; on me renvoya les ambassadeurs, et je finis l'affaire comme je l'avois commencée, par un procédé généreux. Je laissai les Falériens en liberté se gouverner eux-mêmes selon leurs loix, je fis avec eux une paix juste et honorable pour leur ville.

FABIUS.

J'ai oui dire que les soldats de votre armée furent bien irrités de cette paix, car ils espéroient un grand pillage.

CAMILLE.

Ne devois-je pas préférer la gloire de Rome et mon honneur à l'avarice des soldats?

FABIUS.

J'en conviens. Mais revenons à notre question; vous ne savez peut-être pas que j'ai donné des marques de probité plus fortes que l'affaire de votre maître d'école.

CAMILLE.

Non, je ne le sais point, et je ne saurois me le persuader.

FABIUS.

J'avois réglé avec Annibal qu'on échangeroit dans les deux armées les prisonniers, et que ceux qui ne pourroient être échangés seroient rachetés deux cents cinquante drachmes pour chaque homme. L'échange achevé, on trouva qu'il y avoit encore, au-delà du nombre des Carthaginois, deux cents cinquante Romains qu'il falloit racheter. Le sénat désapprouve mon traité et refuse le paiement : j'envoie mon fils à Rome pour vendre mon bien, et je paie à mes dépens toutes les rançons que le sénat ne vouloit point payer. Vous n'étiez généreux qu'aux dépens de la république; mais moi je l'ai été sur mon propre compte : vous ne l'aviez été que de concert avec le sénat, je l'ai été contre le sénat même.

CAMILLE.

Il n'est pas difficile à un homme de cœur de sacrifier un peu d'argent pour se procurer tant de gloire. Pour moi j'ai montré ma générosité en sauvant ma patrie ingrate : sans moi les Gaulois ne vous auroient pas même laissé une ville de Rome à défendre. Allons trouver Minos afin qu'il finisse notre contestation et regle nos rangs.

DIALOGUE XXXV.

FABIUS MAXIMUS et ANNIBAL.

Un général d'armée doit sacrifier sa réputation au salut public.

ANNIBAL.

Je vous ai fait passer de mauvais jours et de mauvaises nuits : avouez-le de bonne foi.

FABIUS.

Il est vrai; mais j'en ai eu ma revanche.

ANNIBAL.

Pas trop : vous ne faisiez que reculer devant moi, que chercher des campements inaccessibles sur des montagnes; vous étiez toujours dans les nues. C'étoit mal relever la réputation des Romains que de montrer tant d'épouvante.

FABIUS.

Il faut aller au plus pressé. Après tant de batailles perdues, j'eusse achevé la ruine de la république en hasardant de nouveaux combats. Il falloit relever le courage de nos troupes, les accoutumer à vos armes, à vos éléphants, à vos ruses, à votre ordre de bataille, vous laisser amollir dans les plaisirs de Capoue, et attendre que vous usassiez peu à peu vos forces.

ANNIBAL.

Mais cependant vous vous déshonoriez par votre timidité. Belle ressource pour la patrie après tant de malheurs, qu'un capitaine qui n'ose rien tenter, qui a peur de son ombre comme un lievre, qui ne trouve point de rochers assez escarpés pour y faire grimper ses troupes toujours tremblantes! C'étoit entretenir la lâcheté dans votre camp et augmenter l'audace dans le mien.

FABIUS.

Il valoit mieux se déshonorer par cette lâcheté que de faire massacrer toute la fleur des Romains comme Terentius Varro le fit à Cannes. Ce qui aboutit à sauver la patrie, et à rendre les victoires des ennemis inutiles, ne peut déshonorer un capitaine : on voit qu'il a préféré le salut public à sa propre réputation, qui lui est plus chere que sa vie, et ce sacrifice de sa réputation doit lui en attirer une grande; encore même n'est-il pas question de sa réputation, il ne s'agit que de discours téméraires de certains critiques qui n'ont pas des vues assez étendues pour prévoir de loin combien cette maniere lente de faire la guerre sera enfin avantageuse. Il faut laisser parler les gens qui ne regardent que ce qui est présent et que ce qui brille. Quand vous aurez obtenu par votre patience un bon succès, les gens même qui vous ont le plus condamné seront les plus empressés à vous applaudir. Ils ne jugent que par le succès; ne songez qu'à réussir : si vous y parvenez, ils vous accableront de louanges.

ANNIBAL.

Mais que vouliez-vous que pensassent vos alliés?

FABIUS.

Je les laissois penser tout ce qu'il leur plaisoit, pourvu que je sauvasse Rome, comptant bien que je serois justifié sur toutes leurs critiques après que j'aurois prévalu sur vous.

ANNIBAL.

Sur moi! Vous n'avez jamais eu cette gloire une seule fois. J'ai montré que je me savois jouer de toute votre science dans l'art militaire ; car avec des feux attachés aux cornes d'un grand nombre de bœufs, je vous donnai le change, et je décampai la nuit pendant que vous vous imaginiez que j'étois auprès de votre camp.

FABIUS.

Ces ruses-là peuvent surprendre tout le monde, mais elles n'ont rien décidé entre nous. Enfin vous ne pouvez désavouer que je vous ai affoibli, que j'ai repris des places, que j'ai relevé de leurs chûtes les troupes romaines : et si le plus jeune Scipion ne m'en eût dérobé la gloire, je vous aurois chassé de l'Italie. Si Scipion en est venu à bout, c'est qu'il y avoit encore une Rome sauvée par la sagesse de Fabius. Cessez donc de vous moquer d'un homme qui, en reculant un peu devant vous, est cause que vous avez abandonné toute l'Italie et fait périr Carthage. Il n'est pas question d'éblouir par des commencements avantageux : l'essentiel est de bien finir.

DIALOGUE XXXVI.

RHADAMANTHE, CATON le censeur, et SCIPION l'africain.

Les plus grandes vertus sont gâtées par une humeur chagrine et caustique.

RHADAMANTHE.

Qui es-tu donc, vieux Romain ? Dis-moi ton nom. Tu as la physionomie assez mauvaise, un visage dur et rébarbatif. Tu as l'air d'un vilain rousseau ; du moins je crois que tu l'as été pendant ta jeunesse. Tu avois, si je ne me trompe, plus de cent ans quand tu es mort.

CATON.

Point: je n'en avois que quatre-vingt-dix, et j'ai trouvé ma vie bien courte; car j'aimois fort à vivre et je me portois à merveille. Je m'appelle Caton. N'as-tu point oui parler de moi, de ma sagesse, de mon courage contre les méchants?

RHADAMANTHE.

Ho! je te reconnois sans peine sur le portrait qu'on m'avoit fait de toi. Te voilà tout juste, cet homme toujours prêt à se vanter et à mordre les autres. Mais j'ai un différend à régler entre toi et le grand Scipion qui vainquit Annibal. Hola! Scipion, hâtez-vous de venir: voici Caton qui arrive enfin; je prétends juger tout à l'heure votre vieille querelle. Çà, que chacun défende sa cause.

SCIPION.

Pour moi j'ai à me plaindre de la jalousie maligne de Caton; elle étoit indigne de sa haute réputation. Il se joignit à Fabius Maximus, et ne fut son ami que pour m'attaquer. Il vouloit m'empêcher de passer en Afrique. Ils étoient tous deux timides dans leur politique: d'ailleurs Fabius ne savoit que sa vieille méthode de temporiser à la guerre, d'éviter les batailles, de camper dans les nues, d'attendre que les ennemis se consumassent d'eux-mêmes. Caton, qui aimoit par pédanterie les vieilles gens, s'attacha à Fabius, et fut jaloux de moi, parceque j'étois jeune et hardi. Mais la principale cause de son entêtement fut son avarice : il vouloit qu'on fît la guerre avec épargne comme il plantoit ses choux et ses oignons. Pour moi je voulois qu'on fît vivement la guerre pour la finir bientôt avec avantage ; qu'on regardât non ce qu'il en coûteroit, mais les actions que je ferois. Le pauvre Caton étoit désolé, car il vouloit toujours gouverner la république comme sa petite chaumiere, et remporter des victoires à juste prix. Il ne voyoit pas que le dessein de Fabius ne pouvoit réussir. Jamais il n'auroit chassé Annibal d'Italie. Annibal étoit assez habile pour y subsister toujours aux dépens du pays, et pour conserver des alliés ; il auroit même toujours fait venir de nouvelles troupes d'Afrique par mer. Si Néron n'eût défait Asdrubal avant qu'il pût se joindre à son frere, tout étoit perdu, Fabius le temporiseur eût été sans ressource. Cependant Rome, pressée de si près par un tel ennemi, auroit succombé à la longue. Mais Caton ne voyoit point cette nécessité de faire une puissante diversion pour transporter à Carthage la guerre qu'Annibal avoit su porter jusqu'à Rome. Je demande donc réparation de tous les torts que Caton a eus contre moi, et des persécutions qu'il a faites à ma famille.

DES MORTS.

CATON.

Et moi je demande récompense d'avoir soutenu la justice et le bien public contre ton frere Lucius, qui étoit un brigand. Laissons là cette guerre d'Afrique, où tu fus plus heureux que sage. Venons au fait. N'est-ce pas une chose indigne que tu aies arraché à la république un commandement d'armée pour ton frere qui en étoit incapable? Tu promis de le suivre et de servir sous lui. Tu étois son pédagogue dans cette guerre contre Antiochus. Ton frere fit toutes sortes d'injustices et de concussions. Tu fermois les yeux pour ne les pas voir : la passion fraternelle t'avoit aveuglé.

SCIPION.

Mais quoi! cette guerre ne finit-elle pas glorieusement? Le grand Antiochus fut défait, chassé, et repoussé des côtes d'Asie. C'est le dernier ennemi qui ait pu nous disputer la suprême puissance. Après lui tous les royaumes venoient tomber les uns sur les autres aux pieds des Romains.

CATON.

Il est vrai qu'Antiochus pouvoit bien embarrasser, s'il eût cru les conseils d'Annibal : mais il ne fit que s'amuser, que se déshonorer par d'infâmes plaisirs. Il épousa dans sa vieillesse une jeune Grecque. Philopœmen disoit alors que s'il eût été protecteur des

Achéens, il eût voulu sans peine défaire toute l'armée d'Antiochus en la surprenant dans les cabarets. Ton frere, et toi, Scipion, vous n'eûtes pas grande peine à vaincre des ennemis qui s'étoient déja ainsi vaincus eux-mêmes par leur mollesse.

SCIPION.

La puissance d'Antiochus étoit pourtant formidable.

CATON.

Mais revenons à notre affaire. Lucius ton frere n'a-t-il pas enlevé, pillé, ravagé? Oserois-tu dire qu'il a gouverné en homme de bien?

SCIPION.

Après ma mort tu as eu la dureté de le condamner à une amende, et de vouloir le faire prendre par des licteurs.

CATON.

Il le méritoit bien. Et toi, qui avois.....

SCIPION.

Pour moi, je pris mon parti avec courage, quand je vis que le peuple se tournoit contre moi. Au lieu de répondre à l'accusation, je dis: Allons au Capitole remercier les dieux de ce qu'en un jour semblable à celui-ci je vainquis Annibal et les Carthaginois. Après quoi je ne m'exposai plus à la fortune; je me retirai à Linternum, loin d'une patrie ingrate, dans une solitude tranquille, et respecté de tous les honnêtes gens, où j'attendis la mort en philosophe. Voilà ce que Caton, censeur implacable, me contraignit de faire. Voilà de quoi je demande justice.

CATON.

Tu me reproches ce qui fait ma gloire. Je n'ai épargné personne pour la justice. J'ai fait trembler tous les plus illustres Romains. Je voyois combien les mœurs se corrompoient tous les jours par le faste et par les délices. Par exemple, peut-on me refuser d'immortelles louanges pour avoir chassé du sénat Lucius Quinctius qui avoit été consul et qui étoit frere de T. Q. Flaminius vainqueur de Philippe roi de Macédoine, qui eut la cruauté de faire tuer un homme devant un jeune garçon qu'il aimoit, pour contenter la curiosité de cet enfant par un si horrible spectacle?

SCIPION.

J'avoue que cette action est juste, et que tu as souvent puni le crime. Mais tu étois trop ardent contre tout le monde; et quand tu avois fait une bonne action, tu t'en vantois trop grossièrement. Te souviens-tu d'avoir dit autrefois que Rome te devoit plus que tu ne devois à Rome? Ces paroles sont ridicules dans la bouche d'un homme grave.

RHADAMANTHE.

Que réponds-tu, Caton, à ce qu'il te reproche?

CATON.

Que j'ai en effet soutenu la république romaine contre la mollesse et le faste des femmes qui en corrompoient les mœurs; que j'ai tenu les grands dans la crainte des loix; que j'ai pratiqué moi-même ce que j'ai enseigné aux autres; et que la république ne m'a pas soutenu de même contre les gens qui n'étoient mes ennemis qu'à cause que je les avois attaqués pour l'intérêt de la patrie. Comme mon bien de campagne étoit dans le voisinage de celui de Manius Curius, je me proposai dès ma jeunesse d'imiter ce grand homme par la simplicité des mœurs, pendant que d'un autre côté je me proposois Démosthene pour mon modele d'éloquence. On m'appelloit même le Démosthene latin. On me voyoit tous les jours marchant nud avec mes esclaves pour aller labourer la terre. Mais ne croyez pas que cette application à l'agriculture et à l'éloquence me détournât de l'art militaire. Dès l'âge de dix-sept ans je me montrai intrépide dans les guerres contre Annibal. Bientôt mon corps fut tout couvert de cicatrices. Quand je fus envoyé préteur en Sardaigne, je rejetai le luxe que tous les autres préteurs avoient introduit avant moi; je ne songeai qu'à soulager le peuple, qu'à maintenir le bon ordre, qu'à rejeter tous les présents. Ayant été fait consul, je gagnai en Espagne au-deçà de Bætis une bataille contre les barbares. Après cette victoire, je pris plus de villes en Espagne que je n'y demeurai de jours.

SCIPION.

Autre vanterie insupportable. Mais nous la connoissons déja, car tu l'as souvent faite, et plusieurs morts venus ici depuis vingt ans me l'avoient racontée pour me réjouir. Mais, mon pauvre Caton, ce n'est pas devant moi qu'il faut parler ainsi, je connois l'Espagne et tes belles conquêtes.

CATON.

Il est certain que quatre cents villes se rendirent presque en même temps, et tu n'en as jamais tant fait.

SCIPION.

Carthage seule vaut mieux que tes quatre cents villages.

CATON.

Mais que diras-tu de ce que je fis sous Maximus Acilius pour aller, au travers des précipices, surprendre Antiochus dans les montagnes entre la Macédoine et la Thessalie ?

SCIPION.

J'approuve cette action, et il seroit injuste de lui refuser des louanges. On t'en doit aussi pour avoir réprimé les mauvaises mœurs. Mais on ne peut t'excuser sur ton avarice sordide.

CATON.

Tu parles ainsi parceque c'est toi qui as accoutumé les soldats à vivre délicieusement. Mais il faut se représenter que je me suis vu dans une république qui se corrompoit tous les jours. Les dépenses y augmentoient sans mesure. On y achetoit un poisson plus cher qu'un bœuf n'avoit été vendu quand j'entrai dans les affaires publiques. Il est vrai que les choses qui étoient au plus bas prix me paroissoient encore trop cheres quand elles étoient inutiles. Je disois aux Romains : A quoi vous sert de gouverner les nations, si vos femmes vaines et corrompues vous gouvernent ? Avois-je tort de parler ainsi ? On vivoit sans pudeur; chacun se ruinoit et vivoit avec toute sorte de bassesse et de mauvaise foi, pour avoir de quoi soutenir ses folles dépenses. J'étois censeur, j'avois acquis de l'autorité par ma vieillesse et par ma vertu : pouvois-je me taire?

SCIPION.

Mais pourquoi être encore le délateur universel à quatre-vingt-dix ans? C'est un beau métier à cet âge !

CATON.

C'est le métier d'un homme qui n'a rien perdu de sa vigueur, ni de son zele pour la république, et qui se sacrifie pour l'amour d'elle à la haine des grands, qui veulent être impunément dans le désordre.

SCIPION.

Mais tu as été accusé aussi souvent que tu as accusé les autres. Il me semble que tu l'as été jusqu'à soixante et dix fois et jusqu'à l'âge de quatre-vingts ans.

CATON.

Il est vrai, je m'en glorifie. Il n'étoit pas possible que les méchants ne fissent, par des calomnies, une guerre continuelle à un homme qui ne leur a jamais rien pardonné.

SCIPION.

Ce ne fut pas sans peine que tu te défendis contre les dernieres accusations.

CATON.

Je l'avoue : faut-il s'en étonner? Il est bien mal aisé de rendre compte de toute sa vie devant les hommes d'un autre siecle que celui où l'on a vécu. J'étois un pauvre vieillard exposé aux insultes de la jeunesse, qui croyoit que je radotois, et qui comptoit pour des fables tout ce que j'avois fait autrefois. Quand je le racontois, ils ne faisoient que bâiller et que se moquer de moi, comme d'un homme qui se louoit sans cesse.

SCIPION.

Ils n'avoient pas grand tort. Mais enfin pourquoi aimois-tu tant à reprendre les autres? Tu étois comme un chien qui aboie contre tous les passants.

CATON.

J'ai trouvé toute ma vie que j'apprenois beaucoup plus en reprenant les fous, qu'en fréquentant les sages. Les sages ne le sont qu'à demi et ne donnent que de foibles leçons : mais les fous sont bien fous, et il n'y a qu'à les voir pour savoir comment il ne faut pas faire.

SCIPION.

J'en conviens : mais toi qui étois si sage, pourquoi étois-tu d'abord si ennemi des Grecs?

CATON.

C'est que je craignois que les Grecs ne nous communiquassent bien plus leurs arts que leur sagesse, et leurs mœurs dissolues que leurs sciences. Je n'aimois point tous ces joueurs d'instruments, ces musiciens, ces poëtes, ces peintres, ces sculpteurs; tout cela ne sert qu'à la curiosité et à une vie voluptueuse. Je trouvois qu'il valoit mieux garder notre simplicité rustique, notre vie laborieuse et pauvre dans l'agriculture, être plus grossiers et mieux vivre, moins discourir sur la vertu et la pratiquer davantage.

SCIPION.

Pourquoi donc, dans la suite, pris-tu tant de peine dans ta vieillesse pour apprendre la langue grecque ?

CATON.

A la fin je me laissai enchanter par les Sirenes comme les autres. Je prêtai l'oreille aux muses grecques. Mais je crains bien que tous ces petits sophistes grecs, qui viennent affamés à Rome pour faire fortune, n'achevent de corrompre les mœurs romaines.

SCIPION.

Ce n'est pas sans sujet que tu le crains : mais tu aurois dû craindre aussi de corrompre les mœurs romaines par ton avarice.

CATON.

Moi avare ! j'étois bon ménager ; je ne voulois laisser rien perdre. Mais je ne dépensois que trop !

RHADAMANTHE.

Ho ! voilà le langage de l'avarice, qui croit toujours être prodigue.

SCIPION.

N'est-il pas honteux que tu aies abandonné l'agriculture pour te jeter dans l'usure la plus infâme ? Tu ne trouvois pas sur tes vieux jours, à ce que j'ai oui dire, que les terres et les troupeaux rapportas-

sent assez de revenu : tu devins usurier. Est-ce là
le métier d'un censeur qui veut réformer la ville?
Qu'as-tu à répondre?

RHADAMANTHE.

Tu n'oses parler, et je vois bien que tu es coupable. Voici une cause assez difficile à juger. Il faut, mon pauvre Caton, te punir et te récompenser tout ensemble. Tu m'embarrasses fort. Voici ma décision. Je suis touché de tes vertus et de tes grandes actions pour ta république : mais aussi quelle apparence de mettre un usurier dans les champs élysées? ce seroit un trop grand scandale. Tu demeureras donc, s'il te plaît, à la porte : mais ta consolation sera d'empêcher les autres d'y entrer. Tu contrôleras tous ceux qui se présenteront; tu seras censeur ici bas comme tu l'étois à Rome. Tu auras, pour menus plaisirs, toutes les vertus du genre humain à critiquer. Je te livre L. Scipion, et L. Quintius, et tous les autres, pour répandre sur eux ta bile : tu pourras même l'exercer sur tous les autres morts qui viendront en foule de tout l'univers; citoyens romains, grands capitaines, rois barbares, tyrans des nations, tous seront soumis à ton chagrin et à ta satyre. Mais prends garde à Lucius Scipion; car je l'établis pour te censurer à son tour impitoyablement. Tiens, voilà de l'argent pour en prêter à tous les morts qui n'en auront point dans la bouche pour passer la barque de Caron. Si tu prêtes à quelqu'un à usure, Lucius ne manquera pas de m'en avertir, et je te punirai comme les plus infâmes voleurs.

DIALOGUE XXXVII.
SCIPION et ANNIBAL.

La vertu seule fait sa récompense par le pur plaisir qui l'accompagne.

ANNIBAL.

Nous voici assemblés, vous et moi, comme nous le fûmes en Afrique un peu avant la bataille de Zama.

SCIPION.

Il est vrai : mais la conférence d'aujourd'hui est bien différente de l'autre. Nous n'avons plus de gloire à acquérir, ni de victoire à remporter. Il ne nous reste qu'une ombre vaine et légère de ce que nous avons été, avec un souvenir de nos aventures qui ressemble à un songe. Voilà ce qui met d'accord Annibal et Scipion. Les mêmes dieux qui ont mis Carthage en poudre, ont réduit à un peu de cendre le vainqueur de Carthage que vous voyez.

ANNIBAL.

Sans doute c'est dans votre solitude de Linternum que vous avez appris toute cette belle philosophie.

SCIPION.

Quand je ne l'aurois pas apprise dans ma retraite, je l'apprendrois ici : car la mort donne les plus grandes leçons pour désabuser de tout ce que le monde croit merveilleux.

ANNIBAL.

La disgrace et la solitude ne vous ont pas été inutiles pour faire ces sages réflexions.

SCIPION.

J'en conviens ; mais vous n'avez pas eu moins que moi ces instructions de la fortune. Vous avez vu tomber Carthage, et il vous a fallu abandonner votre patrie ; et après avoir fait trembler Rome, vous avez été contraint de vous dérober à sa vengeance par une vie errante de pays en pays.

ANNIBAL.

Il est vrai : mais je n'ai abandonné ma patrie que quand je ne pouvois plus la défendre, et qu'elle ne pouvoit me sauver du supplice ; je l'ai quittée pour épargner sa ruine entiere, et pour ne voir point sa servitude. Au contraire, vous avez été réduit à quitter votre patrie au plus haut point de sa gloire, et d'une gloire qu'elle tenoit de vous. Y a-t-il rien de si amer ? Quelle ingratitude !

SCIPION.

C'est ce qu'il faut attendre des hommes quand on les sert le mieux. Ceux qui font le bien par ambition sont toujours mécontents : un peu plutôt, un peu plus tard, la fortune les trahit, et les hommes sont ingrats pour eux. Mais quand on fait le bien pour l'amour de la vertu, la vertu qu'on aime récompense toujours assez par le plaisir qu'il y a à la suivre, et elle fait mépriser toutes les autres récompenses dont on est privé.

DIALOGUE XXXVIII.

SCIPION et ANNIBAL.

L'ambition n'a point de bornes.

SCIPION.

Il me semble que je suis encore à notre conférence avant la bataille de Zama ; mais nous ne sommes pas ici dans la même situation. Nous n'avons plus de différend ; toutes nos guerres sont éteintes dans les eaux du fleuve d'oubli. Après avoir conquis l'un et l'autre tant de provinces, une urne a suffi à recueillir nos cendres.

ANNIBAL.

Tout cela est vrai : notre gloire passée n'est plus qu'un songe, nous n'avons plus rien à conquérir ici : pour moi, je m'en ennuie.

SCIPION.

Il faut avouer que vous étiez bien inquiet et bien insatiable.

ANNIBAL.

Pourquoi? je trouve que j'étois bien modéré.

SCIPION.

Modéré! Quelle modération! D'abord les Carthaginois ne songeoient qu'à se maintenir en Sicile dans la partie occidentale. Le sage roi Gélon, et puis le tyran Denys, leur avoient donné bien de l'exercice.

ANNIBAL.

Il est vrai : mais dès lors nous songions à subjuguer toutes ces villes florissantes qui se gouvernoient en république, comme Léonte, Agrigente, Sélinonte.

SCIPION.

Mais enfin les Romains et les Carthaginois étant vis-à-vis les uns des autres, la mer entre deux, se regardoient d'un œil jaloux, et se disputoient l'isle de Sicile, qui étoit au milieu des deux peuples prétendants. Voilà à quoi se bornoit votre ambition.

ANNIBAL.

Point du tout. Nous avions encore nos prétentions du côté de l'Espagne. Carthage la neuve nous donnoit en ce pays-là un empire presque égal à celui de l'ancienne au milieu de l'Afrique.

SCIPION.

Tout cela est vrai. Mais c'étoit par quelque port pour vos marchandises que vous aviez commencé à vous établir sur les côtes d'Espagne : les facilités que vous y trouvâtes vous donnerent peu-à-peu la pensée de conquérir ces vastes régions.

ANNIBAL.

Dès le temps de notre premiere guerre contre les Romains, nous étions puissants en Espagne, et nous en aurions été bientôt les maîtres sans votre république.

SCIPION.

Enfin le traité que nous conclûmes avec les Carthaginois les obligeoit à renoncer à tous les pays qui sont entre les Pyrénées et l'Ebre.

ANNIBAL.

La force nous réduisit à cette paix honteuse : nous avions fait des pertes infinies sur terre et sur mer. Mon pere ne songea qu'à nous relever après cette chûte. Il me fit jurer sur les autels, à l'âge de neuf ans, que je serois jusqu'à la mort ennemi des Romains. Je le jurai, je l'ai accompli. Je suivis mon pere en Espagne; après sa mort, je commandai l'armée carthaginoise, et vous savez ce qui arriva.

SCIPION.

Oui, je le sais, et vous le savez bien aussi à vos dépens. Mais si vous fîtes bien du chemin, c'est que vous trouvâtes la fortune qui venoit par-tout au-devant de vous pour vous solliciter à la suivre. L'espérance de vous joindre aux Gaulois, nos anciens ennemis, vous fit passer les Pyrénées. La victoire que vous remportâtes sur nous au bord du Rhône vous encouragea à passer les Alpes : vous y perdîtes beaucoup de soldats, de chevaux et d'éléphants. Quand vous fûtes passé, vous défîtes sans peine nos troupes étonnées que vous surprîtes à Ticinum. Une victoire en attire une autre en consternant les vaincus, et en procurant aux vainqueurs beaucoup d'alliés ; car tous les peuples du pays se donnent en foule aux plus forts.

ANNIBAL.

Mais la bataille de Trébie, qu'en pensez-vous?

SCIPION.

Elle vous coûta peu, venant après tant d'autres. Après cela vous fûtes le maître de l'Italie. Thrasymene et Cannes furent plutôt des carnages que des batailles. Vous perçâtes toute l'Italie. Dites la vérité, vous n'aviez pas d'abord espéré de si grands succès.

DES MORTS.

ANNIBAL.

Je ne savois pas bien jusqu'où je pourrois aller; mais je voulois tenter la fortune. Je déconcertai les Romains par un coup si hardi et si imprévu. Quand je trouvai la fortune si favorable, je crus qu'il falloit en profiter : le succès me donna des desseins que je n'aurois jamais osé concevoir.

SCIPION.

Hé bien! n'est-ce pas là ce que je disois ? la Sicile, l'Espagne, l'Italie, n'étoient plus rien pour vous. Les Grecs, avec lesquels vous vous étiez ligués, auroient bientôt subi votre joug.

ANNIBAL.

Mais, vous qui parlez, n'avez-vous pas fait précisément ce que vous nous reprochez d'avoir été capables de faire?

L'Espagne, la Sicile, Carthage même et l'Afrique, ne furent rien : bientôt toute la Grece, la Macédoine, toutes les isles, l'Égypte, l'Asie, tomberent à vos pieds; et vous aviez encore bien de la peine à souffrir que les Parthes et les Arabes fussent libres. Le monde entier étoit trop petit pour ces Romains qui, pendant cinq cents ans, avoient été bornés à vaincre autour de leur ville les Volsques, les Sabins et les Samnites.

DIALOGUE XXXIX.

SYLLA, CATILINA et CÉSAR.

Les funestes suites du vice ne corrigent point les princes corrompus.

SYLLA.

JE viens à la hâte vous donner un avis, César, et je mene avec moi un bon second pour vous persuader. C'est Catilina. Vous le connoissez, et vous n'avez été que trop de sa cabale. N'ayez point de peur de nous, les ombres ne font point de mal.

CÉSAR.

Je me passerois bien de votre visite : vos figures sont tristes, et vos conseils le seront peut-être encore davantage. Qu'avez-vous donc de si pressé à me dire?

SYLLA.

Qu'il ne faut point que vous aspiriez à la tyrannie.

CÉSAR.

Pourquoi? N'y avez-vous pas aspiré vous-mêmes?

SYLLA.

Sans doute, et c'est pour cela que nous sommes plus croyables quand nous vous conseillons d'y renoncer.

CÉSAR.

Pour moi, je veux vous imiter en tout, chercher la tyrannie comme vous l'avez cherchée, et ensuite revenir comme vous de l'autre monde après ma mort désabuser les tyrans qui viendront en ma place.

SYLLA.

Il n'est pas question de ces gentillesses et de ces jeux d'esprit : nous autres ombres nous ne voulons rien que de sérieux. Venons au fait. J'ai quitté volontairement la tyrannie, et m'en suis bien trouvé. Catilina s'est efforcé d'y parvenir, et a succombé malheureusement. Voilà deux exemples bien instructifs pour vous.

CÉSAR.

Je n'entends point tous ces beaux exemples. Vous avez tenu la république dans les fers, et vous avez été assez mal habile homme pour vous dégrader vous-même. Après avoir quitté la suprême puissance, vous êtes demeuré avili, obscur, inutile, abattu. L'homme fortuné fut abandonné de la fortune. Voilà déjà un de vos exemples que je ne comprends point. Pour l'autre, Catilina a voulu se rendre le maître et a bien fait jusques-là. Il n'a pas bien su prendre ses mesures, tant pis pour lui. Quant à moi, je ne tenterai rien qu'avec de bonnes précautions.

CATILINA.

J'avois pris les mêmes mesures que vous : flatter la jeunesse, la corrompre par des plaisirs, l'engager dans des crimes, l'abymer par la dépense et par les dettes, s'autoriser par des femmes d'un esprit intrigant et brouillon. Pouviez-vous mieux faire?

CÉSAR.

Vous dites là des choses que je ne connois point. Chacun fait comme il peut.

CATILINA.

Vous pouvez éviter les maux où je suis tombé, et je suis venu vous en avertir.

SYLLA.

Pour moi, je vous le dis encore, je me suis bien trouvé d'avoir renoncé aux affaires avant ma mort.

CÉSAR.

Renoncer aux affaires! Faut-il abandonner la république dans ses besoins?

SYLLA.

Hé! ce n'est pas ce que je vous dis. Il y a bien de la différence entre la servir ou la tyranniser.

CÉSAR.

Hé! pourquoi donc avez-vous cessé de la servir?

SYLLA.

Ho! vous ne voulez pas m'entendre. Je dis qu'il faut servir la patrie jusqu'à la mort, mais qu'il ne faut ni chercher la tyrannie, ni s'y maintenir quand on y est parvenu.

DIALOGUE XL.

CÉSAR et CATON.

Le pouvoir despotique et tyrannique, loin d'assurer le repos et l'autorité des princes, les rend au contraire malheureux, et entraîne inévitablement leur ruine.

CÉSAR.

Hélas! mon cher Caton, te voilà en pitoyable état! L'horrible plaie!

CATON.

Je me perçai moi-même à Utique, après la bataille de Pharsale, pour ne point survivre à la liberté. Mais toi, à qui je fais pitié, d'où vient que tu m'as suivi de si près? Qu'est-ce que j'apperçois? combien de plaies sur ton corps! Attends que je les compte. En voilà vingt-trois!

CÉSAR.

Tu seras bien surpris quand tu sauras que j'ai été percé d'autant de coups au milieu du sénat par mes meilleurs amis. Quelle trahison!

CATON.

Non, je n'en suis point surpris. N'étois-tu pas le

tyran de tes amis aussi-bien que du reste des citoyens? Ne devoient-ils pas prêter leurs bras à la vengeance de la patrie opprimée? Il faudroit immoler non seulement son ami, mais encore son propre frere, à l'exemple de Timoléon, et ses propres enfants, comme fit l'ancien Brutus.

CÉSAR.

Un de ses descendants n'a que trop suivi cette belle leçon. C'est Brutus que j'aimois tant, et qui passoit pour mon propre fils, qui a été le chef de la conjuration pour me massacrer.

CATON.

Ô heureux Brutus, qui a rendu Rome libre, et qui a consacré ses mains dans le sang d'un nouveau Tarquin plus impie et plus superbe que celui qui fut chassé par Junius!

CÉSAR.

Tu as toujours été prévenu contre moi, et outré dans tes maximes de vertu.

CATON.

Qui est-ce qui m'a prévenu contre toi? ta vie dissolue, prodigue, artificieuse, efféminée, tes dettes, tes brigues, ton audace; voilà ce qui a prévenu Caton contre cet homme dont la ceinture, la robe traînante, l'air de mollesse, ne promettoient rien qui fût digne des anciennes mœurs. Tu ne m'as point trompé : je t'ai connu dès ta jeunesse. Oh ! si l'on m'avoit cru....

CÉSAR.

Tu m'aurois enveloppé dans la conjuration de Catilina pour me perdre.

CATON.

Alors tu vivois en femme, et tu n'étois homme que contre ta patrie. Que ne fis-je point pour te convaincre ! Mais Rome couroit à sa perte, et elle ne vouloit pas connoître ses ennemis.

CÉSAR.

Ton éloquence me fit peur, je l'avoue, et j'eus recours à l'autorité. Mais tu ne peux désavouer que je me tirai d'affaire en habile homme.

CATON.

Dis en habile scélérat. Tu éblouissois les plus sages par tes discours modérés et insinuants : tu favorisois les conjurés sous prétexte de ne pousser pas la rigueur trop loin. Moi seul je résistai en vain. Dès lors les dieux étoient irrités contre Rome.

CÉSAR.

Dis-moi la vérité : tu craignois après la bataille de Pharsale de tomber entre mes mains ; tu aurois été fort embarrassé de paroître devant moi. Hé ! ne savois-tu pas que je ne voulois que vaincre et pardonner ?

CATON.

C'est le pardon du tyran, c'est la vie même, oui la vie de Caton due à César, que je craignois. Il valoit mieux mourir que de te voir.

CÉSAR.

Je t'aurois traité généreusement, comme je traitai ton fils. Ne valoit-il pas mieux secourir encore la république?

CATON.

Il n'y a plus de république dès qu'il n'y a plus de liberté.

CÉSAR.

Mais quoi! être furieux contre soi-même?

CATON.

Mes propres mains m'ont mis en liberté malgré le tyran, et j'ai méprisé la vie qu'il m'eût offerte. Pour toi, il a fallu que tes propres amis t'aient déchiré comme un monstre.

CÉSAR.

Mais si la vie étoit si honteuse pour un Romain après ma victoire, pourquoi m'envoyer ton fils? voulois-tu le faire dégénérer?

CATON.

Chacun prend son parti selon son cœur pour vivre ou pour mourir. Caton ne pouvoit que mourir: son fils, moins grand que lui, pouvoit encore supporter la vie, et espérer, à cause de sa jeunesse, des temps plus libres et plus heureux. Hélas! que ne souffris-je point lorsque je laissai aller mon fils vers le tyran!

CÉSAR.

Mais pourquoi me donnes-tu le nom de tyran? je n'ai jamais pris le titre de roi.

CATON.

Il est question de la chose et non pas du nom. De plus, combien de fois te vit-on prendre divers détours pour accoutumer le sénat et le peuple à ta royauté! Antoine même, dans la fête des Lupercales, fut assez imprudent pour te mettre sous une apparence de jeu un diadême autour de la tête. Ce jeu parut trop sérieux et fit horreur. Tu sentis bien l'indignation publique, et tu renvoyas à Jupiter un honneur que tu n'osois accepter. Voilà ce qui acheva de déterminer les conjurés à ta perte. Hé bien! ne savons-nous pas ici bas d'assez bonnes nouvelles?

CÉSAR.

Trop bonnes! Mais tu ne me fais pas justice. Mon gouvernement a été doux; je me suis comporté en vrai pere de la patrie: on en peut juger par la douleur que le peuple témoigna après ma mort. C'est un temps où tu sais que la flatterie n'est plus de saison. Hélas! les pauvres gens, quand on leur présenta ma robe sanglante, voulurent me venger. Quels regrets!

Quelle pompe au champ de Mars à mes funérailles!
Qu'as-tu à répondre?

CATON.

Que le peuple est toujours peuple, crédule, grossier, capricieux, aveugle, ennemi de son véritable intérêt. Pour avoir favorisé les successeurs du tyran et persécuté ses libérateurs, qu'est-ce que ce peuple n'a pas souffert? On a vu ruisseler le plus pur sang des citoyens par d'innombrables proscriptions. Les triumvirs ont été plus barbares que les Gaulois mêmes qui prirent Rome. Heureux qui n'a point vu ces jours de désolation! Mais enfin parle moi. Ô tyran, pourquoi déchirer les entrailles de Rome ta mere? Quel fruit te reste-t-il d'avoir mis ta patrie dans les fers? Est-ce de la gloire que tu cherchois? N'en aurois-tu pas trouvé une plus pure et plus éclatante à conserver la liberté et la grandeur de cette ville reine de l'univers, comme les Fabius, les Fabricius, les Marcellus, les Scipions? Te falloit-il une vie douce et heureuse? L'as-tu trouvée dans les horreurs inséparables de la tyrannie? Tous les jours de ta vie étoient pour toi aussi périlleux que celui où tant de bons citoyens immortaliserent leur vertu en te massacrant. Tu ne voyois aucun vrai Romain dont le courage ne dût te faire pâlir d'effroi. Est-ce donc là cette vie tranquille et heureuse que tu as achetée par tant de peines et de crimes? Mais que dis-je? tu n'a pas même eu le temps de jouir du fruit de ton impiété. Parle, parle, tyran; tu as maintenant autant de peine à soutenir mes regards que j'en aurois eu à souffrir ta présence odieuse quand je me donnai la mort à Utique. Dis, si tu l'oses, que tu as été heureux.

CÉSAR.

J'avoue que je ne l'étois pas: mais c'étoient tes semblables qui troubloient mon bonheur.

CATON.

Dis plutôt que tu le troublois toi-même. Si tu avois aimé la patrie, la patrie t'auroit aimé. Celui que la patrie aime n'a pas besoin de gardes: la patrie entiere veille autour de lui. La vraie sûreté est de ne faire que du bien, et d'intéresser le monde entier à sa conservation. Tu as voulu régner et te faire craindre. Hé bien! tu as régné, on t'a craint: mais les hommes se sont délivrés du tyran et de la crainte tout ensemble. Ainsi périssent ceux qui, voulant être craints de tous les hommes, ont eux-mêmes tout à craindre de tous les hommes intéressés à les prévenir et à se délivrer de leur tyrannie.

CÉSAR.

Mais cette puissance que tu appelles tyrannique étoit devenue nécessaire. Rome ne pouvoit plus soutenir sa liberté; il lui falloit un maître. Pompée commençoit à l'être: je ne pus souffrir qu'il le fût à mon préjudice.

CATON.

Il falloit abattre le tyran sans aspirer à la tyrannie. Après tout, si Rome étoit assez lâche pour ne pouvoir plus se passer d'un maître, il valoit mieux laisser faire ce crime à un autre. Quand un voyageur va tomber entre les mains des scélérats qui se préparent à le voler, faut-il les prévenir en se hâtant de faire une action si horrible? Mais la trop grande autorité de Pompée t'a servi de prétexte. Ne sait-on pas ce que tu dis, en allant en Espagne, dans une petite ville où divers citoyens briguoient la magistrature? Crois-tu qu'on ait oublié ces vers grecs qui étoient si souvent dans ta bouche? De plus, si tu connoissois la misere et l'infamie de la tyrannie, que ne la quittois-tu?

CÉSAR.

Hé! quel moyen de la quitter? Le sentier par où on y monte est rude et escarpé: mais il n'y a point de chemin pour en descendre, on n'en sort que pour tomber dans le précipice.

CATON.

Malheureux! pourquoi donc y aspirer? pourquoi tout renverser pour y parvenir? pourquoi verser tant de sang, et n'épargner pas le tien même, qui fut en-

DES MORTS.

core répandu trop tard? Tu cherches de vaines excuses.

CÉSAR.

Et toi, tu ne me réponds pas : je te demande comment on peut avec sûreté quitter la tyrannie.

CATON.

Va le demander à Sylla, et tais-toi. Consulte ce monstre affamé de sang : son exemple te fera rougir. Adieu; je crains que l'ombre de Brutus ne soit indignée, si elle me voit parler avec toi.

DIALOGUE XLI.

CATON et CICÉRON.

Caractere de ces deux philosophes, avec un admirable contraste de ce qu'il y avoit de trop farouche et de trop austere dans la vertu de l'un, et de trop foible dans celle de l'autre.

CATON.

Il y a long-temps, grand orateur, que je vous attendois ici. Il y a long-temps que vous y deviez arriver. Mais vous y êtes venu le plus tard qu'il vous a été possible.

CICÉRON.

J'y suis venu après une mort pleine de courage. J'ai été la victime de la république; car depuis le temps de la conjuration de Catilina, où j'avois sauvé Rome, personne ne pouvoit plus être ennemi de la république sans me déclarer la guerre.

CATON.

J'ai pourtant su que vous aviez trouvé grace auprès de César par vos soumissions, que vous lui prodiguiez les plus magnifiques louanges, que vous étiez l'ami intime de tous ses lâches favoris, et que vous persuadiez même dans vos lettres d'avoir recours à sa clémence pour vivre en paix au milieu de Rome dans la servitude. Voilà à quoi sert l'éloquence.

CICÉRON.

Il est vrai que j'ai harangué César pour obtenir la grace de Marcellus et de Ligarius.

CATON.

Hé! ne vaut-il pas mieux se taire que d'employer son éloquence à flatter un tyran? Ô Cicéron, j'ai su plus que vous : j'ai su me taire et mourir.

CICÉRON.

Vous n'avez pas vu une belle observation que j'ai faite dans mes Offices, qui est que chacun doit suivre son caractere. Il y a des hommes d'un naturel fier et intraitable, qui doivent soutenir cette vertu austere et farouche jusqu'à la mort : il ne leur est pas permis de supporter la vue du tyran ; ils n'ont d'autre ressource que celle de se tuer. Il y a une autre vertu, douce et plus sociable, de certaines personnes modérées qui aiment mieux la république que leur propre gloire : ceux-là doivent vivre, et ménager le tyran pour le bien public ; ils se doivent à leurs citoyens, et il ne leur est pas permis d'achever par une mort précipitée la ruine de leur patrie.

CATON.

Vous avez bien rempli ce devoir; et s'il faut juger de votre amour pour Rome par votre crainte de la mort, il faut avouer que Rome vous doit beaucoup. Mais les gens qui parlent si bien devroient ajuster toutes leurs paroles avec assez d'art pour ne se pas contredire eux-mêmes. Ce Cicéron qui a élevé jusqu'au ciel César, et qui n'a point eu de honte de prier les dieux de n'envier pas un si grand bien aux hommes, de quel front a-t-il pu dire ensuite que les meurtriers de César étoient les libérateurs de la patrie ? Quelle grossiere contradiction ! Quelle lâcheté infâme ! Peut-on se fier à la vertu d'un homme qui parle ainsi selon le temps ?

CICÉRON.

Il falloit bien s'accommoder aux besoins de la république. Cette souplesse valoit encore mieux que la guerre d'Afrique entreprise par Scipion et par vous contre les regles de la prudence. Pour moi je l'avois bien prédit (et l'on n'a qu'à lire mes lettres) que vous succomberiez. Mais votre naturel inflexible et âpre ne pouvoit souffrir aucun tempérament, vous étiez né pour les extrémités.

CATON.

Et vous pour tout craindre, comme vous l'avez souvent avoué vous-même. Vous n'étiez capable que de prévoir des inconvénients. Ceux qui prévaloient vous entraînoient toujours jusqu'à vous faire dédire de vos premiers sentiments. Ne vous a-t-on pas vu admirer Pompée, et exhorter tous vos amis à se livrer à lui? Ensuite n'avez-vous pas cru que Pompée mettroit Rome dans la servitude s'il surmontoit César? Comment, disiez-vous, croira-t-il les gens de bien s'il est le maître, puisqu'il ne veut croire aucun de nous pendant la guerre où il a besoin de notre secours? Enfin n'avez-vous pas admiré César? n'avez-vous pas recherché et loué Octave?

CICÉRON.

Mais j'ai attaqué Antoine. Qu'y a-t-il de plus véhément que mes harangues contre lui, semblables à celles de Démosthene contre Philippe?

CATON.

Elles sont admirables: mais Démosthene savoit mieux que vous comment il faut mourir; Antipater ne put lui donner la mort ni la vie. Falloit-il fuir comme vous fîtes, sans savoir où vous alliez, et attendre la mort des mains de Popilius ? J'ai mieux fait de me la donner moi-même à Utique.

CICÉRON.

Et moi j'aime mieux n'avoir point désespéré de la république jusqu'à la mort, et l'avoir soutenue par des conseils modérés, que d'avoir fait une guerre foible et imprudente, et d'avoir fini par un coup de désespoir.

CATON.

Vos négociations ne valoient pas mieux que ma guerre d'Afrique : car Octave, tout jeune qu'il étoit, s'est joué de ce grand Cicéron qui étoit la lumiere de Rome. Il s'est servi de vous pour s'autoriser ; ensuite il vous a livré à Antoine. Mais vous, qui parlez de guerre, l'avez-vous jamais su faire ? Je n'ai pas encore oublié votre belle conquête de Pindenisse, petite ville des détroits de la Cilicie ; un parc de moutons n'est guere plus facile à prendre. Pour cette belle expédition il vous falloit un triomphe, si on eût voulu vous en croire ; les supplications ordonnées par le sénat ne suffisoient pas pour de tels exploits. Voici ce que je répondis aux sollicitations que vous me fîtes là-dessus. Vous devez être plus content, disois-je, des louanges du sénat que vous avez méritées par votre bonne conduite, que d'un triomphe; car le triomphe marqueroit moins la vertu du triomphateur, que le bonheur dont les dieux auroient accompagné ses entreprises. C'est ainsi qu'on tâche d'amuser comme on peut les hommes vains et incapables de se faire justice.

CICÉRON.

Je reconnois que j'ai toujours été passionné pour les louanges; mais faut-il s'en étonner? N'en ai-je pas mérité de grandes par mon consulat, par mon amour pour la république, par mon éloquence, enfin par mon goût pour la philosophie? Quand je ne voyois plus de moyens de servir Rome dans ses malheurs, je me consolois dans une honnête oisiveté à raisonner, à écrire sur la vertu.

CATON.

Il valoit mieux la pratiquer dans les périls, que d'en écrire. Avouez-le franchement, vous n'étiez qu'un foible copiste des Grecs : vous mêliez Platon avec Épicure, l'ancienne académie avec la nouvelle; et après avoir fait l'historien sur leurs préceptes dans des dialogues où un homme parloit presque toujours seul, vous ne pouviez presque jamais rien conclure. Vous étiez toujours étranger dans la philosophie, et vous ne songiez qu'à orner votre esprit de ce qu'elle a de beau. Enfin vous avez toujours été flottant en politique et en philosophie.

CICÉRON.

Adieu, Caton. Votre mauvaise humeur va trop loin. A vous voir si chagrin, on croiroit que vous regrettez la vie. Pour moi je suis consolé de l'avoir perdue, quoique je n'aie point tant fait le brave. Vous vous en faites trop accroire, pour avoir fait en mourant ce qu'ont fait beaucoup d'esclaves avec autant de courage que vous.

DIALOGUE XLII.

CÉSAR et ALEXANDRE.

Caracteres d'un tyran, et d'un prince qui, étant né avec les plus belles qualités pour faire un grand roi, s'abandonne à son orgueil et à ses passions. L'un et l'autre sont les fléaux du genre humain; mais l'un est à plaindre, et l'autre fait l'horreur de l'humanité.

ALEXANDRE.

Qui est donc ce Romain nouvellement venu? Il est percé de bien des coups. Ah! j'entends qu'on dit que c'est César. Je te salue, grand Romain: on disoit que tu devois aller vaincre les Parthes et conquérir tout l'Orient; d'où vient que nous te voyons ici?

CÉSAR.

Mes amis m'ont assassiné dans le sénat.

ALEXANDRE.

Pourquoi étois-tu devenu leur tyran, toi qui n'étois qu'un simple citoyen de Rome?

CÉSAR.

C'est bien à toi à parler ainsi! N'as-tu pas fait l'injuste conquête de l'Asie? N'as-tu pas mis la Grece dans la servitude?

ALEXANDRE.

Oui : mais les Grecs étoient des peuples étrangers et ennemis de la Macédoine. Je n'ai point mis, comme toi, dans les fers ma propre patrie; au contraire, j'ai donné aux Macédoniens une gloire immortelle avec l'empire de tout l'Orient.

CÉSAR.

Tu as vaincu des hommes efféminés, tu es devenu aussi efféminé qu'eux. Tu as pris les richesses des Perses, et les richesses des Perses t'ont vaincu en te corrompant. As-tu porté jusqu'aux enfers cet orgueil insensé qui te fit croire que tu étois un dieu?

ALEXANDRE.

J'avoue mes fautes et mes erreurs. Mais est-ce à toi à me reprocher ma mollesse? Ne sait-on pas ta vie infâme en Bithynie, ta corruption à Rome, où tu n'obtins les honneurs que par des intrigues honteuses? Sans tes infamies tu n'aurois jamais été qu'un particulier dans ta république. Il est vrai aussi que tu vivrois encore.

CÉSAR.

Le poison fit contre toi à Babylone ce que le fer a fait contre moi dans Rome.

ALEXANDRE.

Mes capitaines n'ont pu m'empoisonner sans crime ; tes concitoyens, en te poignardant, sont les libérateurs de leur patrie : ainsi nos morts sont bien différentes. Mais nos jeunesses le sont encore davantage : la mienne fut chaste, noble, ingénue ; la tienne fut sans pudeur et sans probité.

CÉSAR.

Ton ombre n'a rien perdu de l'orgueil et de l'emportement qui ont paru dans ta vie.

ALEXANDRE.

J'ai été emporté par mon orgueil, je l'avoue. Ta conduite a été plus mesurée que la mienne : mais tu n'as point imité ma candeur et ma franchise. Il falloit être honnête homme avant que d'aspirer à la gloire de grand homme. J'ai été souvent foible et vain ; mais au moins j'étois meilleur pour ma patrie et moins injuste que toi.

CÉSAR.

Tu fais grand cas de la justice sans l'avoir suivie. Pour moi, je crois que le plus habile homme doit se rendre le maître et puis gouverner sagement.

ALEXANDRE.

Je ne l'ai que trop cru comme toi. Éaque, Rhadamanthe et Minos m'en ont sévèrement repris, et ont condamné mes conquêtes. Je n'ai pourtant jamais cru dans mes égarements qu'il fallût mépriser la justice. Tu te trouves mal de l'avoir violée.

CÉSAR.

Les Romains ont beaucoup perdu en me tuant : j'avois fait des projets pour les rendre heureux.

ALEXANDRE.

Le meilleur projet eût été d'imiter Sylla, qui, ayant été tyran de sa patrie comme toi, lui rendit la liberté : tu aurois fini ta vie en paix comme lui. Mais tu ne peux me croire : je te quitte, et vais t'attendre devant les trois juges qui te vont juger.

DIALOGUE XLIII.

POMPÉE et CÉSAR.

Rien n'est plus fatal dans un état libre que la corruption des femmes et la prodigalité de ceux qui aspirent à la tyrannie.

POMPÉE.

Je m'épuise en dépenses pour plaire aux Romains, et j'ai bien de la peine à y parvenir. A l'âge de vingt-cinq ans j'avois déja triomphé. J'ai vaincu Sertorius, Mithridate, les pirates de Cilicie. Ces trois triomphes m'ont attiré mille envieux. Je fais sans cesse des largesses, je donne des spectacles, j'attire par mes bienfaits des clients innombrables ; tout cela n'appaise point l'envie. Le chagrin Caton refuse même mon alliance. Mille autres me traversent dans mes desseins. Mon beau-pere, que pensez-vous là-dessus? Vous ne dites rien?

CÉSAR.

Je pense que vous prenez de fort mauvais moyens pour gouverner la république.

POMPÉE.

Comment donc! Que voulez-vous dire? En sauriez-vous de meilleurs que de donner à pleines mains aux particuliers pour enlever leurs suffrages, et que de gagner la faveur du peuple par des gladiateurs, par des combats de bêtes farouches, par des mesures de bled et de vin, enfin que d'avoir beaucoup de clients zélés pour les sportules que je donne? Cinna, Marius, Sylla, tous les autres les plus habiles, n'ont-ils pas pris ce chemin-là?

CÉSAR.

Tout cela ne va point au but, et vous n'y entendez rien. Catilina étoit de meilleur sens que tous ces gens-là.

POMPÉE.

En quoi? Vous me surprenez : parlez-vous sérieusement?

CÉSAR.

Oui. Je ne fus jamais si sérieux.

POMPÉE.

Quel est donc ce secret pour appaiser l'envie, pour guérir les soupçons, pour charmer les patriciens et les plébéiens?

CÉSAR.

Le voulez-vous savoir? faites comme moi. Je ne vous conseille que ce que je pratique moi-même.

POMPÉE.

Quoi? flatter le peuple sous une apparence de justice et de liberté? faire le tribun ardent et le zélé Gracchus?

CÉSAR.

C'est quelque chose, mais ce n'est pas tout; il y a encore quelque chose de bien plus sûr.

POMPÉE.

Quoi donc? Est-ce quelque enchantement magique, quelque invocation de génie, quelque science des astres?

CÉSAR.

Bon! tout cela n'est rien : ce ne sont que contes de vieilles.

POMPÉE.

Ho ! vous êtes bien méprisant. Vous avez donc quelque commerce avec les dieux, comme Numa, Scipion, et plusieurs autres?

CÉSAR.

Non, tous ces artifices-là sont usés.

POMPÉE.

Quoi donc? Enfin ne me tenez plus en suspens.

CÉSAR.

Voici les deux points fondamentaux de ma doctrine : premièrement, corrompre toutes les femmes pour entrer dans le secret le plus intime de toutes les familles ; en second lieu, emprunter et dépenser toujours sans mesure, ne payer jamais rien. Chaque créancier est intéressé à avancer votre fortune pour ne perdre point l'argent que vous lui devez. Ils vous donnent leurs suffrages ; ils remuent ciel et terre pour vous procurer ceux de leurs amis. Plus vous avez de créanciers, plus votre brigue est forte. Pour me rendre maître de Rome, je travaille à être le débiteur universel de toute la ville. Plus je suis ruiné, plus je suis puissant. Il n'y a qu'à dépenser, les richesses nous viennent comme un torrent.

DIALOGUE XLIV.

CICÉRON et AUGUSTE.

Obliger des ingrats, c'est se perdre soi-même.

AUGUSTE.

Bon jour, grand orateur. Je suis ravi de vous revoir; car je n'ai pas oublié toutes les obligations que je vous ai.

CICÉRON.

Vous pouvez vous en souvenir ici-bas, mais vous ne vous en souveniez guere dans le monde.

AUGUSTE.

Après votre mort même je trouvai un jour un de mes petits-fils qui lisoit vos ouvrages : il craignit que je ne blâmasse cette lecture, et fut embarrassé; mais je le rassurai, en disant de vous : C'étoit un grand homme et qui aimoit bien sa patrie. Vous voyez que je n'ai pas attendu la fin de ma vie pour bien parler de vous.

CICÉRON.

Belle récompense de tout ce que j'ai fait pour vous élever ! Quand vous parûtes, jeune et sans autorité, après la mort de César, je vous donnai mes conseils, mes amis, mon crédit.

AUGUSTE.

Vous le faisiez moins pour l'amour de moi que pour contrebalancer l'autorité d'Antoine dont vous craigniez la tyrannie.

CICÉRON.

Il est vrai, je craignis moins un enfant que cet homme puissant et emporté. En cela je me trompois, car vous étiez plus dangereux que lui. Mais enfin vous me devez votre fortune. Que ne disois-je point au sénat, pendant que vous étiez au siege de Modene, où les deux consuls Hirlius et Pansa, victorieux, périrent? Leur victoire ne servit qu'à vous mettre à la tête de l'armée. C'étoit moi qui avois fait déclarer la république contre Antoine par mes harangues qu'on a nommées Philippiques. Au lieu de combattre pour ceux qui vous avoient mis les armes à la main, vous vous unîtes lâchement avec votre ennemi Antoine et avec Lépide le dernier des hommes, pour mettre Rome dans les fers. Quand ce monstrueux triumvirat fut formé, vous vous demandâtes des têtes les uns aux autres. Chacun, pour obtenir des crimes de son compagnon, étoit obligé d'en commettre. Antoine fut contraint de sacrifier à votre vengeance L. César, son propre oncle, pour obtenir de vous ma tête; et vous m'abandonnâtes indignement à sa fureur.

AUGUSTE.

Il est vrai, je ne pus résister à un homme dont j'avois besoin pour me rendre maître du monde. Cette tentation est violente, et il faut l'excuser.

CICÉRON.

Il ne faut jamais excuser une si noire ingratitude. Sans moi vous n'auriez jamais paru dans le gouvernement de la république. Oh! que j'ai de regret aux louanges que je vous ai données! Vous êtes devenu un tyran cruel; vous n'étiez qu'un ami trompeur et perfide.

AUGUSTE.

Voilà un torrent d'injures. Je crois que vous allez faire contre moi une Philippique plus véhémente que celles que vous fîtes contre Antoine.

CICÉRON.

Non, j'ai laissé mon éloquence en passant les ondes du Styx. Mais la postérité saura que je vous ai fait ce que vous avez été, et que c'est vous qui m'avez fait mourir pour flatter la passion d'Antoine. Mais ce qui me fâche le plus, c'est que votre lâcheté, en vous rendant odieux à tous les siecles, me rendra méprisable aux hommes critiques: ils diront que j'ai été la dupe d'un jeune homme qui s'est servi de moi pour contenter son ambition. Obligez les hommes mal nés, il ne vous en revient que de la douleur et de la honte.

DIALOGUE XLV.

SERTORIUS et MERCURE.

Les fables et les illusions font plus sur la populace crédule, que la vérité et la vertu.

MERCURE.

Je suis bien pressé de m'en retourner vers l'Olympe; et j'en suis fort fâché, car je meurs d'envie de savoir par où tu as fini ta vie.

SERTORIUS.

En deux mots je te l'apprendrai. Le jeune apprenti et la bonne vieille ne pouvoient me vaincre. Perpenna le traître me fit mourir: sans lui j'aurois fait voir bien du pays à mes ennemis.

MERCURE.

Qui appelles-tu le jeune apprenti et la bonne vieille?

SERTORIUS.

Hé! ne le savez-vous pas? c'est Pompée et Métellus. Métellus étoit mou et appesanti, incertain, trop vieux et usé; il perdoit les occasions décisives par sa lenteur. Pompée étoit au contraire sans expérience. Avec des barbares ramassés, je me jouois de ces deux capitaines et de leurs légions.

MERCURE.

Je ne m'en étonne pas. On dit que tu étois magicien, que tu avois une biche qui venoit dans ton camp te dire tous les desseins de tes ennemis, et tout ce que tu pouvois entreprendre contre eux.

SERTORIUS.

Tandis que j'ai eu besoin de ma biche, je n'en ai découvert le secret à personne : mais maintenant que je ne puis plus m'en servir, j'en dirai tout le mystere.

MERCURE.

Hé bien! étoit-ce quelque enchantement?

SERTORIUS.

Point du tout. C'étoit une sottise qui m'a plus servi que mon argent, que mes troupes, que le débris du parti de Marius contre Sylla, que j'avois recueilli dans un coin des montagnes d'Espagne et de Lusitanie. Une illusion faite à propos mene loin des peuples crédules.

MERCURE.

Mais cette illusion n'étoit-elle pas bien grossiere?

SERTORIUS.

Sans doute: mais les peuples pour qui elle étoit préparée étoient encore plus grossiers.

MERCURE.

Quoi! ces barbares croyoient tout ce que tu racontois de ta biche?

SERTORIUS.

Tout. Il ne tenoit qu'à moi d'en dire encore davantage, ils l'auroient cru. Avois-je découvert par des coureurs ou par des espions la marche des ennemis, c'étoit la biche qui me l'avoit dit à l'oreille. Avois-je été battu, la biche me parloit pour déclarer que les dieux alloient relever mon parti. La biche ordonnoit aux habitants du pays de me donner toutes leurs forces, faute de quoi la peste et la famine de voient les désoler. Ma biche étoit-elle perdue depuis quelques jours et ensuite retrouvée secrètement, je la faisois tenir bien cachée, et je déclarois par un pressentiment ou sur quelque présage qu'elle alloit revenir; après quoi je la faisois rentrer dans le camp, où elle ne manquoit pas de me rapporter des nouvelles de vous autres dieux. Enfin ma biche faisoit tout; elle seule réparoit mes malheurs.

MERCURE.

Cet animal t'a bien servi. Mais tu nous servois mal : car de telles impostures décrient les immortels et font grand tort à tous nos mysteres. Franchement tu étois un impie.

SERTORIUS.

Je ne l'étois pas plus que Numa avec sa nymphe Égérie, que Lycurgue et Solon avec leur commerce secret des dieux, que Socrate avec son esprit familier, enfin que Scipion avec sa façon mystérieuse d'aller au Capitole consulter Jupiter qui lui inspiroit toutes ses entreprises de guerre contre Carthage. Tous ces gens-là ont été des imposteurs aussi-bien que moi.

MERCURE.

Mais ils ne l'étoient que pour établir de bonnes loix, ou pour rendre la patrie victorieuse.

SERTORIUS.

Et moi pour me défendre contre le parti du tyran Sylla qui avoit opprimé Rome, et qui avoit envoyé des citoyens changés en esclaves pour me faire périr comme le dernier soutien de la liberté.

MERCURE.

Quoi donc! la république entière, tu ne la regardes que comme le parti de Sylla? De bonne foi tu étois demeuré seul contre tous les Romains. Mais enfin tu trompois ces pauvres barbares par des mysteres de religion.

SERTORIUS.

Il est vrai: mais comment faire autrement avec les sots? Il faut bien les amuser par des sottises et aller à son but. Si on ne leur disoit que des vérités solides, ils ne les croiroient pas. Racontez des fables, flattez, amusez ; grands et petits courent après vous.

DIALOGUE XLVI.

LE JEUNE POMPÉE ET MÉNAS L'AFFRANCHI.

Caractere d'un homme qui, n'aimant pas la vertu pour elle-même, n'est ni assez bon pour ne vouloir pas profiter d'un crime, ni assez méchant pour vouloir le commettre.

MÉNAS.

Voulez-vous que je fasse un beau coup?

POMPÉE.

Quoi donc? parle. Te voilà tout troublé; tu as l'air d'une sibylle dans son antre, qui étouffe, qui écume, qui est forcenée.

MÉNAS.

C'est de joie. Ô l'heureuse occasion ! Si c'étoit mon affaire, tout seroit déja achevé. Le voulez-vous? un mot, oui ou non.

POMPÉE.

Quoi? tu ne m'expliques rien, et tu demandes une réponse ! Dis donc ce que tu veux; parle clairement.

MÉNAS.

Vous avez là Antoine et Octave couchés à cette

table dans votre vaisseau, ils ne songent qu'à faire bonne chere.

POMPÉE.

Crois-tu que je n'aie pas des yeux pour les voir?

MÉNAS.

Mais avez-vous des oreilles pour m'entendre? Le beau coup de filet!

POMPÉE.

Quoi! voudrois-tu que je les trahisse! Moi manquer à la foi donnée à mes ennemis! Le fils du grand Pompée agir en scélérat! Ha! Ménas, tu me connois mal.

MÉNAS.

Vous m'entendez encore plus mal : ce n'est pas vous qui devez faire ce coup. Voilà la main qui le prépare. Tenez votre parole en grand homme, et laissez faire Ménas qui n'a rien promis.

POMPÉE.

Mais tu veux que je te laisse faire, moi à qui on s'est confié? Tu veux que je le sache et que je le souffre? Ah! Ménas! mon pauvre Ménas! pourquoi me l'as-tu dit? il falloit le faire sans me le dire.

MÉNAS.

Mais vous n'en saurez rien. Je couperai la corde des ancres; nous irons en pleine mer : les deux tyrans de Rome sont dans vos mains. Les mânes de votre pere seront vengées des deux héritiers de César. Rome sera en liberté. Qu'un vain scrupule ne vous arrête pas: Ménas n'est pas Pompée. Pompée sera fidele à sa parole, généreux, tout couvert de gloire; Ménas l'affranchi, Ménas fera le crime, et le vertueux Pompée en profitera.

POMPÉE.

Mais Pompée ne peut savoir le crime et le permettre sans y participer. Ah! malheureux! tu as tout perdu en me parlant. Que je regrette ce que tu pouvois faire!

MÉNAS.

Si vous le regrettez, pourquoi ne le permettez-vous pas? Et si vous ne le pouvez permettre, pourquoi le regrettez-vous? Si la chose est bonne, il faut la vouloir hardiment et n'en point faire de façon; si elle est mauvaise, pourquoi vouloir qu'elle fût faite, et ne vouloir pas qu'on la fasse? Vous êtes contraire à vous-même. Un fantôme de vertu vous rend ombrageux, et vous me faites bien sentir la vérité de ce qu'on dit, qu'il faut une ame forte pour oser faire de grands crimes.

POMPÉE.

Il est vrai, Ménas, je ne suis ni assez bon pour ne vouloir pas profiter d'un crime, ni assez méchant pour oser le commettre moi-même. Je me vois dans un entre-deux qui n'est ni vertu ni vice. Ce n'est pas le vrai honneur, c'est une mauvaise honte qui me retient. Je ne puis autoriser un traître, et je n'aurois point d'horreur de la trahison si elle étoit faite pour me rendre maître du monde.

DIALOGUE XLVII.

CALIGULA et NÉRON.

Dangers du pouvoir despotique quand un souverain a la tête foible.

CALIGULA.

JE suis ravi de te voir. Tu es une rareté. On a voulu me donner de la jalousie contre toi en m'assurant que tu m'as surpassé en prodiges; mais je n'en crois rien.

NÉRON.

Belle comparaison ! tu étois un fou. Pour moi je me suis joué des hommes, et je leur ai fait voir des choses qu'ils n'avoient jamais vues. J'ai fait périr ma mere, ma femme, mon gouverneur et mon précepteur ; j'ai brûlé ma patrie. Voilà des coups d'un grand courage qui s'éleve au-dessus de la foiblesse humaine. Le vulgaire appelle cela cruauté; moi je l'appelle mépris de la nature entiere et grandeur d'ame.

CALIGULA.

Tu fais le fanfaron. As-tu étouffé comme moi ton pere mourant? As-tu caressé comme moi ta femme, en lui disant, Jolie petite tête que je ferai couper quand je voudrai!

NÉRON.

Tout cela n'est que gentillesse; pour moi je n'avance rien qui ne soit solide. Hé! vraiment j'avois oublié un des beaux endroits de ma vie: c'est d'avoir fait mourir mon frere Britannicus.

CALIGULA.

C'est quelque chose, je l'avoue. Sans doute tu l'as fait pour imiter la vertu du grand fondateur de Rome, qui, pour le bien public, n'épargna pas même le sang de son frere. Mais tu n'étois qu'un musicien.

NÉRON.

Pour toi tu avois des prétentions plus hautes; tu voulois être dieu, et massacrer tous ceux qui en auroient douté.

CALIGULA.

Pourquoi non? pouvoit-on mieux employer la vie des hommes que de la sacrifier à ma divinité? C'étoit autant de victimes immolées sur mes autels.

NÉRON.

Je ne donnois point dans de telles visions: mais j'étois le plus grand musicien et le comédien le plus parfait de l'empire; j'étois même bon poëte.

CALIGULA.

Du moins tu le croyois; mais les autres n'en croyoient rien : on se moquoit de ta voix et de tes vers.

NÉRON.

On ne s'en moquoit pas impunément. Lucain se repentit de m'avoir voulu surpasser.

CALIGULA.

Voilà un bel honneur pour un empereur romain, que de monter sur le théâtre comme un bouffon, d'être jaloux des poëtes, et de s'attirer la dérision publique!

NÉRON.

C'est le voyage que je fis dans la Grece qui m'échauffa la cervelle pour le théâtre et pour toutes les représentations.

CALIGULA.

Tu devois demeurer en Grece pour y gagner ta vie en comédien, et laisser faire un autre empereur à Rome, qui en soutînt mieux la majesté.

NÉRON.

N'avois-je pas ma maison dorée, qui devoit être plus grande que les plus grandes villes? Oui da, je m'entendois en magnificence.

CALIGULA.

Si on l'eût achevée, cette maison, il auroit fallu

que les Romains fussent allés loger hors de Rome. Cette maison étoit proportionnée au colosse qui te représentoit, et non pas à toi qui n'étois pas plus grand qu'un autre homme.

NÉRON.

C'est que je visois au grand.

CALIGULA.

Non : tu visois au gigantesque et au monstrueux. Mais tous ces beaux desseins furent renversés par Vindex.

NÉRON.

Et les tiens par Chéréas, comme tu allois au théâtre.

CALIGULA.

A n'en point mentir, nous fîmes tous deux une fin assez malheureuse et dans la fleur de notre jeunesse.

NÉRON.

Il faut dire la vérité, peu de gens étoient portés à faire des vœux pour nous et à nous souhaiter une longue vie. On passe mal son temps à se croire toujours entre des poignards.

CALIGULA.

De la maniere que tu en parles, tu ferois croire que si tu retournois au monde, tu changerois de vie.

NÉRON.

Point du tout, je ne pourrois gagner sur moi de

me modérer. Vois-tu bien, mon pauvre ami, et tu l'as senti aussi bien que moi, c'est une étrange chose que de pouvoir tout quand on a la tête un peu foible; elle tourne bien vîte dans cette puissance sans bornes. Tel seroit sage dans une condition médiocre, qui devient insensé quand il est le maître du monde.

CALIGULA.

Cette folie seroit bien jolie si elle n'avoit rien à craindre; mais les conjurations, les troubles, les remords, les embarras d'un grand empire, gâtent le métier. D'ailleurs la comédie est courte; ou plutôt c'est une horrible tragédie qui finit tout à coup. Il faut venir compter ici avec ces trois vieillards chagrins et séveres, qui n'entendent point raillerie, et qui punissent comme des scélérats ceux qui se faisoient adorer sur la terre. Je vois venir Domitien, Commode, Caracalla, Héliogabale, chargés de chaînes, qui vont passer leur temps aussi mal que nous.

DIALOGUE XLVIII.

ANTONIN PIE et MARC AURELE.

Il faut aimer sa patrie plus que sa famille.

MARC AURELE.

O mon pere, j'ai grand besoin de venir me consoler avec vous. Je n'eusse jamais cru pouvoir sentir une si vive douleur, ayant été nourri dans la vertu insensible des stoïciens, et étant descendu dans ces demeures bienheureuses où tout est si tranquille.

ANTONIN.

Hélas! mon pauvre fils, quel malheur te jette dans ce trouble? Tes larmes sont bien indécentes pour un stoïcien. Qu'y a-t-il donc?

MARC AURELE.

Ah! c'est mon fils Commode que je viens de voir; il a déshonoré notre nom si aimé du peuple. C'est une femme débauchée qui l'a fait massacrer pour prévenir ce malheureux, parcequ'il l'avoit mise dans une liste de gens qu'il devoit faire mourir.

ANTONIN.

J'ai su qu'il a mené une vie infâme. Mais pourquoi as-tu négligé son éducation? Tu es cause de son malheur; il a bien plus à se plaindre de ta négligence qui l'a perdu, que tu n'as à te plaindre de ses désordres.

MARC AURELE.

Je n'avois pas le loisir de penser à un enfant, j'étois toujours accablé de la multitude des affaires d'un si grand empire et des guerres étrangeres; je n'ai pourtant pas laissé d'en prendre quelque soin. Hélas! si j'eusse été un simple particulier, j'aurois moi-même instruit et formé mon fils, je l'aurois laissé honnête homme; mais je lui ai laissé trop de puissance pour lui laisser de la modération et de la vertu.

ANTONIN.

Si tu prévoyois que l'empire dût le gâter, il falloit s'abstenir de le faire empereur, et pour l'amour de l'empire qui avoit besoin d'être bien gouverné, et pour l'amour de ton fils qui eût mieux valu dans une condition médiocre.

MARC AURELE.

Je n'ai jamais prévu qu'il se corromproit.

ANTONIN.

Mais ne devois-tu pas le prévoir? N'est-ce point que la tendresse paternelle t'a aveuglé? Pour moi je choisis en ta personne un étranger, foulant aux pieds tous les intérêts de ma famille : si tu en avois fait autant, tu n'aurois pas tant de déplaisirs. Mais ton fils te fait autant de honte que tu m'as fait d'honneur. Dis-moi la vérité, ne voyois-tu rien de mauvais dans ce jeune homme?

MARC AURELE.

J'y voyois d'assez grands défauts, mais j'espérois qu'il se corrigeroit.

ANTONIN.

C'est-à-dire que tu en voulois faire l'expérience aux dépens de l'empire. Si tu avois sincèrement aimé la patrie plus que ta famille, tu n'aurois pas voulu hasarder le bien public pour soutenir la grandeur particuliere de ta maison.

MARC AURELE.

Pour parler ingénument, je n'ai jamais eu d'autre intention que celle de préférer l'empire à mon fils. Mais l'amitié que j'avois pour mon fils m'a empêché de l'observer d'assez près. Dans le doute, je me suis flatté, et l'espérance a séduit mon cœur.

ANTONIN.

Ô quel malheur, que les meilleurs hommes soient si imparfaits, et qu'ayant tant de peine à faire du bien, ils fassent souvent sans le vouloir des maux irréparables!

MARC AURELE.

Je le voyois bien fait, adroit à tous les exercices du corps, et environné de sages conseillers qui avoient eu ma confiance, et qui pouvoient modérer sa jeunesse. Il est vrai que son naturel étoit léger, violent, adonné au plaisir.

ANTONIN.

Ne connoissois-tu dans Rome aucun homme plus digne de l'empire du monde?

MARC AURELE.

J'avoue qu'il y en avoit plusieurs; mais je croyois pouvoir préférer mon fils, pourvu qu'il eût de bonnes qualités.

ANTONIN.

Que signifioit donc ce langage de vertu si héroïque, quand tu écrivois à Faustine que si Avidius Cassius étoit plus digne de l'empire que toi et ta famille, il falloit consentir qu'il prévalût et que ta famille pérît avec toi? Pourquoi ne suivre point ces grandes maximes, lorsqu'il s'agissoit de choisir un successeur? Ne devois-tu pas à la patrie de préférer le plus digne?

MARC AURELE.

J'avoue ma faute : mais la femme que tu m'avois donnée avec l'empire, et dont j'ai souffert les désordres par reconnoissance pour toi, ne m'a jamais permis de suivre la pureté de ces maximes. En me donnant ta fille avec l'empire, tu fis la premiere faute dont la mienne a été la suite. Tu me fis deux présents, dont l'un a gâté l'autre, et m'a empêché d'en faire un bon usage. J'avois de la peine à m'excuser en te blâmant : mais enfin tu me presses trop. N'as-tu pas fait pour ta fille ce que tu me reproches d'avoir fait pour mon fils ?

ANTONIN.

En te reprochant ta faute, je n'ai garde de désavouer la mienne. Mais je t'avois donné une femme qui n'avoit aucune autorité, elle n'avoit que le nom d'impératrice : tu pouvois et tu devois la répudier selon les loix quand elle eut une mauvaise conduite. Enfin il falloit au moins t'élever au-dessus des importunités d'une femme. De plus, elle étoit morte, et tu étois libre, quand tu laissas l'empire à ton fils. Tu as reconnu le naturel léger et emporté de ce fils ; il n'a songé qu'à donner des spectacles, qu'à tirer de l'arc, qu'à percer les bêtes farouches, qu'à se rendre aussi farouche qu'elles, qu'à devenir un gladiateur, qu'à égarer son imagination, allant tout nud avec une peau de lion comme s'il eût été Hercule, qu'à se plonger dans des vices qui font horreur, et qu'à suivre tous ses soupçons avec une cruauté monstrueuse. Ô mon fils, cesse de t'excuser : un homme si insensé et si méchant ne pouvoit tromper un homme aussi éclairé que toi, si la tendresse n'avoit point affoibli ta prudence et ta vertu.

DIALOGUE XLIX.

HORACE et VIRGILE.

Caracteres de ces deux poëtes.

VIRGILE.

Que nous sommes tranquilles et heureux sur ces gazons toujours fleuris, au bord de cette onde si pure, auprès de ce bois odoriférant!

HORACE.

Si vous n'y prenez garde, vous allez faire une églogue. Les ombres n'en doivent point faire. Voyez Homere, Hésiode, Théocrite, couronnés de laurier: ils entendent chanter leurs vers, mais ils n'en font plus.

VIRGILE.

J'apprends avec joie que les vôtres sont encore après tant de siecles les délices des gens de lettres. Vous ne vous trompiez pas quand vous disiez dans vos odes d'un ton si assuré : Je ne mourrai pas tout entier.

HORACE.

Mes ouvrages ont résisté au temps, il est vrai; mais il faut vous aimer autant que je le fais pour n'être point jaloux de votre gloire. On vous place d'abord après Homere.

VIRGILE.

Nos muses ne doivent point être jalouses l'une de l'autre : leurs genres sont différents. Ce que vous avez de merveilleux, c'est la variété. Vos Odes sont tendres, gracieuses, souvent véhémentes, rapides, sublimes. Vos Satyres sont simples, naïves, courtes, pleines de sel; on y trouve une profonde connoissance de l'homme, une philosophie très sérieuse, avec un tour plaisant qui redresse les mœurs des hommes et qui les instruit en se jouant. Votre Art poétique montre que vous aviez toute l'étendue des connoissances acquises, et toute la force de génie nécessaire pour exécuter les plus grands ouvrages, soit pour le poëme épique, soit pour la tragédie.

HORACE.

C'est bien à vous à parler de variété, vous qui avez mis dans vos Églogues la tendresse naïve de Théocrite! Vos Géorgiques sont pleines de peintures les plus riantes : vous embellissez et vous passionnez toute la nature. Enfin, dans votre Énéide, le bel ordre, la magnificence, la force et la sublimité d'Homere éclatent par-tout.

VIRGILE.

Mais je n'ai fait que le suivre pas à pas.

HORACE.

Vous n'avez point suivi Homere quand vous avez traité les amours de Didon. Ce quatrieme livre est tout original. On ne peut pas même vous ôter la louange d'avoir fait la descente d'Énée aux enfers plus belle que n'est l'évocation des ames qui est dans l'Odyssée.

VIRGILE.

Mes derniers livres sont négligés. Je ne prétendois pas les laisser si imparfaits. Vous savez que je voulus les brûler.

HORACE.

Quel dommage, si vous l'eussiez fait! C'étoit une délicatesse excessive : on voit bien que l'auteur des Géorgiques auroit pu finir l'Énéide avec le même soin. Je regarde moins cette derniere exactitude, que l'essor du génie, la conduite de tout l'ouvrage, la force et la hardiesse des peintures. A vous parler ingénument, si quelque chose vous empêche d'égaler Homere, c'est d'être plus poli, plus châtié, plus fini, mais moins simple, moins fort, moins sublime : car d'un seul trait il met la nature toute nue devant les yeux.

VIRGILE.

J'avoue que j'ai dérobé quelque chose à la simple nature pour m'accommoder au goût d'un peuple magnifique et délicat sur toutes les choses qui ont rapport à la politesse. Homere semble avoir oublié le lecteur pour ne songer à peindre en tout que la vraie nature. En cela je lui cede.

HORACE.

Vous êtes toujours ce modeste Virgile qui eut tant de peine à se produire à la cour d'Auguste. Je vous ai dit librement ce que j'ai pensé sur vos ouvrages, dites-moi de même les défauts des miens. Quoi donc! me croyez-vous incapable de les reconnoître?

VIRGILE.

Il y a, ce me semble, quelques endroits de vos odes qui pourroient être retranchés sans rien ôter au sujet, et qui n'entrent point dans votre dessein. Je n'ignore point le transport que l'ode doit avoir: mais il y a des choses écartées qu'un beau transport ne va point chercher. Il y a aussi quelques endroits passionnés, merveilleux, où vous remarquerez peut-être que quelque chose manque, ou pour l'harmonie, ou pour la simplicité de la passion. Jamais homme n'a donné un tour plus heureux que vous à la parole, pour lui faire signifier un beau sens avec brièveté et délicatesse : les mots deviennent tout nouveaux par l'usage que vous en faites. Mais tout n'est pas également coulant; il y a des choses que je croirois un peu trop tournées.

HORACE.

Pour l'harmonie, je ne m'étonne pas que vous soyez si difficile. Rien n'est si doux et si nombreux que vos vers : leur cadence seule attendrit, et fait couler les larmes des yeux....

VIRGILE.

L'ode demande une autre harmonie toute différente, que vous avez trouvée presque toujours, et qui est plus variée que la mienne.

HORACE.

Enfin je n'ai fait que de petits ouvrages. J'ai blâmé ce qui est mal ; j'ai montré les regles de ce qui est bien : mais je n'ai rien exécuté de grand comme votre poëme héroïque.

VIRGILE.

En vérité, mon cher Horace, il y a déja bien long-temps que nous nous donnons des louanges : pour d'honnêtes gens, j'en ai honte. Finissons.

DIALOGUE L.

PARRHASIUS et POUSSIN.

PARRHASIUS.

Il y a déja assez long-temps qu'on nous faisoit attendre votre venue : il faut que vous soyez mort assez vieux.

POUSSIN.

Oui, et j'ai travaillé jusques dans une vieillesse fort avancée.

PARRHASIUS.

On vous a marqué ici une place assez honorable à la tête des peintres françois : si vous aviez été mis parmi les italiens, vous seriez en meilleure compagnie. Mais ces peintres que Vasari nous vante tous les jours, vous auroient fait bien des querelles. Il y a ces deux écoles lombarde et florentine, sans parler de celle qui se forma encore à Rome : tous ces gens-là nous rompent sans cesse la tête par leurs jalousies. Ils avoient pris pour juges de leurs différends Apelles, Zeuxis et moi : mais nous aurions plus d'affaires que Minos, Éaque et Rhadamanthe, si nous les voulions accorder. Ils sont même jaloux des anciens, et osent se comparer à nous. Leur vanité est insupportable.

POUSSIN.

Il ne faut point faire de comparaison, car vos ouvrages ne restent point pour en juger : et je crois que vous n'en faites plus sur le bord du Styx; il y fait un peu trop obscur pour y exceller dans le coloris, dans la perspective, et dans la dégradation de lumiere. Un tableau fait ici-bas ne pourroit être qu'une nuit, tout y seroit ombre. Pour revenir à vous autres anciens, je conviens que le préjugé général est en votre faveur. Il y a sujet de croire que votre art, qui est du même goût que la sculpture, avoit été poussé jusqu'à la même perfection, et que vos tableaux égaloient les statues de Praxiteles, de Scopas et de Phidias: mais enfin il ne nous reste rien de vous, et la comparaison n'est plus possible; par-là vous êtes hors de toute atteinte, et vous nous tenez en respect. Ce qui est vrai, c'est que, nous autres peintres modernes, nous devons nos meilleurs ouvrages aux modeles antiques que nous avons étudiés dans les bas-reliefs. Ces bas-reliefs, quoiqu'ils appartiennent à la sculpture, font assez entendre avec quel goût on devoit peindre dans ce temps-là. C'est une demi-peinture.

PARRHASIUS.

Je suis ravi de trouver un peintre moderne si équitable et si modeste. Vous comprenez bien que quand Zeuxis fit des raisins qui trompoient les petits oiseaux, il falloit que la nature fût bien imitée pour tromper la nature même. Quand je fis ensuite un rideau qui trompa les yeux si habiles du grand Zeuxis, il se confessa vaincu. Voyez jusqu'où nous avions poussé cette belle erreur. Non, non, ce n'est pas pour rien que tous les siecles nous ont vantés. Mais dites-moi quelque chose de vos ouvrages. On a rapporté ici à Phocion que vous aviez fait de beaux tableaux où il est représenté. Cette nouvelle l'a réjoui. Est-elle véritable?

POUSSIN.

Sans doute, j'ai représenté son corps que deux esclaves emportent hors de la ville d'Athenes. Ils paroissent tous deux affligés, et ces deux douleurs ne se ressemblent en rien. Le premier de ces esclaves est vieux, il est enveloppé dans une draperie négligée; le nud des bras et des jambes montre un homme fort et nerveux, c'est une carnation qui marque un corps durci au travail. L'autre est jeune, couvert d'une tnnique qui fait des plis assez gracieux. Les deux attitudes sont différentes dans la même action; et les deux airs des têtes sont fort variés, quoiqu'ils soient tous deux serviles.

PARRHASIUS.

Bon! l'art n'imite bien la nature qu'autant qu'il attrape cette variété infinie dans ses ouvrages. Mais le mort....

POUSSIN.

Le mort est caché sous une draperie confuse qui l'enveloppe. Cette draperie est négligée et pauvre. Dans ce convoi tout est capable d'exciter la pitié et la douleur.

PARRHASIUS.

On ne voit donc point le mort?

POUSSIN.

On ne laisse pas de remarquer sous cette draperie confuse la forme de la tête et de tout le corps. Pour les jambes, elles sont découvertes : on y peut remarquer, non seulement la couleur flétrie de la chair morte, mais encore la roideur et la pesanteur des membres affaissés. Ces deux esclaves qui emportent ce corps le long d'un grand chemin, trouvent à côté du chemin de grandes pierres taillées en quarré dont quelques unes sont élevées en ordre au-dessus des autres; en sorte qu'on croit voir les ruines de quelque majestueux édifice. Le chemin paroît sablonneux et battu.

PARRHASIUS.

Qu'avez-vous mis aux deux côtés de ce tableau pour accompagner vos figures principales?

POUSSIN.

Au côté droit sont deux ou trois arbres dont le tronc est d'une écorce âpre et noueuse. Ils ont peu de branches, dont le verd, qui est un peu foible, se perd insensiblement dans le sombre azur du ciel: Derriere ces longues tiges d'arbres, on voit la ville d'Athenes.

PARRHASIUS.

Il faut un contraste bien marqué dans le côté gauche.

POUSSIN.

Le voici. C'est un terrain raboteux: on y voit des creux qui sont dans une ombre très forte, et des pointes de rochers fort éclairées. Là se présentent aussi quelques buissons sauvages. Il y a un peu au-dessus un chemin qui mene à un bocage sombre et épais: un ciel extrêmement clair donne encore plus de force à cette verdure sombre.

PARRHASIUS.

Bon; voilà qui est bien. Je vois que vous savez le grand art des couleurs, qui est de fortifier l'une par son opposition avec l'autre.

POUSSIN.

Au-delà de ce terrain rude se présente un gazon frais et tendre. On y voit un berger appuyé sur sa houlette et occupé à regarder ses moutons blancs comme la neige, qui errent en paissant dans une prairie. Le chien du berger est couché et dort derriere lui. Dans cette campagne, on voit un autre chemin où passe un chariot traîné par des bœufs. Vous remarquez d'abord la force et la pesanteur de ces animaux, dont le cou est penché vers la terre, et qui marchent à pas lents. Un homme d'un air rustique est devant le chariot: une femme marche derriere, et elle paroît la fidele compagne de ce simple villageois. Deux autres femmes voilées sont sur le chariot.

PARRHASIUS.

Rien ne fait un plus sensible plaisir que ces peintures champêtres. Nous les devons aux poëtes. Ils ont commencé à chanter dans leurs vers les graces naïves de la nature simple et sans art: nous les avons suivis. Les ornements d'une campagne où la nature est belle, font une image plus riante que toutes les magnificences que l'art a pu inventer.

POUSSIN.

On voit, au côté droit, dans ce chemin, un cheval alezan, un cavalier enveloppé dans un manteau rouge. Le cavalier et le cheval sont penchés en avant: ils semblent s'élancer pour courir avec plus de vitesse. Les crins du cheval, les cheveux de l'homme, son manteau, tout est flottant et repoussé par le vent en arriere.

DES MORTS. 289

PARRHASIUS.

Ceux qui ne savent que représenter des figures gracieuses n'ont atteint que le genre médiocre. Il faut peindre l'action et le mouvement, animer les figures, et exprimer les passions de l'ame. Je vois que vous êtes bien entré dans le goût de l'antique.

POUSSIN.

Plus avant on trouve un gazon sous lequel paroît un terrain de sable. Trois figures humaines sont sur cette herbe : il y en a une debout, couverte d'une robe blanche à grands plis flottants ; les deux autres sont assises auprès d'elle sur le bord de l'eau, et il y en a une qui joue de la lyre. Au bout de ce terrain couvert de gazon, on voit un bâtiment quarré, orné de bas-reliefs et de festons, d'un bon goût d'architecture simple et noble. C'est sans doute un tombeau de quelque citoyen qui étoit mort peut-être avec moins de vertu, mais plus de fortune que Phocion.

PARRHASIUS.

Je n'oublie pas que vous m'avez parlé du bord de l'eau. Est-ce la riviere d'Athenes nommée Ilissus ?

POUSSIN.

Oui, elle paroît en deux endroits aux côtés de ce tombeau. Cette eau est pure et claire : le ciel serein qui est peint dans cette eau, sert à la rendre encore plus belle. Elle est bordée de saules naissants et d'autres arbrisseaux tendres dont la fraîcheur réjouit la vue.

PARRHASIUS.

Jusques-là il ne me reste rien à souhaiter. Mais vous avez encore un grand et difficile objet à me représenter : c'est là que je vous attends.

POUSSIN.

Quoi?

PARRHASIUS.

C'est la ville. C'est là qu'il faut montrer que vous savez l'histoire, le costume, l'architecture.

POUSSIN.

J'ai peint cette grande ville d'Athenes sur la pente d'un côteau, pour la mieux faire voir. Les bâtiments y sont par degrés dans un amphithéâtre naturel. Cette ville ne paroît point grande du premier coup d'œil : on n'en voit près de soi qu'un morceau assez médiocre; mais le derriere qui s'enfuit découvre une grande étendue d'édifices.

PARRHASIUS.

Y avez-vous évité la confusion?

POUSSIN.

J'ai évité la confusion et la symmétrie. J'ai fait beaucoup de bâtiments irréguliers; mais ils ne laissent pas de faire un assemblage gracieux, où chaque chose a sa place la plus naturelle. Tout se démêle et se distingue sans peine, tout s'unit et fait corps: ainsi il y a une confusion apparente, et un ordre véritable quand on l'observe de près.

PARRHASIUS.

N'avez-vous pas mis sur le devant quelque principal édifice?

POUSSIN.

J'y ai mis deux temples. Chacun a une grande enceinte comme il la doit avoir, où l'on distingue le corps du temple, des autres bâtiments qui l'accompagnent. Le temple qui est à la droite a un portail orné de quatre grandes colonnes de l'ordre corinthien, avec un fronton et des statues. Autour de ce temple on voit des festons pendants : c'est une fête que j'ai voulu représenter suivant la vérité de l'histoire. Pendant qu'on emporte Phocion hors de la ville vers le bûcher, tout le peuple en joie et en pompe fait une grande solemnité autour du temple dont je vous parle. Quoique ce peuple paroisse assez loin, on ne laisse pas de remarquer sans peine une action de joie pour honorer les dieux. Derriere ce temple paroît une grosse tour très haute, au sommet de laquelle est une statue de quelque divinité. Cette tour est comme une grosse colonne.

PARRHASIUS.

Où est-ce que vous en avez pris l'idée?

POUSSIN.

Je ne m'en souviens plus : mais elle est sûrement prise dans l'antique ; car jamais je n'ai pris la liberté de rien donner à l'antiquité qui ne fût tiré de ses monuments. On voit aussi auprès de cette tour un obélisque.

PARRHASIUS.

Et l'autre temple, n'en direz-vous rien ?

POUSSIN.

Cet autre temple est un édifice rond, soutenu de colonnes ; l'architecture en paroît majestueuse et singuliere. Dans l'enceinte on remarque divers grands bâtiments avec des frontons. Quelques arbres en dérobent une partie à la vue. J'ai voulu marquer un bois sacré.

PARRHASIUS.

Mais venons au corps de la ville.

POUSSIN.

J'ai cru y devoir marquer les divers temps de la république d'Athenes, sa premiere simplicité, à remonter jusques vers les temps héroïques, et sa magnificence dans les siecles suivants où les arts y ont fleuri. Ainsi j'ai fait beaucoup d'édifices ou ronds ou quarrés avec une architecture réguliere, et beaucoup d'autres qui sentent cette antiquité rustique et guerriere. Tout y est d'une figure bizarre : on ne voit que tours, que creneaux, que hautes murailles, que petits bâtiments inégaux et simples. Une chose rend cette ville agréable, c'est que tout y est mêlé de grands édifices et de bocages. J'ai cru qu'il falloit mettre de la verdure par-tout pour représenter les bois sacrés des temples, et les arbres qui étoient soit dans les gymnases ou dans les autres édifices publics. Par-tout j'ai tâché d'éviter de faire des bâtiments qui eussent rapport à ceux de mon temps et de mon pays, pour donner à l'antiquité un caractere facile à reconnoître.

PARRHASIUS.

Tout cela est observé judicieusement. Mais je ne vois point l'Acropolis. L'avez-vous oublié? ce seroit dommage.

POUSSIN.

Je n'avois garde. Il est derriere toute la ville sur le sommet de la montagne, laquelle domine tout le côteau en pente. On voit à ses pieds de grands bâtiments fortifiés par des tours. La montagne est couverte d'une agréable verdure. Pour la citadelle, il paroît une assez grande enceinte avec une vieille tour qui s'éleve jusques dans la nue. Vous remarquerez que la ville, qui va toujours en baissant vers le côté gauche, s'éloigne insensiblement et se perd entre un bocage fort sombre dont je vous ai parlé, et un petit bouquet d'autres arbres d'un verd brun et foncé, qui est sur le bord de l'eau.

PARRHASIUS.

Je ne suis pas encore content. Qu'avez-vous mis derriere toute cette ville?

POUSSIN.

C'est un lointain où l'on voit des montagnes escarpées et assez sauvages. Il y en a une derriere ces beaux temples et cette pompe si riante dont je vous ai parlé, qui est un roc tout nud et affreux. Il m'a paru que je devois faire le tour de la ville cultivé et gracieux comme celui des grandes villes l'est toujours. Mais j'ai donné une certaine beauté sauvage au lointain pour me conformer à l'histoire, qui parle de l'Attique comme d'un pays rude et stérile.

PARRHASIUS.

J'avoue que ma curiosité est bien satisfaite, et je serois jaloux pour la gloire de l'antiquité, si on pouvoit l'être d'un homme qui l'a imitée si modestement.

POUSSIN.

Souvenez-vous au moins que si je vous ai long-temps entretenu de mon ouvrage, je l'ai fait pour ne vous rien refuser et pour me soumettre à votre jugement.

PARRHASIUS.

Après tant de siecles vous avez fait plus d'honneur à Phocion, que sa patrie n'auroit pu lui en faire le jour de sa mort par de somptueuses funérailles. Mais allons dans ce bocage ici près, où il est avec Timoléon et Aristide, pour lui apprendre de si agréables nouvelles.

DIALOGUE LI.
LÉONARD DE VINCI et POUSSIN.

LÉONARD.

Votre conversation avec Parrhasius fait beaucoup de bruit en ce bas monde; on assure qu'il est prévenu en votre faveur, et qu'il vous met au-dessus de tous les peintres italiens. Mais nous ne le souffrirons jamais.

POUSSIN.

Le croyez-vous si facile à prévenir? Vous lui faites tort, vous vous faites tort à vous-même, et vous me faites trop d'honneur.

LÉONARD.

Mais il m'a dit qu'il ne connoissoit rien de si beau que le tableau que vous lui aviez représenté. A quel propos offenser tant de grands hommes pour en louer un seul qui....

POUSSIN.

Mais pourquoi croyez-vous qu'on vous offense en

louant les autres? Parrhasius n'a point fait de comparaison. De quoi vous fâchez-vous?

LÉONARD.

Oui vraiment, un petit peintre françois qui fut contraint de quitter sa patrie pour aller gagner sa vie à Rome !

POUSSIN.

Ho! puisque vous le prenez par-là, vous n'aurez pas le dernier mot. Hé bien! je quittai la France, il est vrai, pour aller vivre à Rome, où j'avois étudié les modeles antiques, et où la peinture étoit plus en honneur qu'en mon pays: mais enfin quoiqu'étranger, j'étois admiré dans Rome. Et vous, qui étiez Italien, ne fûtes-vous pas obligé d'abandonner votre pays, quoique la peinture y fût honorée, pour aller mourir à la cour de François Ier?

LÉONARD.

Je voudrois bien examiner un peu quelqu'un de vos tableaux sur les regles de peinture que j'ai expliquées dans mes livres. On verroit autant de fautes que de coups de pinceau.

POUSSIN.

J'y consens. Je veux croire que je ne suis pas aussi grand peintre que vous, mais je suis moins jaloux de mes ouvrages. Je vais vous mettre devant les yeux toute l'ordonnance d'un de mes tableaux : si vous y remarquez des défauts, je les avouerai franchement;. si vous approuvez ce que j'ai fait, je vous contraindrai à m'estimer un peu plus que vous ne faites.

LÉONARD.

Hé bien! voyons donc. Mais je suis un sévere critique, souvenez-vous-en.

POUSSIN.

Tant mieux. Représentez-vous un rocher qui est dans le côté gauche du tableau. De ce rocher tombe une source d'eau pure et claire, qui, après avoir fait quelques petits bouillons dans sa chûte, s'enfuit au travers de la campagne. Un homme qui étoit venu puiser de cette eau, est saisi par un serpent monstrueux : le serpent se lie autour de son corps, et entrelace ses bras et ses jambes par plusieurs tours, le serre, l'empoisonne de son venin et l'étouffe. Cet homme est déja mort; il est étendu; on voit la pesanteur et la roideur de tous ses membres; sa chair est déja livide; son visage affreux représente une mort cruelle.

LÉONARD.

Si vous ne nous représentez point d'autre objet, voilà un tableau bien triste.

POUSSIN.

Vous allez voir quelque chose qui augmente encore cette tristesse. C'est un autre homme qui s'a‑

vance vers la fontaine : il apperçoit le serpent autour de l'homme mort, il s'arrête soudainement ; un de ses pieds demeure suspendu ; il leve un bras en haut, l'autre tombe en bas ; mais les deux mains s'ouvrent, elles marquent la surprise et l'horreur.

LÉONARD.

Ce second objet, quoique triste, ne laisse pas d'animer le tableau et de faire un certain plaisir semblable à ceux que goûtoient les spectateurs de ces anciennes tragédies où tout inspiroit la terreur et la pitié ; mais nous verrons bientôt si vous avez....

POUSSIN.

Ah ! ah ! vous commencez à vous humaniser un peu : mais attendez la suite, s'il vous plaît ; vous jugerez selon vos regles quand j'aurai tout dit. Là auprès est un grand chemin, sur le bord duquel paroît une femme qui voit l'homme effrayé, mais qui ne sauroit voir l'homme mort, parcequ'elle est dans un enfoncement et que le terrain fait une espece de rideau entre elle et la fontaine. La vue de cet homme effrayé fait en elle un contrecoup de terreur. Ces deux frayeurs sont, comme on dit, ce que les douleurs doivent être : les grandes se taisent, les petites se plaignent. La frayeur de cet homme le rend immobile : celle de cette femme, qui est moindre, est plus marquée par la grimace de son visage ; on voit en elle une peur de femme, qui ne peut rien retenir, qui exprime toute son alarme, qui se laisse aller à ce qu'elle sent ; elle tombe assise, elle laisse tomber ce qu'elle porte, elle tend les bras et semble crier. N'est-il pas vrai que ces airs divers de crainte et de surprise font une espece de jeu qui touche et plaît?

LÉONARD.

J'en conviens. Mais qu'est-ce que ce dessein? est-ce une histoire? je ne la connois pas. C'est plutôt un caprice.

POUSSIN.

C'est un caprice. Ce genre d'ouvrage nous sied fort bien, pourvu que le caprice soit réglé, et qu'il ne s'écarte en rien de la vraie nature. On voit au côté gauche quelques grands arbres qui paroissent vieux, et tels que ces antiques chênes qui ont passé autrefois pour les divinités d'un pays. Leurs tiges vénérables ont une écorce dure et âpre, qui fait fuir un bocage tendre et naissant, placé derriere. Ce bocage a une fraîcheur délicieuse: on voudroit y être. On s'imagine un été brûlant, qui respecte ce bois sacré. Il est planté le long d'une eau claire et semble se mirer dedans. On voit d'un côté un verd foncé, de l'autre une eau pure où l'on découvre le sombre azur d'un ciel serein. Dans cette eau se présentent divers objets qui amusent la vue, pour la délasser de tout ce qu'elle a vu d'affreux. Sur le devant du tableau, les figures sont toutes tragiques. Mais dans le fond tout est paisible, doux et riant : ici on voit de jeunes gens qui se baignent et qui se jouent en nageant; là, des pêcheurs dans un bateau : les uns se penchent en avant et semblent près de tomber, c'est qu'ils tirent un filet; deux autres, penchés en arriere, rament avec effort. D'autres sont sur le bord de l'eau et jouent à la mourre[1] : il paroît dans les visages que l'un pense à un nombre pour surprendre son compagnon, qui paroît être attentif de peur d'être surpris. D'autres se promenent au delà de cette eau sur un gazon frais et tendre. En les voyant dans un si beau lieu, peu s'en faut qu'on n'envie leur bonheur. On voit assez loin une femme qui va sur un âne à la ville voisine, et qui est suivie de deux hommes. Aussitôt on s'imagine voir ces bonnes gens qui, dans leur simplicité rustique, vont porter aux villes l'abondance des champs qu'ils ont cultivés. Dans le même coin gauche paroît au-dessus du bocage une montagne assez escarpée, sur laquelle est un château.

LÉONARD.

Le côté gauche de votre tableau me donne la curiosité de voir le côté droit.

---

(1) Jeu qui consiste à montrer une partie des doigts levée et l'autre fermée, et à deviner en même temps le nombre de ceux qui sont élevés.

POUSSIN.

C'est un petit côteau qui vient en pente insensible jusques au bord de la riviere. Sur cette pente on voit en confusion des arbrisseaux et des buissons sur un terrain inculte. Au devant de ce côteau sont plantés de grands arbres, entre lesquels on apperçoit la campagne, l'eau et le ciel.

LÉONARD.

Mais ce ciel, comment l'avez-vous fait?

POUSSIN.

Il est d'un bel azur, mêlé de nuages clairs qui semblent être d'or et d'argent.

LÉONARD.

Vous l'avez fait ainsi, sans doute, pour avoir la liberté de disposer à votre gré de la lumiere, et pour la répandre sur chaque objet selon vos desseins.

POUSSIN.

Je l'avoue : mais vous devez avouer aussi qu'il paroît par-là que je n'ignore point vos regles que vous vantez tant.

LÉONARD.

Qu'y a-t-il dans le milieu de ce tableau au-delà de cette riviere?

POUSSIN.

Une ville dont j'ai déja parlé. Elle est dans un enfoncement où elle se perd; un côteau plein de verdure en dérobe une partie. On voit de vieilles tours, des creneaux, de grands édifices, et une confusion de maisons dans une ombre très forte ; ce qui releve certains endroits éclairés par une certaine lumiere douce et vive qui vient d'en haut. Au-dessus de cette ville paroît ce que l'on voit presque toujours au-dessus des villes dans un beau temps : c'est une fumée qui s'éleve, et qui fait fuir les montagnes qui font le lointain. Ces montagnes, de figure bizarre, varient l'horizon, en sorte que les yeux sont contents.

LÉONARD.

Ce tableau, sur ce que vous m'en dites, me paroît moins savant que celui de Phocion.

POUSSIN.

Il y a moins de science d'architecture, il est vrai; d'ailleurs on n'y voit aucune connoissance de l'antiquité. Mais en revanche la science d'exprimer les passions y est assez grande : de plus, tout ce paysage a des graces et une tendresse que l'autre n'égale point.

LÉONARD.

Vous seriez donc, à tout prendre, pour ce dernier tableau?

POUSSIN.

Sans hésiter, je le préfere; mais vous, qu'en pensez-vous sur ma relation?

LÉONARD.

Je ne connois pas assez le tableau de Phocion pour le comparer. Je vois que vous avez assez étudié les bons modeles du siecle passé et mes livres ; mais vous louez trop vos ouvrages.

POUSSIN.

C'est vous qui m'avez contraint d'en parler : mais sachez que ce n'est ni dans vos livres ni dans les tableaux du siecle passé que je me suis instruit ; c'est dans les bas-reliefs antiques, où vous avez étudié aussi-bien que moi. Si je pouvois un jour retourner parmi les vivants, je peindrois bien la jalousie ; car vous m'en donnez ici d'excellents modeles. Pour moi, je ne prétends vous rien ôter de votre science ni de votre gloire ; mais je vous céderois avec plus de plaisir, si vous étiez moins entêté de votre rang. Allons trouver Parrhasius : vous lui ferez votre critique, il décidera, s'il vous plaît ; car je ne vous cede à vous autres messieurs les modernes, qu'à condition que vous céderez aux anciens. Après que Parrhasius aura prononcé, je serai prêt à retourner sur la terre pour corriger mon tableau.

DIALOGUE LII.

LÉGER et ÉBROIN.

La vie solitaire et simple n'a point de charmes pour un ambitieux.

ÉBROIN.

Ma consolation dans mes malheurs est de vous trouver dans cette solitude.

LÉGER.

Et moi je suis fâché de vous y voir; car on y est sans fruit, quand on y est malgré soi.

ÉBROIN.

Pourquoi désespérez-vous donc de ma conversion? Peut-être que vos conseils et vos exemples me rendront meilleur que vous ne pensez. Vous qui êtes si charitable, vous devriez bien dans ce loisir prendre un peu soin de moi.

LÉGER.

On ne m'a mis ici qu'afin que je ne me mêle de rien : je suis assez chargé d'avoir à me corriger moi-même.

ÉBROIN.

Quoi ! en entrant dans la solitude on renonce à la charité?

LÉGER.

Point du tout. Je prierai Dieu pour vous.

ÉBROIN.

Ho! je le vois bien, c'est que vous m'abandonnez comme un homme indigne de vos instructions. Mais vous ne me faites pas justice : j'avoue que j'ai été fâché de venir ici ; mais maintenant je suis assez content d'y être. Voici le plus beau désert qu'on puisse voir. N'admirez-vous pas ces ruisseaux qui tombent des montagnes, ces rochers escarpés et en partie couverts de mousse, ces vieux arbres qui paroissent aussi anciens que la terre où ils sont plantés? La nature a ici je ne sais quoi de brut et d'affreux qui plaît, et qui fait rêver agréablement.

LÉGER.

Toutes ces choses sont bien fades à qui a le goût de l'ambition, et qui n'est point désabusé des choses vaines. Il faut avoir le cœur innocent et paisible pour être sensible à ces beautés champêtres.

ÉBROIN.

Mais j'étois las du monde et de ses embarras, quand on m'a mis ici.

LÉGER.

Il paroît que vous en étiez fort las, puisque vous en êtes sorti par force !

ÉBROIN.

Je n'aurois pas eu le courage d'en sortir; mais j'en étois pourtant fort dégoûté.

LÉGER.

Dégoûté comme un homme qui y retourneroit encore avec joie, et qui ne cherche qu'une porte pour y rentrer. Je vous connois; vous avez beau dissimuler : avouez votre inquiétude, soyez au moins de bonne foi.

ÉBROIN.

Mais, saint prélat, si nous rentrions vous et moi dans les affaires, nous y ferions des biens infinis. Nous nous soutiendrions l'un l'autre pour protéger la vertu, nous abattrions de concert tout ce qui s'opposeroit à nous.

LÉGER.

Confiez-vous à vous-même tant qu'il vous plaira sur vos expériences passées; cherchez des prétextes pour flatter vos passions : pour moi, qui suis ici depuis plus de temps que vous, j'y ai eu le loisir d'apprendre à me défier de moi et du monde. Il m'a trompé une fois ce monde ingrat : il ne me trompera plus. J'ai tâché de lui faire du bien, il ne m'a fait que du mal. J'ai voulu aider une reine bien intentionnée, on l'a décréditée et réduite à se retirer. On m'a rendu ma liberté en croyant me mettre en prison : trop heureux de n'avoir plus d'autre affaire que de mourir en paix dans ce désert.

ÉBROIN.

Mais vous n'y songez pas ; si nous voulons encore nous réunir, nous pouvons être les maîtres absolus.

LÉGER.

Les maîtres de quoi? de la mer, des vents et des flots? Non, je ne me rembarque plus après avoir fait naufrage. Allez chercher la fortune, tourmentez-vous, soyez malheureux dès cette vie, hasardez tout, périssez à la fleur de votre âge, damnez-vous pour troubler le monde et pour faire parler de vous ; vous le méritez bien, puisque vous ne pouvez demeurer en repos.

ÉBROIN.

Mais quoi! est-il bien vrai que vous ne desirez plus la fortune? l'ambition est-elle bien éteinte dans les derniers replis de votre cœur?

LÉGER.

Me croiriez-vous si je vous le disois?

ÉBROIN.

En vérité j'en doute fort. J'aurois bien de la peine: car enfin.....

LÉGER.

Je ne vous le dirai donc pas : il est inutile de vous parler non plus qu'aux sourds. Ni les peines infinies de la prospérité, ni les adversités affreuses qui l'ont suivie, n'ont pu vous corriger. Allez, retournez à la cour, gouvernez, faites le malheur du monde, et trouvez-y le vôtre.

DIALOGUE LIII.

LE PRINCE DE GALLES et RICHARD SON FILS.

Caractere d'un prince foible.

LE P. DE GALLES.

Hélas! mon cher fils, je te revois avec douleur; j'espérois pour toi une vie plus longue, et un regne plus heureux. Qu'est-ce qui a rendu ta mort si prompte? N'as-tu point fait la même faute que moi, en ruinant ta santé par un excès de travail dans la guerre contre la France?

RICHARD.

Non, mon pere: ma santé n'a point manqué; d'autres malheurs ont fini ma vie.

LE P. DE GALLES.

Quoi donc? quelque traître a-t-il trempé ses mains dans ton sang? Si cela est, l'Angleterre, qui ne m'a pas oublié, vengera ta mort.

RICHARD.

Hélas! mon pere, toute l'Angleterre a été de concert pour me déshonorer, pour me dégrader, pour me faire périr.

LE P. DE GALLES.

Ô ciel! qui l'auroit pu croire? à qui se fier désormais? Mais qu'as-tu donc fait, mon fils? n'as-tu point de tort? dis la vérité à ton pere.

RICHARD.

Ah! mon pere! Ils disent que vous ne l'êtes pas, et que je suis fils d'un chanoine de Bordeaux.

LE P. DE GALLES.

C'est de quoi personne ne peut répondre; mais je ne saurois le croire. Ce n'est pas la conduite de ta mere qui leur donne cette pensée; mais n'est-ce point la tienne qui leur fait tenir ce discours?

RICHARD.

Ils disent que je prie Dieu comme un chanoine, que je ne sais ni conserver l'autorité sur les peuples, ni exercer la justice, ni faire la guerre.

LE P. DE GALLES.

Ô mon enfant! tout cela est-il vrai? Il auroit mieux valu pour toi passer la vie, moine à Westminster, que d'être sur le trône avec tant de mépris.

RICHARD.

J'ai eu de bonnes intentions, j'ai donné de bons

exemples, j'ai eu même quelquefois assez de vigueur. Par exemple, je fis enlever et exécuter le duc de Glocester mon oncle, qui ralliait tous les mécontents contre moi, et qui m'auroit détrôné si je ne l'eusse prévenu.

LE P. DE GALLES.

Ce coup étoit hardi et peut-être nécessaire; car je connoissois bien mon frere, qui étoit dissimulé, artificieux, entreprenant, ennemi de l'autorité légitime, propre à rallier une cabale dangereuse. Mais, mon fils, ne lui avois-tu donné aucune prise sur toi? D'ailleurs, ce coup étoit-il assez mesuré? l'as-tu bien soutenu?

RICHARD.

Le duc de Glocester m'accusoit d'être trop uni avec les François ennemis de notre nation : mon mariage avec la fille de Charles VI roi de France servit au duc à éloigner de moi les cœurs des Anglois.

LE P. DE GALLES.

Quoi! mon fils, tu t'es rendu suspect aux tiens par une alliance avec les ennemis irréconciliables de l'Angleterre! Et que t'ont-ils donné par ce mariage? as-tu joint le Poitou et la Touraine à la Guienne, pour unir tous nos états de France jusqu'à la Normandie?

RICHARD.

Nullement : mais j'ai cru qu'il étoit bon d'avoir hors de l'Angleterre un appui contre les Anglois factieux.

LE P. DE GALLES.

Ô malheur de l'état ! ô déshonneur de la maison royale ! tu vas mendier le secours de tes ennemis, qui auront toujours un intérêt capital de rabaisser ta puissance ! Tu veux affermir ton regne en prenant des intérêts contraires à la grandeur de ta propre nation ! Tu ne te contentes pas d'être aimé de tes sujets, tu veux être craint comme leur ennemi qui s'entend avec les étrangers pour les opprimer ! Hélas ! que sont devenus ces beaux jours où je mis en fuite le roi de France dans les plaines de Creci, inondées du sang de trente mille François, et où je pris un autre roi de cette nation aux portes de Poitiers ? Oh ! que les temps sont changés ! Non, je ne m'étonne plus qu'on t'ait pris pour le fils d'un chanoine. Mais qui est-ce qui t'a détrôné ?

RICHARD.

Le comte d'Erby.

LE P. DE GALLES.

Comment ? a-t-il assemblé une armée ? a-t-il gagné une bataille ?

RICHARD.

Rien de tout cela. Il étoit en France à cause d'une querelle avec le grand maréchal, pour laquelle je l'avois chassé : l'archevêque de Cantorbery y passa secrètement, pour l'inviter à entrer dans une conspiration. Il passa par la Bretagne, arriva à Londres pendant que je n'y étois pas, trouva le peuple prêt à se soulever. La plupart des mutins prirent les armes ; leurs troupes monterent jusqu'à soixante mille hommes ; tout m'abandonna ; le comte vint me trouver dans un château où je me renfermai. Il eut l'audace d'y entrer presque seul. Je pouvois alors le faire périr.

LE P. DE GALLES.

Pourquoi ne le fis-tu pas, malheureux?

RICHARD.

Les peuples que je voyois de toutes parts armés dans la campagne m'auroient massacré.

LE P. DE GALLES.

Et ne valoit-il pas mieux mourir en homme de courage?

RICHARD.

Il y eut d'ailleurs un présage qui me découragea.

LE P. DE GALLES.

Qu'étoit-ce?

DES MORTS.

RICHARD.

Ma chienne, qui n'avoit jamais voulu caresser que moi seul, me quitta d'abord pour aller caresser le comte : je vis bien ce que cela signifioit, et je le dis au comte même.

LE P. DE GALLES.

Voilà une belle naïveté ! Un chien a donc décidé de ton autorité, de ton honneur, de ta vie, et du sort de toute l'Angleterre ! Alors que fis-tu ?

RICHARD.

Je priai le comte de me mettre en sûreté contre la fureur de ce peuple.

LE P. DE GALLES.

Hélas ! il ne te manquoit plus que de demander lâchement la vie à l'usurpateur. Te la donna-t-il au moins ?

RICHARD.

Oui, d'abord. Il me renferma dans la tour, où j'aurois vécu assez doucement : mais mes amis me firent plus de mal que mes ennemis ; ils voulurent se rallier pour me tirer de captivité et pour renverser l'usurpateur. Alors il se défit de moi malgré lui ; car il n'avoit pas envie de se rendre coupable de ma mort.

LE P. DE GALLES.

Voilà un malheur complet. Mon fils est foible inégal ; sa vertu mal soutenue le rend méprisable ;

il s'allie avec ses ennemis, et souleve ses sujets; il ne prévoit point l'orage; il se décourage dès qu'il est attaqué; il perd les occasions de punir l'usurpateur; il demande lâchement la vie, et ne l'obtient pas. Ô ciel, vous vous jouez de la gloire des princes et de la prospérité des états! Voilà le petit-fils d'Édouard qui a vaincu Philippe et ravagé son royaume! Voilà mon fils, de moi qui ai pris le roi Jean, et fait trembler la France et l'Espagne!

DIALOGUE LIV.

CHARLES VII et JEAN duc de Bourgogne.

La cruauté et la perfidie augmentent les périls loin de les diminuer.

LE DUC DE BOURGOGNE.

Maintenant que toutes nos affaires sont finies, et que nous n'avons plus d'intérêt parmi les vivants, parlons, je vous prie, sans passion: pourquoi me faire assassiner? Un dauphin faire cette trahison à son propre sang, et à son cousin, qui.....

CHARLES VII.

A son cousin qui vouloit tout brouiller, et qui pensa ruiner la France. Vous prétendiez me gouverner comme vous aviez gouverné les deux dauphins mes freres qui étoient avant moi.

LE D. DE BOURGOGNE.

Mais quoi! assassiner! Cela est infâme.

CHARLES VII.

Assassiner est le plus sûr.

LE D. DE BOURGOGNE.

Quoi! dans un lieu où vous m'aviez attiré par les promesses les plus solemnelles! J'entre dans la barriere (il me semble que j'y suis encore) avec Noailles frere du captal de Buch : ce perfide Tannegui du Châtel me massacre inhumainement avec ce pauvre Noailles.

CHARLES VII.

Vous déclamerez tant qu'il vous plaira, mon cousin; je m'en tiens à ma premiere maxime : quand on a affaire à un homme aussi violent et aussi brouillon que vous l'étiez, assassiner est le plus sûr.

LE D. DE BOURGOGNE.

Le plus sûr! vous n'y songez pas.

CHARLES VII.

J'y songe; c'est le plus sûr, vous dis-je.

LE D. DE BOURGOGNE.

Est-ce le plus sûr de se jeter dans tous les périls où vous vous êtes précipité en me faisant périr ? Vous vous êtes fait plus de mal en me faisant assassiner, que je n'aurois pu vous en faire.

CHARLES VII.

Il y a bien à dire. Si vous ne fussiez mort, j'étois perdu, et la France avec moi.

LE D. DE BOURGOGNE.

Avois-je intérêt de ruiner la France ? je voulois la gouverner, et point la détruire ni l'abattre : il auroit mieux valu souffrir quelque chose de ma jalousie et de mon ambition. Après tout j'étois de votre sang. Assez près de succéder à la couronne, j'avois un très grand intérêt d'en conserver la grandeur. Jamais je n'aurois pu me résoudre à me liguer contre la France avec les Anglois ses ennemis : mais votre trahison et mon massacre mirent mon fils, quoiqu'il fût bon homme, dans une espece de nécessité de venger ma mort, et de s'unir aux Anglois. Voilà le fruit de votre perfidie : c'étoit de former une ligue de la maison de Bourgogne avec la reine votre mere et avec les Anglois pour renverser la monarchie françoise. La cruauté et la perfidie, bien loin de diminuer les périls, les augmentent sans mesure. Jugez-en par votre propre expérience : ma mort, en vous délivrant d'un ennemi, vous en fit de bien plus terribles, et mit la France dans un état cent fois plus déplorable ; toutes les provinces furent en feu, toute la campagne étoit au pillage ; et il a fallu des miracles pour vous tirer de l'abyme où cet exécrable assassinat vous avoit jeté. Après cela, venez encore me dire d'un ton décisif: Assassiner est le plus sûr.

CHARLES VII.

J'avoue que vous m'embarrassez par le raisonnement, et je vois que vous êtes bien subtil et politique: mais j'aurai ma revanche par les faits. Pourquoi croyez-vous qu'il n'est pas bon d'assassiner? n'avez-vous pas fait assassiner mon oncle le duc d'Orléans? Alors vous pensiez sans doute comme moi, et vous n'étiez pas encore si philosophe.

LE D. DE BOURGOGNE.

Il est vrai, et je m'en suis mal trouvé, comme vous voyez. Une bonne preuve que l'assassinat est un mauvais expédient, est de voir combien il m'a réussi mal. Si j'eusse laissé vivre le duc d'Orléans, vous n'auriez jamais songé à m'ôter la vie, et je m'en serois fort bien trouvé: celui qui commence de telles affaires doit prévoir qu'elles finiront par lui; dès qu'il entreprend sur la vie des autres, la sienne n'a plus un quart d'heure d'assuré.

CHARLES VII.

Hé bien! mon cousin, nous avons tous deux tort. Je n'ai pas été assassiné à mon tour comme vous, mais j'ai souffert d'étranges malheurs.

DIALOGUE LV.

LOUIS XI et le cardinal BESSARION.

Un savant n'est pas propre pour gouverner; mais il vaut encore mieux qu'un bel esprit qui ne peut souffrir ni la justice ni la bonne foi.

LOUIS XI.

Bon jour, monsieur le cardinal. Je vous recevrai aujourd'hui plus civilement que quand vous vîntes me voir de la part du pape. Le cérémonial ne peut plus nous brouiller, toutes les ombres sont ici pêle-mêle et *incognito*, les rangs sont confondus.

LE C. BESSARION.

J'avoue que je n'ai pas encore oublié votre injustice, quand vous me prîtes par la barbe, dès le commencement de ma harangue.

LOUIS XI.

Cette barbe grecque me surprit, et je voulois couper court pour la harangue, qui eût été longue et superflue.

LE C. BESSARION.

Pourquoi cela? Ma harangue étoit des plus belles: je l'avois composée sur le modele d'Isocrate, de Lysias, d'Hypéride, et de Périclès.

DES MORTS. 319

LOUIS XI.

Je ne connois point tous ces messieurs-là. Vous aviez été voir le duc de Bourgogne mon vassal, avant que de venir chez moi; il auroit bien mieux valu ne lire pas tant vos vieux auteurs, et savoir mieux les regles du siecle présent : vous vous conduisîtes comme un pédant qui n'a aucune connoissance du monde.

LE C. BESSARION.

J'avois pourtant étudié à fond les loix de Dracon, celles de Lycurgue et de Solon, les loix et la république de Platon, tout ce qui nous reste des anciens orateurs qui ont gouverné le peuple ; enfin les meilleurs scholiastes d'Homere, qui ont parlé de la police d'une république.

LOUIS XI.

Et moi je n'ai jamais rien lu de tout cela; mais je sais qu'il ne falloit pas qu'un cardinal envoyé par le pape pour faire rentrer le duc de Bourgogne dans mes bonnes graces, allât le voir avant que de venir chez moi.

LE C. BESSARION.

J'avois cru pouvoir suivre l'*usteron proteron* des Grecs ; je savois même par la philosophie, *que ce qui est le premier quant à l'intention, est le dernier quant à l'exécution.*

LOUIS XI.

Oh! laissons là votre philosophie : venons au fait.

LE C. BESSARION.

Je vois en vous toute la barbarie des Latins, chez qui la Grèce désolée, après la prise de Constantinople, essaie en vain de défricher l'esprit et les lettres.

LOUIS XI.

L'esprit ne consiste que dans le bon sens, et point dans le grec : la raison est dans toutes les langues. Il falloit garder l'ordre, et mettre le seigneur avant le vassal. Les Grecs, que vous vantez tant, n'étoient que des sots, s'ils ne savoient pas ce que savent les hommes les plus grossiers. Mais je ne puis m'empêcher de rire quand je me souviens comment vous voulûtes négocier : dès que je ne convenois pas de vos maximes, vous ne me donniez pour toute raison que des passages de Sophocle, de Lycophron et de Pindare. Je ne sais comment j'ai retenu ces noms, dont je n'avois jamais oui parler qu'à vous : mais je les ai retenus à force d'être choqué de vos citations. Il étoit question des places de la Somme, et vous me citiez un vers de Ménandre ou de Callimaque. Je voulois demeurer uni aux Suisses et au duc de Lorraine contre le duc de Bourgogne, et vous me prouviez par Gorgias et Platon, que ce n'étoit pas mon véritable intérêt. Il s'agissoit de savoir si le roi d'Angleterre seroit pour ou contre moi, vous m'alléguiez l'exemple d'Épaminondas. Enfin vous me consolâtes de n'avoir jamais guere étudié. Je disois en moi-même : Heureux celui qui ne sait point tout ce que les autres ont dit, et qui sait un peu ce qu'il faut dire !

LE C. BESSARION.

Vous m'étonnez par votre mauvais goût. Je croyois que vous aviez assez bien étudié : on m'avoit dit que le roi votre pere vous avoit donné un assez bon précepteur, et qu'ensuite vous aviez pris plaisir en Flandre, chez le duc de Bourgogne, à faire raisonner tous les jours de la philosophie.

LOUIS XI.

J'étois encore bien jeune quand je quittai le roi mon pere et mon précepteur : je passai à la cour de Bourgogne, où l'inquiétude et l'ennui me réduisirent à écouter un peu quelques savants. Mais j'en fus bientôt dégoûté ; ils étoient pédants, imbécilles, comme vous ; ils n'entendoient point les affaires ; ils ne connoissoient point les différents caracteres des hommes ; ils ne savoient ni dissimuler, ni se taire, ni s'insinuer, ni entrer dans les passions d'autrui, ni trouver des ressources dans les difficultés, ni deviner les desseins des autres ; ils étoient vains, indiscrets, disputeurs, toujours occupés de mots et de faits inutiles, pleins de subtilités qui ne persuadent personne, incapables d'apprendre à vivre et de se contraindre. Je ne peux souffrir de tels animaux.

LE C. BESSARION.

Il est vrai que les savants ne sont pas d'ordinaire trop propres à l'action, parcequ'ils aiment le repos des muses; il est vrai aussi qu'ils ne savent guere se contraindre ni dissimuler, parcequ'ils sont au-dessus des passions grossieres des hommes, et de la flatterie que les tyrans demandent.

LOUIS XI.

Allez, grande barbe, pédant hérissé de grec; vous perdez le respect qui m'est dû.

LE C. BESSARION.

Je ne vous en dois point. Le sage, suivant les stoïciens et toute la secte du Portique, est plus roi que vous ne l'avez jamais été par le rang et par la puissance; vous ne le fûtes jamais, comme le sage, par un véritable empire sur vos passions. D'ailleurs vous n'avez plus qu'une ombre de royauté; d'ombre à ombre, je ne vous cede point.

LOUIS XI.

Voyez l'insolence de ce vieux pédant!

LE C. BESSARION.

J'aime encore mieux être pédant que fourbe et tyran du genre humain. Je n'ai pas fait mourir mon frere; je n'ai pas tenu en prison mon fils; je n'ai employé ni le poison ni l'assassinat pour me défaire de mes ennemis; je n'ai point eu une vieillesse affreuse, semblable à celle des tyrans que la Grece a tant détestés. Mais il faut vous excuser : avec beaucoup de finesse et de vivacité, vous aviez beaucoup de choses d'une tête un peu démontée. Ce n'étoit pas pour rien que vous étiez fils d'un homme qui s'étoit laissé mourir de faim, et petit-fils d'un autre qui avoit été renfermé tant d'années. Votre fils même n'a la cervelle guere assurée; et ce sera un grand bonheur pour la France, si la couronne passe après lui dans une branche plus sensée.

LOUIS XI.

J'avoue que ma tête n'étoit pas tout-à-fait bien réglée; j'avois des foiblesses, des visions noires, des emportements furieux : mais j'avois de la pénétration, du courage, de la ressource dans l'esprit, des talents pour gagner les hommes, et pour accroître mon autorité; je savois fort bien laisser à l'écart un pédant inutile à tout, et découvrir les qualités utiles dans les sujets les plus obscurs. Dans les langueurs même de ma derniere maladie, je conservai encore assez de fermeté d'esprit pour travailler à faire une paix avec Maximilien. Il attendoit ma mort, et ne cherchoit qu'à éluder la conclusion : par mes émissaires secrets, je soulevai les Gantois contre lui; je le réduisis à faire malgré lui un traité de paix avec moi, où il me donnoit, pour mon fils, Marguerite sa fille avec trois provinces. Voilà mon chef-d'œuvre de politique dans ces derniers jours où l'on me croyoit fou. Allez, vieux pédant, allez chercher vos Grecs, qui n'ont jamais su autant de politique que moi: allez chercher vos savants, qui ne savent que lire et parler de leurs livres, qui ne savent ni agir ni vivre avec les hommes.

LE C. BESSARION.

J'aime encore mieux un savant qui n'est pas propre aux affaires, et qui ne sait que ce qu'il a lu, qu'un esprit inquiet, artificieux et entreprenant, qui ne peut souffrir ni la justice ni la bonne foi, et qui renverse tout le genre humain.

DIALOGUE LVI.

LOUIS XI et le cardinal DE LA BALUE.

Un méchant prince rend ses sujets traîtres et infideles.

LOUIS XI.

Comment osez-vous, scélérat, vous présenter devant moi après toutes vos trahisons?

DES MORTS.

LE C. DE LA BALUE.

Où voulez-vous donc que je m'aille cacher? Ne suis-je pas assez caché dans la foule des ombres? Nous sommes tous égaux ici-bas.

LOUIS XI.

C'est bien à vous à parler ainsi, vous qui n'étiez que le fils d'un meûnier de Verdun !

LE C. DE LA BALUE.

Hé! c'étoit un mérite auprès de vous que d'être de basse condition : votre compere le prévôt Tristan, votre médecin Coctier, votre barbier Olivier le Diable, étoient vos favoris et vos ministres. Janfredy, avant moi, avoit obtenu la pourpre par votre faveur. Ma naissance valoit à-peu-près celle de ces gens-là.

LOUIS XI.

Aucun d'eux n'a fait des trahisons aussi noires que toi.

LE C. DE LA BALUE.

Je n'en crois rien. S'ils n'avoient pas été de malhonnêtes gens, vous ne les auriez ni bien traités ni employés.

LOUIS XI.

Pourquoi voulez-vous que je ne les aie pas choisis pour leur mérite?

LE C. DE LA BALUE.

Parceque le mérite vous étoit toujours suspect et

odieux; parceque la vertu vous faisoit peur, et que vous n'en saviez faire aucun usage; parceque vous ne vouliez vous servir que d'ames basses et prêtes à entrer dans vos intrigues, dans vos tromperies, dans vos cruautés. Un honnête homme qui auroit eu horreur de tromper et de faire du mal, ne vous auroit été bon à rien, à vous qui ne vouliez que tromper et nuire pour contenter votre ambition sans bornes. Puisqu'il faut parler franchement dans le pays de vérité, j'avoue que j'ai été un malhonnête homme : mais c'étoit par-là que vous m'aviez préféré à d'autres. Ne vous ai-je pas bien servi avec adresse pour jouer les grands et les peuples? Avez-vous trouvé un fourbe plus souple que moi pour tous les personnages?

LOUIS XI.

Il est vrai : mais en trompant les autres pour m'obéir, il ne falloit pas me tromper moi-même : vous étiez d'intelligence avec le pape pour me faire abolir la Pragmatique, sans consulter si cela s'accordoit avec les véritables intérêts de la France.

LE C. DE LA BALUE.

Hé! vous étiez-vous jamais soucié ni de la France, ni de ses véritables intérêts? Vous n'avez jamais regardé que les vôtres; vous vouliez tirer parti du pape. Je n'ai fait que vous servir à votre mode.

DES MORTS.

LOUIS XI.

Mais c'est vous qui me portiez à ne compter pour rien tout ce qui n'étoit pas mon intérêt présent, sans m'embarrasser de celui de ma couronne même, à laquelle étoit attachée ma véritable grandeur.

LE C. DE LA BALUE.

Point: je voulois que vous vendissiez chèrement cette pancarte crasseuse à la cour de Rome. Mais allons plus loin. Quand même je vous aurois trompé, qu'auriez-vous à me dire?

LOUIS XI.

Comment! à vous dire? Je vous trouve bien plaisant. Si nous étions encore vivants, je vous remettrois bien en cage.

LE C. DE LA BALUE.

Ho! j'y ai assez demeuré. Si vous me fâchez, je ne dirai plus mot. Savez-vous que je ne crains guere les mauvaises humeurs d'une ombre de roi? Quoi donc! vous croyez être encore au Plessis-lès-Tours avec vos assassins!

LOUIS XI.

Non, je sais que je n'y suis pas, et bien vous en vaut. Mais enfin je veux bien vous entendre pour la rareté du fait. Çà, prouvez-moi par vives raisons que vous avez dû trahir votre maître.

LE C. DE LA BALUE.

Ce paradoxe vous surprend : mais je m'en vais vous le vérifier à la lettre.

LOUIS XI.

Voyons ce qu'il va dire.

LE C. DE LA BALUE.

N'est-il pas vrai qu'un pauvre fils de meûnier, qui n'a jamais eu d'autre éducation que la cour d'un grand roi, a dû suivre les maximes qui passoient pour les plus utiles et pour les meilleures d'un commun consentement?

LOUIS XI.

Ce que vous dites a quelque vraisemblance.

LE C. DE LA BALUE.

Mais répondez oui ou non sans vous fâcher.

LOUIS XI.

Je n'ose nier une chose qui paroît si bien fondée, ni avouer ce qui peut m'embarrasser par ses conséquences.

LE C. DE LA BALUE.

Je vois bien qu'il faut que je prenne votre silence pour un aveu forcé. La maxime fondamentale de tous vos conseils, que vous avez répandue dans toute votre cour, étoit de faire tout pour vous seul. Vous ne comptiez pour rien les princes de votre sang, ni la reine que vous teniez captive et éloignée, ni le dauphin que vous éleviez dans l'ignorance et en prison, ni le royaume que vous désoliez par votre politique dure et cruelle, aux intérêts duquel vous préfériez sans cesse la jalousie pour l'autorité tyrannique; vous ne comptiez même pour rien les favoris et les ministres les plus affidés dont vous vous serviez pour tromper les autres. Vous n'en avez jamais aimé aucun, et ne vous êtes jamais confié à aucun d'eux que pour le besoin : vous cherchiez à les tromper à leur tour comme le reste des hommes ; vous étiez prêt à les sacrifier sur le moindre ombrage, ou pour la moindre utilité. On n'avoit jamais un seul moment d'assuré avec vous : vous vous jouiez de la vie des hommes. Vous n'aimiez personne : qui vouliez-vous qui vous aimât? Vous vouliez tromper tout le monde : qui vouliez-vous qui se livrât à vous de bonne foi, de bonne amitié et sans intérêt? Cette fidélité désintéressée, où l'aurions-nous apprise? la méritiez-vous? l'espériez-vous? la pouvoit-on pratiquer auprès de vous et dans votre cour? Auroit-on pu durer huit jours chez vous avec un cœur droit et sincere? N'étoit-on pas forcé d'être un frippon dès qu'on vous approchoit? n'étoit-on pas déclaré scélérat dès qu'on parvenoit à votre faveur, puisqu'on n'y parvenoit jamais que par la scélératesse? Ne deviez-vous pas le tenir pour dit? Si on avoit voulu conserver quelque honneur et quelque conscience, on se seroit bien gardé d'être connu de vous : on seroit allé au bout du monde plutôt que de vivre à votre service. Dès qu'on est frippon, on l'est pour tout le monde. Voudriez-vous qu'une ame que vous avez gangrénée, et à qui vous n'avez inspiré que la scélératesse pour tout le genre humain, n'ait jamais que vertu pure et sans tache, que fidélité désintéressée et héroïque pour vous seul? Étiez-vous assez dupe pour le penser? Ne comptiez-vous pas que tous les hommes seroient pour vous comme vous pour eux? Quand même on auroit été bon et sincere pour tous les autres hommes, on auroit été forcé de devenir faux et méchant à votre égard en vous trahissant. Je n'ai donc fait que suivre vos leçons, que marcher sur vos traces, que vous rendre ce que vous donniez tous les jours, que faire ce que vous attendiez de moi, que prendre pour le principe de ma conduite le principe que vous regardiez comme le seul qui doit animer tous les hommes. Vous auriez méprisé un homme qui auroit connu d'autre intérêt que le sien propre. Je n'ai pas voulu mériter votre mépris; et j'ai mieux aimé vous tromper, que d'être un sot selon vos principes.

LOUIS XI.

J'avoue que votre raisonnement me presse et

m'incommode. Mais pourquoi vous entendre avec mon frere le duc de Guienne, et avec le duc de Bourgogne mon plus cruel ennemi?

LE C. DE LA BALUE.

C'est parcequ'ils étoient vos plus dangereux ennemis que je me liai avec eux, pour avoir une ressource contre vous, si votre jalousie ombrageuse vous portoit à me perdre. Je savois que vous compteriez sur mes trahisons, et que vous pourriez les croire sans fondement : j'aimois mieux vous trahir pour me sauver de vos mains, que périr dans vos mains sur des soupçons sans vous avoir trahi. Enfin j'étois bien aise, selon vos maximes, de me faire valoir dans les deux partis, et de tirer de vous dans l'embarras des affaires la récompense de mes services, que vous ne m'auriez jamais accordée de bonne grace dans un temps de paix. Voilà ce que doit attendre de ses ministres un prince ingrat, défiant, trompeur, qui n'aime que lui.

LOUIS XI.

Mais voici tout de même ce que doit attendre un traître qui vend son roi : on ne le fait pas mourir quand il est cardinal; mais on le tient onze ans en prison, on le dépouille de ses trésors.

LE C. DE LA BALUE.

J'avoue que mon unique faute fut de ne vous

tromper pas avec assez de précaution, et de laisser intercepter mes lettres. Remettez-moi encore dans l'occasion, je vous tromperai encore selon vos mérites : mais je vous tromperai plus subtilement de peur d'être découvert.

DIALOGUE LVII.

LOUIS XI et PHILIPPE DE COMMINES.

Les foiblesses et les crimes des rois ne sauroient être cachés.

LOUIS XI.

L'on dit que vous avez écrit mon histoire.

PH. DE COMMINES.

Il est vrai, sire ; et j'ai parlé en bon domestique.

LOUIS XI.

Mais on assure que vous avez raconté bien des choses dont je me serois passé volontiers.

PH. DE COMMINES.

Cela peut être ; mais en gros j'ai fait de vous un portrait fort avantageux. Voudriez-vous que j'eusse été un flatteur perpétuel, au lieu d'être un historien ?

LOUIS XI.

Vous deviez parler de moi comme un sujet comblé des graces de son maître.

DES MORTS.

PH. DE COMMINES.

C'est le moyen de n'être cru de personne. La reconnoissance n'est pas ce qu'on cherche dans une histoire : au contraire, c'est ce qui la rend suspecte.

LOUIS XI.

Pourquoi faut-il qu'il y ait des gens qui aient la démangeaison d'écrire ! Il faut laisser les morts en paix, et ne flétrir point leur mémoire.

PH. DE COMMINES.

La vôtre étoit étrangement noircie ; j'ai tâché d'adoucir les impressions déja faites ; j'ai relevé toutes vos bonnes qualités ; je vous ai déchargé de toutes les choses odieuses. Que pouvois-je faire de mieux ?

LOUIS XI.

Ou vous taire, ou me défendre en tout. On dit que vous avez représenté toutes mes grimaces, toutes mes contorsions lorsque je parlois tout seul, toutes mes intrigues avec de petites gens. On dit que vous avez parlé du crédit de mon prévôt, de mon médecin, de mon barbier et de mon tailleur ; vous avez étalé mes vieux habits. On dit que vous n'avez pas oublié mes petites dévotions, surtout à la fin de mes jours ; mon empressement à ramasser des reliques, à me faire frotter depuis la tête jusqu'aux pieds de l'huile de la sainte ampoule, et à faire des pélerinages, par où je prétendois toujours avoir été guéri. Vous avez fait mention de ma petite Notre-Dame de plomb, que je baisois dès que je voulois faire un mauvais coup ; enfin de la croix de St. Lo, par laquelle je n'osois jurer sans vouloir garder mon serment, parceque j'aurois cru mourir dans l'année si j'y avois manqué. Tout cela est fort ridicule.

PH. DE COMMINES.

Tout cela n'est-il pas vrai? Pouvois-je le taire?

LOUIS XI.

Vous pouviez n'en rien dire.

PH. DE COMMINES.

Vous pouviez n'en rien faire.

LOUIS XI.

Mais cela étoit fait, et il ne falloit pas le dire.

PH. DE COMMINES.

Mais cela étoit fait, et je ne pouvois pas le cacher à la postérité.

LOUIS XI.

Quoi! ne peut-on pas cacher certaines choses?

PH. DE COMMINES.

Et croyez-vous qu'un roi puisse être caché après sa mort, comme vous cachiez certaines intrigues pendant votre vie? Je n'aurois rien sauvé par mon silence, et je me serois déshonoré. Contentez-vous que je pouvois dire bien pis et être cru, et je ne l'ai pas voulu faire,

LOUIS XI.

Quoi! l'histoire ne doit-elle pas respecter les rois?

PH. DE COMMINES.

Les rois ne doivent-ils pas respecter l'histoire et la postérité, à la censure de laquelle ils ne peuvent échapper? Ceux qui veulent qu'on ne parle pas mal d'eux, n'ont qu'une seule ressource, qui est de bien faire.

DIALOGUE LVIII.

LOUIS XI et CHARLES duc de Bourgogne.

Les méchants qui ne connoissent point la vraie vertu, à force de tromper et se défier des autres, sont trompés eux-mêmes.

LOUIS XI.

Je suis fâché, mon cousin, des malheurs qui vous sont arrivés.

CHARLES DE BOURGOGNE.

C'est vous qui en êtes cause; vous m'avez trompé.

LOUIS XI.

C'est votre orgueil et votre emportement qui vous trompoient. Avez-vous oublié que je vous avertis qu'un homme m'avoit offert de vous faire périr?

CHARLES DE BOURGOGNE.

Je ne pus le croire; je m'imaginai que si la chose

eût été vraie, vous n'auriez pas eu assez de probité pour m'en avertir, et que vous l'aviez inventée pour me faire peur, en me rendant suspects tous ceux dont je me servois: cette fourberie étoit assez de votre caractere, et je n'avois pas grand tort de vous l'attribuer. Qui n'eût pas été trompé comme moi dans une occasion où vous étiez bon et sincere?

LOUIS XI.

Je conviens qu'il n'étoit pas à propos de se fier souvent à ma sincérité; mais encore valoit-il mieux se fier à moi qu'au traître Campobache, qui te vendit six mille écus.

CHARLES DE BOURGOGNE.

Voulez-vous que je parle ici franchement, puisqu'il ne s'agit plus de politique chez Pluton? Nous étions tous deux dans d'étranges maximes; nous ne connoissions, ni vous ni moi, aucune vertu. En cet état, à force de se défier, on persécute souvent les gens de bien; puis on se livre par une espece de nécessité au premier venu; et ce premier venu est d'ordinaire un scélérat qui s'insinue par sa flatterie. Mais, dans le fond, mon naturel étoit meilleur que le vôtre: j'étois prompt, et d'une humeur un peu farouche; mais je n'étois ni trompeur ni cruel comme vous. Avez-vous oublié qu'à la conférence de Conflans vous m'avouâtes que j'étois un vrai gentil-

DES MORTS.

homme, et que je vous avois bien donné la parole que j'avois donnée à l'archevêque de Narbonne?

LOUIS XI.

Bon! c'étoient des paroles flatteuses que je vous dis alors pour vous amuser, et pour vous détacher des autres chefs de la ligue du bien public. Je savois bien qu'en vous louant je vous prendrois pour dupe.

DIALOGUE LIX.

LOUIS XI et LOUIS XII.

La générosité et la bonne foi sont de plus sûres maximes de la politique, que la cruauté et la finesse.

LOUIS XI.

Voilà, si je ne me trompe, un de mes successeurs. Quoique les ombres n'aient plus ici-bas aucune majesté, il me semble que celle-ci pourroit bien être quelque roi de France; car je vois que ces autres ombres la respectent et lui parlent françois. Qui es-tu? dis-le moi, je te prie.

LOUIS XII.

Je suis le duc d'Orléans, devenu roi sous le nom de Louis XII.

LOUIS XI.

Comment as-tu gouverné mon royaume?

LOUIS XII.

Tout autrement que toi. Tu te faisois craindre; je me suis fait aimer. Tu as commencé par charger les peuples; je les ai soulagés, et j'ai préféré leur repos à la gloire de vaincre mes ennemis.

LOUIS XI.

Tu savois donc bien mal l'art de régner. C'est moi qui ai mis mes successeurs dans une autorité sans bornes; c'est moi qui ai dissipé les ligues des princes et des seigneurs; c'est moi qui ai levé des sommes immenses. J'ai découvert les secrets des autres; j'ai su cacher les miens. La finesse, la hauteur et la sévérité, sont les vraies maximes du gouvernement. Tu auras tout gâté, j'en ai grand'peur, et ta mollesse aura détruit tout mon ouvrage.

LOUIS XII.

J'ai montré, par le succès de mes maximes, que les tiennes étoient fausses et pernicieuses. Je me suis fait aimer: j'ai vécu en paix sans manquer de parole, sans répandre de sang, sans ruiner mon peuple. Ta mémoire est odieuse; la mienne est respectée. Pendant ma vie on m'a été fidele; après ma mort on me pleure, et on craint de ne retrouver jamais un aussi bon roi. Quand on se trouve si bien de la générosité et de la bonne foi, on doit bien mépriser la cruauté et la finesse.

LOUIS XI.

Voilà une belle philosophie, que tu auras sans doute apprise dans cette longue prison où l'on m'a dit que tu as langui avant de monter sur le trône.

LOUIS XII.

Cette prison a été moins honteuse, que la tienne de Péronne. Voilà à quoi servent la finesse et la tromperie; on se fait prendre par son ennemi. La bonne foi n'exposeroit pas à de si grands périls.

LOUIS XI.

Mais j'ai su par adresse me tirer des mains du duc de Bourgogne.

LOUIS XII.

Oui, à force d'argent, dont tu corrompis ses domestiques, et en le suivant honteusement à la ruine de tes alliés les Liégeois, qu'il te fallut aller voir périr.

LOUIS XI.

As-tu étendu le royaume comme je l'ai fait? J'ai réuni à la couronne le duché de Bourgogne, le comté de Provence, et la Guienne même.

LOUIS XII.

Je t'entends: tu savois l'art de te défaire d'un frere pour avoir son partage; tu as profité du malheur du duc de Bourgogne, qui courut à sa perte; tu gagnas le conseiller du comte de Provence pour attraper sa succession. Pour moi je me suis contenté d'avoir la Bretagne par une alliance légitime avec l'héritiere de cette maison, que j'aimois, et que j'épousai après la mort de ton fils. D'ailleurs j'ai moins songé à avoir de nouveaux sujets, qu'à rendre fideles et heureux ceux que j'avois déja. J'ai éprouvé même, par les guerres de Naples et de Milan, combien les conquêtes éloignées nuisent à un état.

LOUIS XI.

Je vois bien que tu manquois d'ambition et de génie.

LOUIS XII.

Je manquois de ce génie faux et trompeur qui t'avoit tant décrié, et de cette ambition qui met l'honneur à compter pour rien la sincérité et la justice.

LOUIS XI.

Tu parles trop.

LOUIS XII.

C'est toi qui as souvent trop parlé. As-tu oublié le marchand de Bordeaux établi en Angleterre, et le roi Édouard que tu convias à venir à Paris? Adieu.

DIALOGUE LX.

LE CONNÉTABLE DE BOURBON ET BAYARD.

Il n'est jamais permis de prendre les armes contre sa patrie.

LE CONNÉTABLE.

N'est-ce point le pauvre Bayard que je vois, au pied de cet arbre, étendu sur l'herbe, et percé d'un grand coup? Oui c'est lui-même. Hélas! je le plains. En voilà deux qui périssent aujourd'hui par nos armes, Vandenesse et lui. Ces deux François étoient deux ornements de leur nation par leur courage. Je sens que mon cœur est encore touché pour sa patrie. Mais avançons pour lui parler. Ah! mon pauvre Bayard, c'est avec douleur que je te vois en cet état.

BAYARD.

C'est avec douleur que je vous vois aussi.

LE CONNÉTABLE.

Je comprends bien que tu es fâché de te voir dans mes mains par le sort de la guerre. Mais je ne veux point te traiter en prisonnier; je te veux garder comme un bon ami, et prendre soin de ta guérison comme si tu étois mon propre frere: ainsi tu ne dois point être fâché de me voir.

BAYARD.

Hé ! croyez-vous que je ne sois point fâché d'avoir obligation au plus grand ennemi de la France ? Ce n'est point de ma captivité ni de ma blessure que je suis en peine. Je meurs dans un moment ; la mort va me délivrer de vos mains.

LE CONNÉTABLE.

Non, mon cher Bayard, j'espere que nos soins réussiront à te guérir.

BAYARD.

Ce n'est point là ce que je cherche, et je suis content de mourir.

LE CONNÉTABLE.

Qu'as-tu donc ? Est-ce que tu ne saurois te consoler d'avoir été vaincu et fait prisonnier dans la retraite de Bonnivet ? Ce n'est pas ta faute ; c'est la sienne : les armes sont journalieres. Ta gloire est assez bien établie par tant de belles actions. Les Impériaux ne pourront jamais oublier cette vigoureuse défense de Mézieres contre eux.

BAYARD.

Pour moi je ne puis jamais oublier que vous êtes ce grand connétable, ce prince du plus noble sang qu'il y ait dans le monde, et qui travaille à déchirer de ses propres mains sa patrie et le royaume de ses ancêtres.

LE CONNÉTABLE.

Quoi! Bayard, je te loue, et tu me condamnes! je te plains, et tu m'insultes!

BAYARD.

Si vous me plaignez, je vous plains aussi; et je vous trouve bien plus à plaindre que moi : je sors de la vie sans tache. J'ai sacrifié la mienne à mon devoir; je meurs pour mon pays, pour mon roi, estimé des ennemis de la France, et regretté de tous les bons François. Mon état est digne d'envie.

LE CONNÉTABLE.

Et moi je suis victorieux d'un ennemi qui m'a outragé; je me venge de lui; je le chasse du Milanois; je fais sentir à toute la France combien elle est malheureuse de m'avoir perdu en me poussant à bout : appelles-tu cela être à plaindre?

BAYARD.

Oui, on est toujours à plaindre quand on agit contre son devoir; il vaut mieux périr en combattant pour la patrie, que de la vaincre et de triompher d'elle. Ah! quelle horrible gloire que celle de détruire son propre pays!

LE CONNÉTABLE.

Mais ma patrie a été ingrate après tant de services que je lui avois rendus. Madame m'a fait traiter indignement par un dépit d'amour. Le roi, par foiblesse pour elle, m'a fait une injustice énorme. En me dépouillant de mon bien, on a détaché de moi jusqu'à mes domestiques, Matignon et d'Argouges. J'ai été contraint, pour sauver ma vie, de m'enfuir presque seul : que voulois-tu que je fisse ?

BAYARD.

Que vous souffrissiez toutes sortes de maux, plutôt que de manquer à la France et à la grandeur de votre maison. Si la persécution étoit trop violente, vous pouviez vous retirer ; mais il valoit mieux être pauvre, obscur, inutile à tout, que de prendre les armes contre nous. Votre gloire eût été au comble dans la pauvreté et dans le plus misérable exil.

LE CONNÉTABLE.

Mais ne vois-tu pas que la vengeance s'est jointe à l'ambition pour me jeter dans cette extrémité ? J'ai voulu que le roi se repentît de m'avoir traité si mal.

BAYARD.

Il falloit l'en faire repentir par une patience à toute épreuve, qui n'est pas moins la vertu d'un héros que le courage.

LE CONNÉTABLE.

Mais le roi étant si injuste et si aveuglé par sa mere, meritoit-il que j'eusse de si grands égards pour lui ?

BAYARD.

Si le roi ne le méritoit pas, la France entiere le

méritoit. La dignité même de la couronne dont vous êtes un des héritiers, le méritoit. Vous vous deviez à vous-même d'épargner la France, dont vous pouvez être un jour roi.

LE CONNÉTABLE.

Hé bien! j'ai tort, je l'avoue ; mais ne sais-tu pas combien les meilleurs cœurs ont de peine à résister à leur ressentiment?

BAYARD.

Je le sais bien : mais le vrai courage consiste à résister. Si vous connoissez votre faute, hâtez-vous de la réparer. Pour moi je meurs ; et je vous trouve plus à plaindre dans vos prospérités, que moi dans mes souffrances. Quand l'empereur ne vous tromperoit pas, quand même il vous donneroit sa sœur en mariage, et qu'il partageroit la France avec vous, il n'effaceroit point la tache qui déshonore votre vie. Le connétable de Bourbon rebelle! ah! quelle honte! Écoutez Bayard mourant comme il a vécu, et ne cessant de dire la vérité.

DIALOGUE LXI.

Henri VII et Henri VIII d'Angleterre.

HENRI VII.

Hé bien! mon fils, comment avez-vous régné après moi?

HENRI VIII.

Heureusement et avec gloire pendant trente-huit ans.

HENRI VII.

Cela est beau! Mais encore, les autres ont-ils été aussi contents de vous que vous le paroissez de vous-même?

HENRI VIII.

Je ne dis que la vérité. Il est vrai que c'est vous qui êtes monté sur le trône par votre courage et par votre adresse; vous me l'avez laissé paisible: mais aussi que n'ai-je point fait! J'ai tenu l'équilibre entre les deux plus grandes puissances de l'Europe, François Ier et Charles-Quint. Voilà mon ouvrage au dehors. Pour le dedans, j'ai délivré l'Angleterre de la tyrannie papale, et j'ai changé la religion, sans que personne ait osé résister. Après avoir fait un tel renversement, mourir en paix dans son lit, c'est une belle et glorieuse fin.

HENRI VII.

Mais j'avois oui dire que le pape vous avoit donné le titre de défenseur de l'église à cause d'un livre que vous aviez fait contre les sentiments de Luther. D'où vient que vous avez ensuite changé?

HENRI VIII.

J'ai reconnu combien l'église romaine étoit injuste et superstitieuse.

HENRI VII.

Vous a-t-elle traversé dans quelque dessein?

HENRI VIII.

Oui. Je voulois me démarier. Cette Aragonoise me déplaisoit : je voulois épouser Anne de Boulen. Le pape Clément VII commit le cardinal Campegge pour cette affaire. Mais de peur de fâcher l'empereur, neveu de Catherine, il ne vouloit que m'amuser : Campegge demeura près d'un an à aller d'Italie en France.

HENRI VII.

Hé bien! que fîtes-vous?

HENRI VIII.

Je rompis avec Rome, je me moquai de ses censures, j'épousai Anne de Boulen, et je me fis chef de l'église anglicane.

HENRI VII.

Je ne m'étonne plus si j'ai vu tant de gens qui étoient sortis du monde fort mécontents de vous.

HENRI VIII.

On ne peut faire de si grands changements sans quelque rigueur.

HENRI VII.

J'entends dire de tout côté que vous avez été léger, inconstant, lascif, cruel et sanguinaire.

HENRI VIII.

Ce sont les papistes qui m'ont décrié.

HENRI VII.

Laissons là les papistes ; mais venons au fait. N'avez-vous pas eu six femmes, dont vous avez répudié la premiere sans fondement, fait mourir la seconde, fait ouvrir le ventre à la troisieme pour sauver son enfant, fait mourir la quatrieme, répudié la cinquieme, et choisi si mal la derniere, qu'elle se remaria avec l'amiral peu de jours après votre mort?

HENRI VIII.

Tout cela est vrai ; mais si vous saviez quelles étoient ces femmes, vous me plaindriez au lieu de me condamner : l'Aragonoise étoit laide et ennuyeuse dans sa vertu ; Anne de Boulen étoit une coquette scandaleuse ; Jeanne Seymour ne valoit guere mieux ; N. Howard étoit très corrompue ; la

princesse de Cleves étoit une statue sans agrément ;
la derniere m'avoit paru sage, mais elle a montré
après ma mort que je m'étois trompé. J'avoue que
j'ai été la dupe de ces femmes.

HENRI VII.

Si vous aviez gardé la vôtre, tous ces malheurs
ne vous seroient jamais arrivés : il est visible que Dieu
vous a puni. Mais combien de sang avez-vous répandu ! on parle de plusieurs milliers de personnes
que vous avez fait mourir pour la religion, parmi
lesquelles on compte beaucoup de nobles prélats et
de religieux.

HENRI VIII.

Il l'a bien fallu, pour secouer le joug de Rome.

HENRI VII.

Quoi ! pour soutenir la gageure, pour maintenir
votre mariage avec cette Anne de Boulen que vous
avez jugée vous-même digne du supplice !

HENRI VIII.

Mais j'avois pris le bien des églises, que je ne
pouvois rendre.

HENRI VII.

Bon ! vous voilà bien justifié de votre schisme par
vos mariages ridicules et par le pillage des églises !

HENRI VIII.

Puisque vous me pressez tant, je vous dirai tout.

J'étois passionné pour les femmes ; et, volage dans mes amours, j'étois aussi prompt à me dégoûter qu'à prendre une inclination. D'ailleurs j'étois né jaloux, soupçonneux, inconstant, âpre sur l'intérêt. Je trouvai que les chefs de l'église anglicane flattoient mes passions et autorisoient ce que je voulois faire : le cardinal Wolsey, archevêque d'Yorck, m'encouragea à répudier Catherine d'Aragon ; Cranmer, archevêque de Cantorbery, me fit faire tout ce que j'ai fait pour Anne de Boulen et contre l'église romaine. Mettez-vous en la place d'un pauvre prince violemment tenté par les passions et flatté par les prélats.

HENRI VII.

Hé bien ! ne saviez-vous pas qu'il n'y avoit rien de si lâche ni de si prostitué que ces deux prélats, et qu'ils ne s'étoient attachés à la cour que par ambition ? Il falloit les renvoyer dans leurs dioceses, et consulter des gens de bien. Les laïques sages et bons politiques ne vous auroient jamais conseillé, pour la sûreté même de votre royaume, de changer l'ancienne religion, et de diviser vos sujets en plusieurs communions opposées. N'est-il pas ridicule que vous vous plaigniez de la tyrannie du pape, et que vous vous fassiez pape en sa place ; que vous vouliez réformer l'église anglicane, et que cette réforme aboutisse à autoriser tous vos mariages monstrueux, et à piller tous les biens consacrés ?

Vous n'avez achevé cet horrible ouvrage qu'en trempant vos mains dans le sang des personnes les plus vertueuses. Vous avez rendu votre mémoire à jamais odieuse, et vous avez laissé dans l'état une source de division éternelle. Voilà ce que c'est que d'écouter ses passions et de méchants prêtres. Je ne dis point ceci par dévotion, vous savez que ce n'est pas là mon caractere; je ne parle qu'en politique, comme si la religion étoit à compter pour rien. Mais, à ce que je vois, vous n'avez jamais fait que du mal.

HENRI VIII.

Je n'ai pu éviter d'en faire. Le cardinal Renaud de la Poule [1] fit contre moi avec les papistes une conspiration. Il fallut bien punir les conjurés pour la sûreté de ma vie.

HENRI VII.

Hé! voilà le malheur qu'il y a à entreprendre des choses injustes. Quand on les a commencées, on les veut soutenir. On passe pour tyran, on est exposé aux conjurations. On soupçonne des innocents qu'on fait périr. On trouve des coupables, et on les a faits tels; car le prince qui gouverne mal met ses sujets en tentation de lui manquer de fidélité. En cet état un roi est malheureux et digne de l'être; il a tout à craindre; il n'a pas un moment de libre ni d'assuré:

---

[1] Plus connu sous le nom de cardinal Polus.

il faut qu'il répande du sang; plus il en répand, plus il est odieux et exposé aux conjurations. Mais enfin, voyons ce que vous avez fait de louable.

HENRI VIII.

J'ai tenu la balance égale entre François Ier et Charles-Quint.

HENRI VII.

Chose bien difficile ! Encore n'avez-vous pas su faire ce personnage. Wolsey vous jouoit pour plaire à Charles-Quint, dont il étoit la dupe, et qui lui promettoit de le faire pape. Vous avez entrepris de faire des descentes en France, et n'avez eu aucune application pour y réussir. Vous n'avez suivi aucune négociation. Vous n'avez su faire ni la paix ni la guerre. Il ne tenoit qu'à vous d'être l'arbitre de l'Europe, et de vous faire donner des places des deux côtés; mais vous n'étiez capable ni de fatigue, ni de patience, ni de modération, ni de fermeté. Il ne vous falloit que vos maîtresses, des favoris, des divertissements; vous n'avez montré de vigueur que contre la religion, et en exerçant votre cruauté pour contenter vos passions honteuses. Hélas! mon fils, vous êtes une étrange leçon pour tous les rois qui viendront après vous.

DIALOGUE LXII.

LOUIS XII et FRANÇOIS Ier.

Il vaut mieux être pere de la patrie en gouvernant son royaume en paix, que d'être grand conquérant.

LOUIS XII.

Mon cher cousin, dites-moi des nouvelles de la France. J'ai toujours aimé mes sujets comme mes enfants. J'avoue que j'en suis en peine. Vous étiez bien jeune en toute maniere quand je vous laissai la couronne. Comment avez-vous gouverné mon pauvre royaume?

FRANÇOIS I.

J'ai eu quelques malheurs; mais si vous voulez que je vous parle franchement, mon regne a donné à la France bien plus d'éclat que le vôtre.

LOUIS XII.

Ô mon Dieu! c'est cet éclat que j'ai toujours craint. Je vous ai connu dès votre enfance d'un naturel à ruiner les finances, à hasarder tout pour la guerre, à ne rien soutenir avec patience, à renverser le bon ordre au-dedans de l'état, et à tout gâter pour faire parler de vous.

FRANÇOIS I.

C'est ainsi que les vieilles gens sont toujours préoccupés contre ceux qui doivent être leurs successeurs. Mais voici le fait. J'ai soutenu une horrible guerre contre Charles-Quint empereur et roi d'Espagne. J'ai gagné en Italie les fameuses batailles de Marignan contre les Suisses, et de Cerisoles contre les Impériaux. J'ai vu le roi d'Angleterre ligué avec l'empereur contre la France; et j'ai rendu leurs efforts inutiles. J'ai cultivé les sciences. J'ai mérité d'être immortalisé par les gens de lettres. J'ai fait revivre le siecle d'Auguste au milieu de ma cour. J'y ai mis la magnificence, la politesse, l'érudition et la galanterie: avant moi tout étoit grossier, pauvre, ignorant, gaulois. Enfin je me suis fait nommer le pere des lettres.

LOUIS XII.

Cela est beau, et je ne veux point en diminuer la gloire : mais j'aimerois mieux encore que vous eussiez été le pere du peuple, que le pere des lettres. Avez-vous laissé les François dans la paix et dans l'abondance ?

FRANÇOIS I.

Non; mais mon fils, qui est jeune, soutiendra la guerre, et ce sera à lui à soulager enfin les peuples épuisés. Vous les ménagiez plus que moi : mais aussi vous faisiez foiblement la guerre.

LOUIS XII.

Vous l'avez donc faite sans doute avec de grands succès. Quelles sont vos conquêtes? Avez-vous pris le royaume de Naples?

FRANÇOIS I.

Non, j'ai eu d'autres expéditions à faire.

LOUIS XII.

Du moins vous avez conservé le Milanois.

FRANÇOIS I.

Il m'est arrivé bien des accidents imprévus.

LOUIS XII.

Quoi donc? Charles-Quint vous l'a enlevé? Avez-vous perdu quelque bataille? Parlez : vous n'osez tout dire.

FRANÇOIS I.

J'y fus pris dans une bataille à Pavie.

LOUIS XII.

Comment! pris? Hélas! en quel abyme s'est-il jeté par de mauvais conseils! C'est donc ainsi que vous m'avez surpassé à la guerre! Vous avez replongé la France dans les malheurs qu'elle souffrit sous le roi Jean. Ô pauvre France, que je te plains! Je l'avois bien prévu. Hé bien! je vous entends; il a fallu rendre des provinces entieres, et payer des sommes immenses. Voilà à quoi aboutirent ce faste, cette hauteur, cette témérité, cette ambition. Et la justice.....comment va-t-elle?

FRANÇOIS I.

Elle m'a donné de grandes ressources. J'ai vendu les charges de magistrature.

LOUIS XII.

Et les juges qui les ont achetées ne vendront-ils pas à leur tour la justice? Mais tant de sommes levées sur le peuple ont-elles été bien employées pour lever et faire subsister les armées avec économie?

FRANÇOIS I.

Il en a fallu une partie pour la magnificence de ma cour.

LOUIS XII.

Je parie que vos maîtresses y ont eu une plus grande part que les meilleurs officiers d'armée: si bien donc que le peuple est ruiné, la guerre encore allumée, la justice vénale, la cour livrée à toutes les folies des femmes galantes, tout l'état en souffrance. Voilà ce regne si brillant qui a effacé le mien. Un peu de modération vous auroit fait bien plus d'honneur.

FRANÇOIS I.

Mais j'ai fait plusieurs grandes choses qui m'ont fait louer comme un héros. On m'appelle le grand roi François.

LOUIS XII.

C'est-à-dire que vous avez été flatté pour votre argent, et que vous vouliez être héros aux dépens de l'état, dont la seule prospérité devoit faire toute votre gloire.

FRANÇOIS I.

Non, les louanges qu'on m'a données étoient sinceres.

LOUIS XII.

Hé! y a-t-il quelque roi si foible et si corrompu à qui on n'ait pas donné autant de louanges que vous en avez reçu? Donnez-moi le plus indigne de tous les princes, on lui donnera tous les éloges qu'on vous a donnés. Après cela achetez des louanges par tant de sang, et par tant de sommes qui ruinent un royaume!

FRANÇOIS I.

Du moins j'ai eu la gloire de me soutenir avec constance dans mes malheurs.

LOUIS XII.

Vous auriez mieux fait de ne vous mettre jamais dans le besoin de faire éclater cette constance : le peuple n'avoit que faire de cet héroïsme. Le héros ne s'est-il point ennuyé en prison?

FRANÇOIS I.

Oui, sans doute, et j'achetai la liberté bien chèrement.

DIALOGUE LXIII.

CHARLES-QUINT et un jeune MOINE de saint Just.

On cherche souvent la solitude par inquiétude; et ceux qui sont accoutumés au fracas du monde ne sauroient s'accoutumer à la retraite.

CHARLES-QUINT.

Allons, mon frere, il est temps de se lever; vous dormez trop pour un jeune novice qui doit être fervent.

LE MOINE.

Quand voulez-vous que je dorme, sinon pendant que je suis jeune? Le sommeil n'est point incompatible avec la ferveur.

CHARLES-QUINT.

Quand on aime l'office, on est bientôt éveillé.

LE MOINE.

Oui, quand on est à l'âge de votre majesté; mais au mien on dort tout debout.

CHARLES-QUINT.

Hé bien! mon frere, c'est aux gens de mon âge à éveiller la jeunesse trop endormie.

LE MOINE.

Est-ce que vous n'avez plus rien de meilleur à

faire ? Après avoir si long-temps troublé le repos du monde entier, ne sauriez-vous me laisser le mien ?

CHARLES-QUINT.

Je trouve qu'en se levant ici de bon matin, on est encore bien en repos dans cette profonde solitude.

LE MOINE.

Je vous entends, sacrée majesté : quand vous vous êtes levé ici de bon matin, vous y trouvez la journée bien longue : vous êtes accoutumé à un plus grand mouvement. Avouez-le sans façon, vous vous ennuyez de n'avoir ici qu'à prier Dieu, qu'à monter vos horloges, et qu'à éveiller de pauvres novices qui ne sont pas coupables de votre ennui.

CHARLES-QUINT.

J'ai ici douze domestiques que je me suis réservés.

LE MOINE.

C'est une triste conversation pour un homme qui étoit en commerce avec toutes les nations connues.

CHARLES-QUINT.

J'ai un petit cheval pour me promener dans ce beau vallon orné d'orangers, de myrtes, de grenadiers, de lauriers et de mille fleurs, au pied de ces belles montagnes de l'Estramadure, couvertes de troupeaux innombrables.

LE MOINE.

Tout cela est beau ; mais tout cela ne parle point. Vous voudriez un peu de bruit et de fracas.

CHARLES-QUINT.

J'ai cent mille écus de pension.

LE MOINE.

Assez mal payés. Le roi votre fils n'en a guere de soin.

CHARLES-QUINT.

Il est vrai qu'on oublie bientôt les gens qui se sont dépouillés et dégradés.

LE MOINE.

Ne comptiez-vous pas là-dessus quand vous avez quitté vos couronnes?

CHARLES-QUINT.

Je vois bien que cela devoit être ainsi.

LE MOINE.

Si vous avez compté là-dessus, pourquoi vous étonnez-vous de le voir arriver? Tenez-vous-en à votre premier projet : renoncez à tout; oubliez tout; ne desirez plus rien; reposez-vous, et laissez reposer les autres.

CHARLES-QUINT.

Mais je vois que mon fils, après la bataille de Saint-Quentin, n'a pas su profiter de la victoire; il devroit être déja à Paris. Le comte d'Egmont lui a gagné une autre bataille à Gravelines; et il laisse tout perdre. Voilà Calais repris par le duc de Guise sur les Anglois. Voilà ce même duc qui a pris Thionville pour couvrir Metz. Mon fils gouverne mal: il ne suit aucun de mes conseils; il ne me paie point ma pension; il méprise ma conduite et les plus fideles serviteurs dont je me suis servi. Tout cela me chagrine et m'inquiete.

LE MOINE.

Quoi! n'étiez-vous venu chercher le repos dans cette retraite, qu'à condition que le roi votre fils feroit des conquêtes, croiroit tous vos conseils, et acheveroit d'exécuter tous vos projets?

CHARLES-QUINT.

Non, mais je croyois qu'il feroit mieux.

LE MOINE.

Puisque vous avez tout quitté pour être en repos, demeurez-y, quoi qu'il arrive; laissez faire le roi votre fils comme il voudra. Ne faites point dépendre votre tranquillité des guerres qui agitent le monde: vous n'en êtes sorti que pour n'en plus entendre parler. Mais dites la vérité, vous ne connoissiez guere la solitude quand vous l'avez cherchée. C'est par inquiétude que vous avez desiré le repos.

CHARLES-QUINT.

Hélas! mon pauvre enfant, tu ne dis que trop vrai; et Dieu veuille que tu te ne sois pas mécompté comme moi en quittant le monde dans ce noviciat!

DIALOGUE LXIV.

CHARLES-QUINT et FRANÇOIS Ier.

La justice et le bonheur ne se trouvent que dans la bonne foi, la droiture et le courage.

CHARLES-QUINT.

Maintenant que toutes nos affaires sont finies, nous ne ferions pas mal de nous éclaircir sur les déplaisirs que nous nous sommes donnés l'un à l'autre.

FRANÇOIS I.

Vous m'avez fait beaucoup d'injustices et de tromperies, je ne vous ai jamais fait de mal que par les loix de la guerre : mais vous m'avez arraché, pendant que j'étois en prison, l'hommage du comté de Flandre ; le vassal s'est prévalu de la force pour donner la loi à son souverain.

CHARLES-QUINT.

Vous étiez libre de ne renoncer pas.

FRANÇOIS I.

Est-on libre en prison ?

CHARLES-QUINT.

Les hommes foibles n'y sont pas libres : mais quand on a un vrai courage, on est libre par-tout. Si je vous eusse demandé votre couronne, l'ennui de votre prison vous auroit-il réduit à me la céder?

FRANÇOIS I.

Non, sans doute; j'aurois mieux aimé mourir que de faire cette lâcheté : mais pour la mouvance du comté de Flandre, je vous l'abandonnai par ennui, par crainte d'être empoisonné, par le desir de retourner dans mon royaume où tout avoit besoin de ma présence, enfin par l'état de langueur qui me menaçoit d'une mort prochaine. Et en effet, je crois que je serois mort sans l'arrivée de ma sœur.

CHARLES-QUINT.

Non seulement un grand roi, mais un vrai chevalier, aime mieux mourir que de donner une parole, à moins qu'il ne soit résolu de la tenir à quelque prix que ce puisse être. Rien n'est si honteux que de dire qu'on a manqué de courage pour souffrir, et qu'on s'est délivré en manquant de bonne foi. Si vous étiez persuadé qu'il ne vous étoit pas permis de sacrifier la grandeur de votre état à la liberté de votre personne, il falloit savoir mourir en prison, mander à vos sujets de ne plus compter sur vous et de couronner votre fils : vous m'auriez bien embarrassé. Un prisonnier qui a ce courage se met en liberté dans sa prison; il échappe à ceux qui le tiennent.

FRANÇOIS I.

Ces maximes sont vraies. J'avoue que l'ennui et l'impatience m'ont fait promettre ce qui étoit contre l'intérêt de mon état, et que je ne pouvois exécuter ni éluder avec honneur. Mais est-ce à vous à me faire un tel reproche? Toute votre vie n'est-elle pas un continuel manquement de parole? D'ailleurs ma foiblesse ne vous excuse point. Un homme intrépide, il est vrai, se laisse égorger plutôt que de promettre ce qu'il ne peut pas tenir : mais un homme juste n'abuse point de la foiblesse d'un autre homme pour lui arracher, dans sa captivité, une promesse qu'il ne peut ni ne doit exécuter. Qu'auriez-vous fait, si je vous eusse retenu en France, quand vous y passâtes, quelque temps après ma prison, pour aller dans les Pays-Bas? J'aurois pu vous demander la cession des Pays-Bas et du Milanois que vous m'aviez usurpé.

CHARLES-QUINT.

Je passois librement en France sur votre parole; vous n'étiez pas venu librement en Espagne sur la mienne.

FRANÇOIS I.

Il est vrai; je conviens de cette différence : mais comme vous m'aviez fait une injustice dans ma prison en m'arrachant un traité désavantageux, j'aurois pu réparer ce tort en vous arrachant à mon tour un autre traité plus équitable; d'ailleurs je pouvois vous arrêter chez moi, jusqu'à ce que vous m'eussiez restitué mon bien, qui étoit le Milanois.

CHARLES-QUINT.

Attendez; vous joignez plusieurs choses qu'il faut que je démêle. Je ne vous ai jamais manqué de parole à Madrid; et vous m'en auriez manqué à Paris, si vous m'eussiez arrêté sous aucun prétexte de restitution, quelque juste qu'elle pût être. C'étoit à vous à ne me permettre le passage qu'en me demandant le préliminaire de la restitution: mais comme vous ne l'avez pas demandé, vous ne pouviez l'exiger en France sans violer votre promesse. D'ailleurs, croyez-vous qu'il soit permis de repousser la fraude par la fraude? Dès qu'une tromperie en attire une autre, il n'y a plus rien d'assuré parmi les hommes, et les suites funestes de cet engagement vont à l'infini. Le plus sûr pour vous-même est de ne vous venger du trompeur qu'en repoussant toutes ses ruses sans le tromper.

FRANÇOIS I.

Voilà une sublime philosophie, voilà Platon tout pur. Mais je vois bien que vous avez fait vos affaires avec plus de subtilité que moi : mon tort est de m'être fié à vous. Le connétable de Montmorenci aida à me tromper : il me persuada qu'il falloit vous piquer d'honneur, en vous laissant passer sans condition. Vous aviez déja promis de donner l'investiture du duché de Milan au plus jeune de mes trois fils : après votre passage en France, vous retirâtes votre promesse. Si je n'eusse pas cru le connétable, je vous aurois fait rendre le Milanois avant de vous laisser passer dans les Pays-Bas. Jamais je n'ai pu pardonner ce mauvais conseil de mon favori : je le chassai de ma cour.

CHARLES-QUINT.

Plutôt que de rendre le Milanois, j'aurois traversé la mer.

FRANÇOIS I.

Votre santé, la saison, et les périls de la navigation, vous ôtoient cette ressource. Mais enfin, pourquoi me jouer si indignement à la face de toute l'Europe, et abuser de l'hospitalité la plus généreuse ?

CHARLES-QUINT.

Je voulois bien donner le duché de Milan à votre troisieme fils : un duc de Milan de la maison de France ne m'auroit guere plus embarrassé que les autres princes d'Italie. Mais votre second fils, pour lequel vous demandiez cette investiture, étoit trop près de succéder à la couronne ; il n'y avoit entre vous et lui que le dauphin qui mourut. Si j'avois donné l'investiture au second, il se seroit bientôt trouvé tout ensemble roi de France et duc de Milan; par-là toute l'Italie auroit été à jamais dans la servitude. C'est ce que j'ai prévu, et c'est ce que j'ai dû éviter.

FRANÇOIS I.

Servitude pour servitude, ne valoit-il pas mieux rendre le Milanois à son maître, qui étoit moi, que de le retenir dans vos mains sans aucune apparence de droit? Les François, qui n'avoient plus un pouce de terre en Italie, étoient moins à craindre dans le Milanois pour la liberté publique, que la maison d'Autriche revêtue du royaume de Naples et des droits de l'empire sur tous les fiefs qui relevent de lui en ce pays-là. Pour moi je dirai franchement, toute subtilité à part, la différence de nos deux procès: vous aviez toujours assez d'adresse pour mettre les formes de votre côté, et pour me tromper dans le fond; moi, par foiblesse, par impatience ou par légèreté, je ne prenois pas assez de précautions, et les formes étoient contre moi. Ainsi je n'étois trompeur qu'en apparence, et vous l'étiez dans l'essentiel. Pour moi j'ai été assez puni de mes fautes dans le temps où je les ai faites. Pour vous, j'espere que la fausse politique de votre fils me vengera assez de votre injuste ambition. Il vous a contraint de vous dépouiller pendant votre vie. Vous êtes mort dégradé et malheureux, vous qui avez prétendu mettre toute l'Europe dans les fers. Ce fils achevera son ouvrage : sa jalousie et sa défiance abattront toute ambition et toute vertu chez les Espagnols; le mérite, devenu suspect et odieux, n'osera paroître; l'Espagne n'aura plus ni grand capitaine, ni génie élevé dans les négociations, ni discipline militaire, ni bonne police dans les peuples. Ce roi toujours caché et toujours impraticable, comme les rois de l'Orient, abattra le dedans de l'Espagne, et soulevera les nations éloignées qui dépendent de cette monarchie. Ce grand corps tombera de lui-même, et ne servira plus que d'exemple de la vanité des trop grandes fortunes. Un état réuni et médiocre, quand il est bien peuplé, bien policé et bien cultivé pour les arts et pour les sciences utiles, quand il est d'ailleurs gouverné selon les loix avec modération par un prince qui rend lui-même la justice et qui va lui-même à la guerre, promet quelque chose de plus heureux que votre monarchie, qui n'a plus de tête pour réunir le gouvernement. Si vous ne voulez pas m'en croire, attendez un peu; nos arriere-neveux vous en diront des nouvelles.

CHARLES-QUINT.

Hélas! je ne prévois que trop la vérité de vos prédictions. La prévoyance de ces malheurs qui renverseront tous mes ouvrages, m'a découragé et m'a fait quitter l'empire. Cette inquiétude troubloit mon repos dans ma solitude de Saint-Just.

DIALOGUE LXV.

HENRI III ET LA DUCHESSE DE MONTPENSIER.

Ménager les différents partis et les différents esprits d'un royaume, ce n'est pas être hypocrite et fourbe.

HENRI III.

Bon jour, ma cousine. Ne sommes-nous pas raccommodés au moins après notre mort?

LA D. DE MONTPENSIER.

Moins que jamais. Je ne saurois vous pardonner tous vos massacres, et sur-tout le sang de ma famille cruellement répandu.

HENRI III.

Vous m'avez fait plus de mal dans Paris avec votre ligue, que je ne vous en ai fait par les choses que vous me reprochez. Faisons compensation, et soyons bons amis.

LA D. DE MONTPENSIER.

Non, je ne serai jamais amie d'un homme qui a conseillé l'horrible massacre de Blois.

HENRI III.

Mais le duc de Guise m'avoit poussé à bout. Avez-vous oublié la journée des barricades, où il vint faire le roi de Paris et me chasser du Louvre? Je fus contraint de me sauver par les Tuileries et par les feuillants.

LA D. DE MONTPENSIER.

Mais il s'étoit réconcilié avec vous par la médiation de la reine-mere. On dit que vous aviez communié avec lui, en rompant tous une même hostie, et que vous aviez juré sa conservation.

HENRI III.

Mes ennemis ont dit bien des choses sans preuve, pour donner plus de crédit à la ligue. Mais enfin je ne pouvois plus être roi si votre frere n'eût été abattu.

LA D. DE MONTPENSIER.

Quoi! vous ne pouviez plus être roi sans tromper et sans faire assassiner! Quels moyens de maintenir votre autorité! Pourquoi signer l'union? Pourquoi la faire signer à tout le monde aux états de Blois? Il falloit résister courageusement; c'étoit la vraie maniere d'être roi. La royauté bien entendue consiste à demeurer ferme dans la raison, et à se faire obéir.

HENRI III.

Mais je ne pouvois m'empêcher de suppléer à la force par l'adresse et par la politique.

LA D. DE MONTPENSIER.

Vous vouliez ménager les huguenots et les catholiques, et vous vous rendiez méprisable aux uns et aux autres.

HENRI III.

Non, je ne ménageois point les huguenots.

LA D. DE MONTPENSIER.

Les conférences de la reine avec eux, et les soins que vous preniez de les flatter toutes les fois que vous vouliez contrebalancer le parti de l'union, vous rendoient suspect à tous les catholiques.

HENRI III.

Mais d'ailleurs ne faisois-je pas tout ce qui dépendoit de moi pour témoigner mon zele sur la religion?

LA D. DE MONTPENSIER.

Oui, mille grimaces ridicules, et qui étoient démenties par d'autres actions scandaleuses. Aller en masque le mardi-gras, et le jour des cendres à la procession en sac de pénitent avec un grand fouet; porter à votre ceinture un grand chapelet long d'une aune avec des grains qui étoient de petites têtes de mort, et porter en même temps à votre cou un panier pendu à un ruban, qui étoit plein de petits épagneuls, dont vous faisiez tous les ans une dépense de cent mille écus; d'un côté faire des confrairies, des vœux, des pélerinages, des oratoires; vivre avec des feuillants, des minimes, des hiéronymitains, qu'on fait venir d'Espagne, et de l'autre passer sa vie avec ses infâmes mignons; découper, coller des images, et se jeter en même temps dans les curiosités de la magie, dans l'impiété et dans la politique de Machiavel; enfin courir la bague en femme, faire des repas avec vos mignons, où vous étiez servi par des femmes nues et déchevelées, puis faire le dévot, et chercher par-tout des hermitages : quelle disproportion ! Aussi dit-on que votre médecin Miron assuroit que cette humeur noire qui causoit tant de bizarreries, ou vous feroit mourir bientôt, ou vous feroit tomber dans la folie.

HENRI III.

Tout cela étoit nécessaire pour ménager les esprits : je donnois des plaisirs aux gens débauchés, et de la dévotion aux dévots, pour les tenir tous.

LA D. DE MONTPENSIER.

Vous les avez fort bien tenus. C'est ce qui a fait dire que vous n'étiez bon qu'à tondre et à faire moine.

HENRI III.

Je n'ai point oublié ces ciseaux que vous montriez à tout le monde, disant que vous les portiez pour me tondre.

LA D. DE MONTPENSIER.

Vous m'aviez assez outragée pour mériter cette insulte.

HENRI III.

Mais enfin que pouvois-je faire? il falloit ménager tous les partis.

LA D. DE MONTPENSIER.

Ce n'est point les ménager, que de montrer de la foiblesse, de la dissimulation et de l'hypocrisie de tous les côtés.

HENRI III.

Chacun parle bien à son aise : mais on a besoin de bien des gens quand on trouve tant de gens prêts à se révolter.

LA D. DE MONTPENSIER.

Voyez le roi de Navarre votre cousin. Vous avez trouvé tout votre royaume soumis, et vous l'avez laissé tout en feu par une cruelle guerre civile : lui, sans dissimulation, sans massacre ni hypocrisie, a acquis le royaume entier qui refusoit de le reconnoître; il a tenu dans ses intérêts les huguenots en quittant leur religion; il a attiré tous les catholiques, et dissipé la ligue si puissante. Ne cherchez point à vous excuser; les choses ne valent que ce qu'on les fait valoir.

DIALOGUE LXVI.

HENRI III et HENRI IV.

Différence entre un roi qui se fait craindre et haïr par la cruauté et la finesse, et un roi qui se fait aimer par sa sincérité et son désintéressement.

HENRI III.

Hé! mon pauvre cousin, vous voilà tombé dans le même malheur que moi.

HENRI IV.

Ma mort a été violente comme la vôtre. Mais personne ne vous a regretté que vos mignons, à cause des biens immenses que vous répandiez sur eux avec profusion : pour moi toute la France m'a pleuré comme le pere de toutes les familles. On me proposera dans la suite des siecles comme le modele d'un bon et sage roi. Je commençois à mettre le royaume dans le calme, dans l'abondance et dans le bon ordre.

HENRI III.

Quand je fus tué à Saint-Cloud, j'avois déja abattu la ligue; Paris étoit prêt à se rendre : j'aurois bientôt rétabli mon autorité.

HENRI IV.

Mais quel moyen de rétablir votre réputation si noircie? Vous passiez pour un fourbe, un hypocrite, un impie, un homme efféminé et dissolu. Quand on a une fois perdu la réputation de probité et de bonne foi, on n'a jamais une autorité tranquille et assurée. Vous vous étiez défait des deux Guises à Blois; mais vous ne pouviez jamais vous défaire de tous ceux qui avoient horreur de vos fourberies.

HENRI III.

Hé! ne savez-vous pas que l'art de dissimuler est l'art de régner?

HENRI IV.

Voilà les belles maximes que du Guast et quelques autres vous avoient inspirées. L'abbé d'Elbene et les autres Italiens vous avoient mis dans la tête la politique de Machiavel. La reine votre mere vous avoit nourri dans ces sentiments. Mais elle eut bien sujet de s'en repentir; elle eut ce qu'elle méritoit; elle vous avoit appris à être dénaturé, vous le fûtes contre elle.

HENRI III.

Mais quel moyen d'agir sincèrement, et de se confier aux hommes? Ils sont tous déguisés et corrompus.

HENRI IV.

Vous le croyez, parceque vous n'avez jamais vu d'honnêtes gens, et vous ne croyez pas qu'il y en puisse avoir au monde. Mais vous n'en cherchiez pas: au contraire, vous les fuyiez, et ils vous fuyoient; ils vous étoient suspects et incommodes. Il vous falloit des scélérats qui vous inventassent de nouveaux plaisirs, qui fussent capables des crimes les plus noirs, et devant lesquels rien ne vous fît souvenir ni de la religion ni de la pudeur violées. Avec de telles mœurs, on n'a garde de trouver des gens de bien. Pour moi j'en ai trouvé; j'ai su m'en servir dans mon conseil, dans les négociations étrangeres, dans plusieurs charges; par exemple, Sully, Jeannin, d'Ossat, etc,

HENRI III.

A vous entendre parler, on vous prendroit pour un Caton; votre jeunesse a été aussi déréglée que la mienne.

HENRI IV.

Il est vrai, j'ai été inexcusable dans ma passion honteuse pour les femmes : mais, dans mes désordres, je n'ai jamais été ni trompeur, ni méchant, ni impie; je n'ai été que foible. Le malheur m'a beaucoup servi; car j'étois naturellement paresseux et trop adonné aux plaisirs. Si je fusse né roi, je me serois peut-être déshonoré : mais la mauvaise fortune à vaincre, et mon royaume à conquérir, m'ont mis dans la nécessité de m'élever au-dessus de moi-même.

HENRI III.

Combien avez-vous perdu de belles occasions de vaincre vos ennemis, pendant que vous vous amusiez sur le bord de la Garonne à soupirer pour la comtesse de Guiche ! Vous étiez comme Hercule filant auprès d'Omphale.

HENRI IV.

Je ne puis le désavouer : mais Coutras, Ivri, Arques, Fontaine-Françoise, réparent un peu....

HENRI III.

N'ai-je pas gagné les batailles de Jarnac et de Moncontour ?

HENRI IV.

Oui ; mais le roi Henri III soutint mal les espérances qu'on avoit conçues du duc d'Anjou. Henri IV, au contraire, a mieux valu que le roi de Navarre.

HENRI III.

Vous croyez donc que je n'ai point oui parler de la duchesse de Beaufort, de la marquise de Verneuil, de la.... ? Mais je ne puis les compter toutes, tant il y en a eu.

HENRI IV.

Je n'en désavoue aucune, et je passe condamnation : mais je me suis fait aimer et craindre; j'ai détesté cette politique cruelle et trompeuse dont vous étiez si empoisonné, et qui a causé tous vos malheurs; j'ai fait la guerre avec vigueur; j'ai conclu au dehors une solide paix; au dedans j'ai policé l'état, et je l'ai rendu florissant; j'ai rangé les grands à leur devoir, et même les plus insolents favoris; tout cela sans tromper, sans assassiner, sans faire d'injustice, me fiant aux gens de bien, et mettant toute ma gloire à soulager les peuples.

DIALOGUE LXVII.

HENRI IV et le duc DE MAYENNE.

Les malheurs font les grands héros et les bons rois.

HENRI IV.

Mon cousin, j'ai oublié tout le passé, et je suis bien aise de vous voir.

LE DUC DE MAYENNE.

Vous êtes trop bon, sire, d'oublier mes fautes; il n'y a rien que je ne voulusse faire pour en effacer le souvenir.

HENRI IV.

Promenons-nous dans cette allée entre ces deux

canaux; et, en nous promenant, nous parlerons d'affaires.

LE DUC DE MAYENNE.

Je suivrai avec joie votre majesté.

HENRI IV.

Hé bien! mon cousin, je ne suis plus ce pauvre Béarnois qu'on vouloit chasser du royaume. Vous souvenez-vous du temps que nous étions à Arques, et que vous mandiez à Paris que vous m'aviez acculé au bord de la mer, et qu'il faudroit que je me précipitasse dedans pour pouvoir me sauver?

LE DUC DE MAYENNE.

Il est vrai : mais il est vrai aussi que vous fûtes sur le point de céder à la mauvaise fortune, et que vous auriez pris le parti de vous retirer en Angleterre, si Biron ne vous eût représenté les suites d'un tel parti.

HENRI IV.

Vous parlez franchement, mon cousin, et je ne le trouve point mauvais. Allez, ne craignez rien, et dites tout ce que vous avez sur le cœur.

LE DUC DE MAYENNE.

Mais je n'en ai peut-être déja que trop dit; les rois ne veulent point qu'on nomme les choses par leurs noms. Ils sont accoutumés à la flatterie; ils en font une partie de leur grandeur. L'honnête liberté avec laquelle on parle aux autres hommes les blesse; ils ne veulent point qu'on ouvre la bouche que pour les louer et les admirer. Il ne faut pas les traiter en hommes; il faut dire qu'ils sont toujours et par-tout des héros.

HENRI IV.

Vous en parlez si savamment, qu'il paroît bien que vous en avez l'expérience. C'est ainsi que vous étiez flatté et encensé pendant que vous étiez le roi de Paris.

LE DUC DE MAYENNE.

Il est vrai qu'on m'a amusé par beaucoup de vaines flatteries, qui m'ont donné de fausses espérances, et fait faire de grandes fautes.

HENRI IV.

Pour moi j'ai été instruit par mon malheur. De telles leçons sont rudes, mais elles sont bonnes; et il m'en restera toute ma vie d'écouter plus volontiers qu'un autre mes vérités. Dites-les moi donc, mon cher cousin, si vous m'aimez.

LE DUC DE MAYENNE.

Tous nos mécomptes sont venus de l'idée que nous avions conçue de vous dans votre jeunesse. Nous savions que les femmes vous amusoient partout; que la comtesse de Guiche vous avoit fait perdre tous les avantages de la bataille de Coutras; que vous aviez été jaloux de votre cousin le prince de

Condé, qui paroissoit plus ferme, plus sérieux, et plus appliqué que vous aux grandes affaires, et qui avoit un bon esprit, une grande vertu. Nous vous regardions comme un homme mou et efféminé que la reine mere avoit trompé par mille intrigues d'amourettes, qui avoit fait tout ce qu'on avoit voulu dans le temps de la Saint-Barthelemi pour changer de religion, qui s'étoit encore soumis après la conjuration de la Môle à tout ce que la cour desiroit. Enfin nous espérions avoir bon marché de vous. Mais en vérité, sire, je n'en puis plus; me voilà tout en sueur et hors d'haleine. Votre majesté est aussi maigre et aussi légere que je suis gros et pesant. Je ne puis plus la suivre.

HENRI IV.

Il est vrai, mon cousin, que j'ai pris plaisir à vous lasser; mais c'est aussi le seul mal que je vous ferai de ma vie. Achevez ce que vous avez commencé.

LE DUC DE MAYENNE.

Vous nous avez bien surpris, quand nous vous avons vu, à cheval nuit et jour, faire des actions d'une vigueur et d'une diligence incroyable à Cahors, à Lause en Gascogne, à Arques en Normandie, à Ivri, devant Paris, à Arnai-le-Duc et à Fontaine-Françoise. Vous avez su gagner la confiance des catholiques sans perdre les huguenots; vous avez choisi des gens capables et dignes de votre confiance pour les affaires ; vous les avez consultés sans jalousie, et avez su profiter de leurs bons avis sans vous laisser gouverner ; vous nous avez prévenus partout ; vous êtes devenu un autre homme, ferme, vigilant, laborieux, tout à vos devoirs.

HENRI IV.

Je vois bien que ces vérités si hardies que vous me deviez dire se tournent en louanges ; mais il faut revenir à ce que je vous ai dit d'abord, qui est que je dois tout ce que je suis à ma mauvaise fortune. Si je me fusse trouvé d'abord sur le trône, environné de pompe, de délices et de flatteries, je me serois endormi dans les plaisirs ; mon naturel penchoit à la mollesse : mais j'ai senti la contradiction des hommes, et le tort que mes défauts me pouvoient faire ; il a fallu m'en corriger, m'assujettir, me contraindre, suivre de bons conseils, profiter de mes fautes, entrer dans toutes les affaires ; voilà ce qui redresse et forme les hommes.

DIALOGUE LXVIII.

HENRI IV et SIXTE-QUINT.

Les grands hommes s'estiment malgré l'opposition de leurs intérêts.

SIXTE-QUINT.

Il y a long-temps que j'étois curieux de vous voir. Pendant que nous étions tous deux en bonne santé, cela n'étoit guere possible : la mode des conférences entre les papes et les rois étoit déja passée en notre temps. Cela étoit bon pour Léon X et François Ier, qui se virent à Bologne, et pour Clément VII, avec le même roi à Marseille, pour le mariage de Catherine de Médicis. J'aurois été ravi d'avoir de même avec vous une conférence ; mais je n'étois pas libre, et votre religion ne me le permettoit pas.

HENRI IV.

Vous voilà bien radouci : la mort, je le vois bien, vous a mis à la raison. Dites la vérité, vous n'étiez pas de même du temps que je n'étois encore que ce pauvre Béarnois excommunié.

SIXTE-QUINT.

Voulez-vous que je vous parle sans déguisement ? d'abord je crus qu'il n'y avoit qu'à vous pousser à toute extrémité. J'avois par là bien embarrassé votre prédécesseur; aussi le fis-je bien repentir d'avoir osé faire massacrer un cardinal de la sainte église. S'il n'eût fait tuer que le duc de Guise, il en eût eu meilleur marché : mais attaquer la sacrée pourpre, c'étoit un crime irrémissible; je n'avois garde de tolérer un attentat d'une si dangereuse conséquence. Il me parut capital, après la mort de votre cousin, d'user contre vous de rigueur comme contre lui, d'animer la ligue, et de ne laisser point monter sur le trône de France un hérétique : mais bientôt j'apperçus que vous prévaudriez sur la ligue, et votre courage me donna bonne opinion de vous. Il y avoit deux personnes dont je ne pouvois avec aucune bienséance être ami, et que j'aimois naturellement.

HENRI IV.

Qui étoient donc ces deux personnes qui avoient su vous plaire?

SIXTE-QUINT.

C'étoit vous et la reine Élisabeth d'Angleterre.

HENRI IV.

Pour elle, je ne m'étonne pas qu'elle fût selon votre goût. Premièrement elle étoit pape, aussi-bien que vous, étant chef de l'église anglicane : et c'étoit un pape aussi fier que vous; elle savoit se faire craindre et faire voler les têtes. Voilà sans doute ce qui lui a mérité l'honneur de vos bonnes graces,

SIXTE-QUINT.

Cela n'y a pas nui; j'aime les gens vigoureux, et qui savent se rendre maîtres des autres. Le mérite que j'ai reconnu en vous et qui m'a gagné le cœur, c'est que vous avez battu la ligue, ménagé la noblesse, tenu la balance entre les catholiques et les huguenots. Un homme qui sait faire tout cela, est un homme, et je ne le méprise point comme son prédécesseur, qui perdoit tout par sa mollesse, et qui ne se relevoit que par des tromperies. Si j'eusse vécu, je vous aurois reçu à l'abjuration sans vous faire languir. Vous en auriez été quitte pour quelques petits coups de baguette, et pour déclarer que vous receviez la couronne de roi très chrétien de la libéralité du saint-siege.

HENRI IV.

C'est ce que je n'eusse jamais accepté, j'aurois plutôt recommencé la guerre.

SIXTE-QUINT.

J'aime à vous voir cette fierté. Mais, faute d'être assez appuyé de mes successeurs, vous avez été exposé à tant de conjurations, qu'enfin on vous a fait périr.

HENRI IV.

Il est vrai: mais vous, avez-vous été épargné? La cabale espagnole ne vous a pas mieux traité que moi; le fer ou le poison, cela est bien égal. Mais allons voir cette bonne reine que vous aimez tant; elle a su régner tranquillement, et plus long-temps que vous et moi.

DIALOGUE LXIX.

Le cardinal DE RICHELIEU et le cardinal XIMÉNÈS.

La vertu vaut mieux que la naissance.

LE C. XIMÉNÈS.

Maintenant que nous sommes ensemble, je vous conjure de me dire s'il est vrai que vous avez songé à m'imiter.

LE C. DE RICHELIEU.

Point. J'étois trop jaloux de la bonne gloire, pour vouloir être la copie d'un autre. J'ai toujours montré un caractere hardi et original.

LE C. XIMÉNÈS.

J'avois oui dire que vous aviez pris la Rochelle, comme moi Oran; abattu les huguenots, comme je renversai les Maures de Grenade pour les convertir; protégé les lettres, abaissé l'orgueil des grands, relevé l'autorité royale, établi la Sorbonne comme mon université d'Alcala de Hénarès, et même profité de la faveur de la reine Marie de Médicis, comme je fus élevé par celle d'Isabelle de Castille.

LE C. DE RICHELIEU.

Il est vrai qu'il y a entre nous certaines ressemblances que le hasard a faites : mais je n'ai envisagé aucun modele ; je me suis contenté de faire les choses que le temps et les affaires m'ont offertes pour la gloire de la France. D'ailleurs nos conditions étoient bien différentes. J'étois né à la cour ; j'y avois été nourri dès ma plus grande jeunesse ; j'étois évêque de Luçon et secrétaire d'état, attaché à la reine et au maréchal d'Ancre. Tout cela n'a rien de commun avec un moine obscur et sans appui, qui n'entre dans le monde et dans les affaires qu'à soixante ans.

LE C. XIMÉNÈS.

Rien ne me fait plus d'honneur que d'y être entré si tard. Je n'ai jamais eu de vues d'ambition, ni d'empressement : je comptois achever dans le cloître ma vie déja bien avancée. Le cardinal de Mendozza, archevêque de Tolede, me fit confesseur de la reine ; et la reine, prévenue pour moi, me fit successeur de ce cardinal pour l'archevêché de Tolede, contre le desir du roi, qui vouloit y mettre son bâtard ; ensuite je devins le principal conseil de la reine dans ses peines à l'égard du roi. J'entrepris la conversion de Grenade après que Ferdinand en eut fait la conquête. La reine mourut. Je me trouvai entre Ferdinand et son gendre Philippe d'Autriche. Je rendis de grands services à Ferdinand après la mort de Philippe. Je procurai l'autorité au beau-pere. J'administrai les affaires, malgré les grands, avec vigueur. Je fis ma conquête d'Oran, où j'étois en personne, conduisant tout, et n'ayant point là de roi qui eût part à cette action, comme vous à la Rochelle et au pas de Suse. Après la mort de Ferdinand, je fus régent dans l'absence du jeune prince Charles ; c'est moi qui empêchai les communautés d'Espagne de commencer la révolte, qui arriva après ma mort : je fis changer le gouverneur et les officiers du second infant Ferdinand, qui vouloient le faire roi au préjudice de son frere aîné. Enfin je mourus tranquille, ayant perdu toute autorité par l'artifice des Flamands qui avoient prévenu le roi Charles contre moi. En tout cela je n'ai jamais fait aucun pas vers la fortune ; les affaires me sont venues trouver, et je n'y ai regardé que le bien public. Cela est plus honorable que d'être né à la cour, fils d'un grand-prévôt, chevalier de l'ordre.

LE C. DE RICHELIEU.

La naissance ne diminue jamais le mérite des grandes actions.

DES MORTS.

LE C. XIMÉNÈS.

Non; mais puisque vous me poussez, je vous dirai que le désintéressement et la modération valent mieux qu'un peu de naissance.

LE C. DE RICHELIEU.

Prétendez-vous comparer votre gouvernement au mien? Avez-vous changé le systême du gouvernement de toute l'Europe? J'ai abattu cette maison d'Autriche que vous avez servie, mis dans le cœur de l'Allemagne un roi de Suede victorieux, révolté la Catalogne, relevé le royaume de Portugal usurpé par les Espagnols, rempli la chrétienté de mes négociations.

LE C. XIMÉNÈS.

J'avoue que je ne dois point comparer mes négociations aux vôtres : mais j'ai soutenu toutes les affaires les plus difficiles de Castille avec fermeté, sans intérêt, sans ambition, sans vanité, sans foiblesse. Dites-en autant, si vous le pouvez.

DIALOGUE LXX.

La reine MARIE DE MÉDICIS et le cardinal DE RICHELIEU.

LE C. DE RICHELIEU.

NE puis-je pas espérer, madame, de vous appaiser en me justifiant au moins après ma mort?

LA REINE.

Ôtez-vous de devant moi, ingrat, perfide, scélérat, qui m'avez brouillée avec mon fils, et qui m'avez fait finir une vie misérable hors du royaume. Jamais domestique n'a dû tant de bienfaits à sa maîtresse, et ne l'a traitée si indignement.

LE C. DE RICHELIEU.

Je n'aurois jamais perdu votre confiance, si vous n'aviez pas écouté des brouillons. Bérulle, la du Fargis, les Marillac, ont commencé. Ensuite vous vous êtes livrée au P. Chanteloube, à St. Germain de Mourgues, et à Fabroni, qui étoient des têtes mal faites et dangereuses. Avec de telles gens, vous n'aviez pas moins de peine à bien vivre avec monsieur à Bruxelles, qu'avec le roi à Paris. Vous ne pouviez plus supporter ces beaux conseillers, et vous n'aviez pas le courage de vous en défaire.

DES MORTS.

LA REINE.

Je les aurois chassés pour me raccommoder avec le roi mon fils. Mais il falloit faire des bassesses, revenir sans autorité, et subir votre joug tyrannique : j'aimois mieux mourir.

LE C. DE RICHELIEU.

Ce qui étoit le plus bas et le moins digne de vous, c'étoit de vous unir à la maison d'Autriche, dans des négociations publiques, contre l'intérêt de la France. Il auroit mieux valu vous soumettre au roi votre fils : mais Fabroni vous en détournoit toujours par des prédictions.

LA REINE.

Il est vrai qu'il m'assuroit toujours que la vie du roi ne seroit pas longue.

LE C. DE RICHELIEU.

C'étoit une prédiction bien facile à faire : la santé du roi étoit très mauvaise, et il la gouvernoit très mal. Mais votre astrologue auroit dû vous prédire que vous vivriez encore moins que le roi. Les astrologues ne disent jamais tout, et leurs prédictions ne font jamais prendre des mesures justes.

LA REINE.

Vous vous moquez de Fabroni, comme un homme qui n'auroit jamais été crédule sur l'astrologie judiciaire. N'aviez-vous pas de votre côté le

P. Campanelle qui vous flattoit par ses horoscopes?

LE C. DE RICHELIEU.

Au moins le P. Campanelle disoit la vérité : car il me promettoit que monsieur ne régneroit jamais, et que le roi auroit un fils qui lui succéderoit. Le fait est arrivé, et Fabroni vous a trompée.

LA REINE.

Vous justifiez par ce discours l'astrologie judiciaire et ceux qui y ajoutent foi : car vous reconnoissez la vérité des prédictions du P. Campanelle. Si un homme instruit comme vous, et qui se piquoit d'être un si fort génie, a été si crédule sur les horoscopes, faut-il s'étonner qu'une femme l'ait été aussi? Ce qu'il y a de vrai et de plaisant, c'est que, dans l'affaire la plus sérieuse et la plus importante de toute l'Europe, nous nous déterminions de part et d'autre, non sur les vraies raisons de l'affaire, mais sur les promesses de nos astrologues. Je ne voulois point revenir, parcequ'on me faisoit toujours attendre la mort du roi; et vous, de votre côté, vous ne craigniez point de tomber dans mes mains ou dans celles de monsieur à la mort du roi, parceque vous comptiez sur l'horoscope qui vous répondoit de la naissance d'un dauphin. Quand on veut faire le grand homme, on affecte de mépriser l'astrologie : mais quoiqu'on fasse en public l'esprit fort, on est curieux et crédule en secret.

LE C. DE RICHELIEU.

C'est une foiblesse indigne d'une bonne tête. L'astrologie est la cause de tous vos malheurs, et a empêché votre réconciliation avec le roi. Elle a fait autant de mal à la France qu'à vous; c'est une peste dans toutes les cours. Les biens qu'elle promet ne servent qu'à enivrer les hommes, et qu'à les endormir par de vaines espérances : les maux dont elle menace ne peuvent point être évités par la prédiction, et rendent par avance une personne malheureuse. Il vaut donc mieux ignorer l'avenir, quand même on pourroit en découvrir quelque chose par l'astrologie.

LA REINE.

J'étois née italienne et au milieu des horoscopes. J'avois vu en France des prédictions véritables de la mort du roi mon mari.

LE C. DE RICHELIEU.

Il est aisé d'en faire. Les restes d'un dangereux parti songeoient à le faire périr. Plusieurs parricides avoient déja manqué leur coup. Le danger de la vie du roi étoit manifeste. Peut-être que les gens qui abusoient de votre confiance n'en savoient que trop de nouvelles. D'ailleurs, les prédictions viennent après-coup, et on n'en examine guere la date. Chacun est ravi de favoriser ce qui est extraordinaire.

LA REINE.

J'apperçois, en passant, que votre ingratitude s'étend jusques sur le pauvre maréchal d'Ancre, qui vous avoit élevé à la cour. Mais venons au fait. Vous croyez donc que l'astrologie n'a point de fondement? Le P. Campanelle n'a-t-il pas dit la vérité? Ne l'a-t-il pas dite contre la vraisemblance? Quelle apparence que le roi eût un fils après vingt-un ans de mariage sans en avoir? Répondez.

LE C. DE RICHELIEU.

Je réponds que le roi et la reine étoient encore jeunes, et que les médecins, plus dignes d'être crus que les astrologues, comptoient qu'ils pourroient avoir des enfants. De plus, examinez les circonstances. Fabroni, pour vous flatter, assuroit que le roi mourroit bientôt sans enfants. Il avoit d'abord bien pris ses avantages : il prédisoit ce qui étoit le plus vraisemblable. Que restoit-il à faire pour le P. Campanelle? Il falloit qu'il me donnât de son côté de grandes espérances ; sans cela il n'y a pas de l'eau à boire dans ce métier. C'étoit à lui à dire le contraire de Fabroni, et à soutenir la gageure. Pour moi je voulois être sa dupe ; et, dans l'incertitude de l'événement, l'opinion populaire, qui faisoit espérer un dauphin contre la cabale de monsieur, n'étoit pas inutile pour soutenir mon autorité.

Enfin il n'est pas étonnant que parmi tant de prédictions frivoles dont on ne remarque point la fausseté, il s'en trouve une dans tout un siecle qui réussisse par un jeu du hasard. Mais remarquez le bonheur de l'astrologie : il falloit que Fabroni ou Campanelle fût confondu ; du moins il auroit fallu donner d'étranges contorsions à leurs horoscopes pour les concilier, quoique le public soit si indulgent pour se payer des plus grossieres équivoques sur l'accomplissement des prédictions. Mais enfin en quelque péril que fût la réputation des deux astrologues, la gloire de l'astrologie étoit en pleine sûreté : il falloit que l'un des deux eût raison ; c'étoit une nécessité que le roi eût des enfants ou qu'il n'en eût pas. Lequel des deux qui pût arriver, l'astrologie triomphoit. Vous voyez par-là qu'elle triomphe à bon marché. On ne manque pas de dire maintenant que les principes sont certains, mais que Campanelle avoit mieux pris le moment de la nativité du roi que Fabroni.

LA REINE.

Mais j'ai toujours oui dire qu'il y a des regles infaillibles pour connoître l'avenir par les astres.

LE C. DE RICHELIEU.

Vous l'avez oui dire comme une infinité d'autres choses que la vanité de l'esprit humain a autorisées.

Mais il est certain que cet art n'a rien que de faux et de ridicule.

LA REINE.

Quoi ! vous doutez que le cours des astres et leurs influences ne fassent les biens et les maux des hommes ?

LE C. DE RICHELIEU.

Non, je ne doute point : car je suis convaincu que l'influence des astres n'est qu'une chimere. Le soleil influe sur nous par la chaleur de ses rayons; mais tous les autres astres, par leur distance, ne sont à notre égard que comme une étincelle de feu. Une bougie, bien allumée, a bien plus de vertu, d'un bout de la chambre à l'autre, pour agir sur nos corps, que Jupiter et Saturne n'en ont pour agir sur le globe de la terre. Les étoiles fixes, qui sont infiniment plus éloignées que les planetes, sont encore bien plus hors de portée de nous faire du bien ou du mal. D'ailleurs les principaux événements de la vie roulent sur nos volontés libres; les astres ne pourroient agir par leurs influences, que sur nos corps, et indirectement sur nos ames, qui seroient toujours libres de résister à leurs impressions, et de rendre les prédictions fausses.

LA REINE.

Je ne suis pas assez savante, et je ne sais si vous

l'êtes assez vous-même pour décider cette question de philosophie : car on a toujours dit que vous étiez plus politique que savant. Mais je voudrois que vous eussiez entendu parler Fabroni sur les rapports qu'il y a entre les noms des astres et leurs propriétés.

LE C. DE RICHELIEU.

C'est précisément le foible de l'astrologie. Les noms des astres et des constellations leur ont été donnés sur les métamorphoses et sur les fables les plus puériles des poëtes. Pour les constellations, elles ne ressemblent par leur figure à aucune des choses dont on leur a imposé le nom. Par exemple, la balance ne ressemble pas plus à une balance qu'à un moulin à vent. Le belier, le scorpion, le sagittaire, les deux ourses, n'ont aucun rapport raisonnable à ces noms. Les astrologues ont raisonné vainement sur les noms imposés au hasard par rapport aux fables des poëtes. Jugez s'il n'est pas ridicule de prétendre sérieusement fonder toute une science de l'avenir sur des noms expliqués au hasard, sans aucun rapport naturel à ces fables, dont on ne peut qu'endormir les enfants. Voilà le fond de l'astrologie.

LA REINE.

Il faut ou que vous soyez devenu bien plus sage que vous ne l'étiez, ou que vous soyez encore un grand fourbe de parler ainsi contre vos sentiments : car personne n'a jamais été plus passionné que vous pour les prédictions. Vous en cherchiez par-tout, pour flatter votre ambition sans bornes. Peut-être que vous avez changé d'avis depuis que vous n'avez plus rien à espérer du côté de ces astres. Mais enfin vous avez un grand désavantage pour me persuader, qui est d'avoir en cela, comme en tout le reste, toujours démenti vos paroles par votre conduite.

LE C. DE RICHELIEU.

Je vois bien, madame, que vous avez oublié mes services d'Angoulême et de Tours, pour ne vous souvenir que de la journée des dupes et du voyage de Compiegne. Pour moi, je ne veux point oublier le respect que je vous dois, et je me retire. Aussi bien ai-je apperçu l'ombre pâle et bilieuse de M. d'Épernon, qui s'approche avec toute sa fierté gasconne. Je serois mal entre vous deux, et je vais chercher son fils le cardinal, qui est mon bon ami,

DIALOGUE LXXI.

Le cardinal DE RICHELIEU et le chancelier D'OXENSTIERN.

Différence entre un ministre qui agit par vanité et par hauteur, et un autre qui agit pour l'amour de la patrie.

LE C. DE RICHELIEU.

Depuis ma mort on n'a point vu de ministre en Europe qui m'ait ressemblé.

LE CH. D'OXENSTIERN.

Non, aucun n'a eu tant d'autorité.

LE C. DE RICHELIEU.

Ce n'est pas ce que je dis : je parle du génie pour le gouvernement; et je puis sans vanité dire de moi, comme je dirois d'un autre qui seroit en ma place, que je n'ai rien laissé qui ait pu m'égaler.

LE CH. D'OXENSTIERN.

Quand vous parlez ainsi, songez-vous que je n'étois ni marchand, ni laboureur, et que je me suis mêlé de politique autant qu'un autre?

LE C. DE RICHELIEU.

Vous! il est vrai que vous avez donné quelques conseils à votre roi : mais il n'a rien entrepris que sur les traités qu'il a faits avec la France, c'est-à-dire avec moi.

LE CH. D'OXENSTIERN.

Il est vrai: mais c'est moi qui l'ai engagé à faire ces traités.

LE C. DE RICHELIEU.

J'ai été instruit des faits par le P. Joseph; puis j'ai pris mes mesures sur les choses que Charnacé avoit vues de près.

LE CH. D'OXENSTIERN.

Votre P. Joseph étoit un moine visionnaire. Pour Charnacé il étoit bon négociateur: mais sans moi on n'eût jamais rien fait. Le grand Gustave, qui manquoit de tout, eut dans les commencements, il est vrai, besoin de l'argent de la France: mais dans la suite il battit les Bavarois et les Impériaux; il releva le parti protestant dans toute l'Allemagne. S'il eût vécu après la victoire de Lutzen, il auroit bien embarrassé la France même, alarmée de ses progrès, et auroit été la principale puissance de l'Europe. Vous vous repentiez déja, mais trop tard, de l'avoir aidé; on vous soupçonna même d'être coupable de sa mort.

LE C. DE RICHELIEU.

J'en suis aussi innocent que vous.

DES MORTS. 401

LE CH. D'OXENSTIERN.

Je le veux croire: mais il est bien fâcheux pour vous que personne ne mourût à propos pour vos intérêts, qu'aussitôt on ne crût que vous étiez auteur de sa mort. Ce soupçon ne vient que de l'idée que vous aviez donnée de vous par le fond de votre conduite, dans laquelle vous avez sacrifié sans scrupule la vie des hommes à votre propre grandeur.

LE C. DE RICHELIEU.

Cette politique est nécessaire en certains cas.

LE CH. D'OXENSTIERN.

C'est de quoi les honnêtes gens douteront toujours.

LE C. DE RICHELIEU.

C'est de quoi vous n'avez jamais douté non plus que moi. Mais enfin qu'avez-vous tant fait dans l'Europe, vous qui vous vantez jusqu'à comparer votre ministere au mien? Vous avez été le conseiller d'un petit roi barbare, d'un Goth chef de bandits, et aux gages du roi de France dont j'étois ministre.

LE CH. D'OXENSTIERN.

Mon roi n'avoit point une couronne égale à celle de votre maître: mais c'est ce qui fait la gloire de Gustave et la mienne. Nous sommes sortis d'un pays sauvage et stérile, sans troupes, sans artillerie, sans argent: nous avons discipliné nos soldats, formé des officiers, vaincu les armées triomphantes des Impériaux, changé la face de l'Europe, et laissé des généraux qui ont appris la guerre après nous à tout ce qu'il y a eu de grands hommes.

LE C. DE RICHELIEU.

Il y a quelque chose de vrai à tout ce que vous dites : mais, à vous entendre, on croiroit que vous étiez aussi grand capitaine que Gustave.

LE CH. D'OXENSTIERN.

Je ne l'étois pas autant que lui : mais j'entendois la guerre, et je l'ai fait assez voir après la mort de mon maître.

LE C. DE RICHELIEU.

N'aviez-vous pas Tortenson, Bannier, et le duc de Weimar, sur qui tout rouloit?

LE CH. D'OXENSTIERN.

Je n'étois pas seulement occupé des négociations pour maintenir la ligue, j'entrois encore dans tous les conseils de guerre ; et ces grands hommes vous diront que j'ai eu la principale part à toutes ces belles campagnes.

LE C. DE RICHELIEU.

Apparemment vous étiez du conseil quand on perdit la bataille de Nordlingue, qui abattit la ligue.

LE CH. D'OXENSTIERN.

J'étois dans les conseils : mais c'est au duc de

Weimar à vous répondre sur cette bataille qu'il perdit. Quand elle fut perdue, je soutins le parti découragé. L'armée suédoise demeura étrangere dans un pays où elle subsistoit par mes ressources. C'est moi qui ai fait par mes soins un petit état conquis, que le duc de Weimar auroit conservé s'il eût vécu, et que vous avez usurpé indignement après sa mort. Vous m'avez vu en France chercher du secours pour ma nation, sans me mettre en peine de votre hauteur, qui auroit nui aux intérêts de votre maître, si je n'eusse été plus modéré et plus zélé pour ma patrie que vous pour la vôtre. Vous vous êtes rendu odieux à votre nation; j'ai fait les délices et la gloire de la mienne. Je suis retourné dans les rochers sauvages d'où j'étois sorti, j'y suis mort en paix; et toute l'Europe est pleine de mon nom aussi-bien que du vôtre. Je n'ai eu ni vos dignités, ni vos richesses, ni votre autorité, ni vos poëtes ni vos orateurs pour me flatter. Je n'ai pour moi que la bonne opinion des Suédois, et celle de tous les habiles gens qui lisent les histoires et les négociations. J'ai agi suivant ma religion contre les Impériaux catholiques, qui, depuis la bataille de Prague, tyrannisoient toute l'Allemagne : vous avez, en mauvais prêtre, relevé par nous les protestants et abattu les catholiques en Allemagne. Il est aisé de juger entre vous et moi.

LE C. DE RICHELIEU.

Je ne pouvois éviter cet inconvénient sans laisser l'Europe entiere dans les fers de la maison d'Autriche qui visoit à la monarchie universelle. Mais enfin je ne puis m'empêcher de rire de voir un chancelier qui se donne pour un grand capitaine.

LE CH. D'OXENSTIERN.

Je ne me donne pas pour un grand capitaine, mais pour un homme qui a servi utilement les généraux dans les conseils de guerre. Je vous laisse la gloire d'avoir paru à cheval avec des armes et un habit de cavalier au pas de Suse. On dit même que vous vous êtes fait peindre à Richelieu à cheval avec un buffle, une écharpe, et un bâton de commandant.

LE C. DE RICHELIEU.

Je ne puis plus souffrir vos reproches. Adieu.

DIALOGUE LXXII.

Le cardinal DE RICHELIEU et le cardinal MAZARIN.

Caracteres de ces deux ministres. Différence entre la vraie et la fausse politique.

LE C. DE RICHELIEU.

Hé! vous voilà, seigneur Jules! On dit que vous avez gouverné la France après moi. Comment avez-vous fait? Avez-vous achevé de réunir toute l'Europe contre la maison d'Autriche? Avez-vous renversé le parti huguenot que j'avois affoibli? Enfin avez-vous achevé d'abaisser les grands?

LE C. MAZARIN.

Vous aviez commencé tout cela : mais j'ai eu bien d'autres choses à démêler; il m'a fallu soutenir une régence orageuse.

LE C. DE RICHELIEU.

Un roi inappliqué, et jaloux du ministre même qui le sert, donne bien plus d'embarras dans le cabinet, que la foiblesse et la confusion d'une régence. Vous aviez une reine assez ferme, et sous laquelle on pouvoit plus facilement mener les affaires, que

sous un roi épineux qui étoit toujours aigri contre
moi par quelque favori naissant. Un tel prince ne
gouverne ni ne laisse gouverner. Il faut le servir
malgré lui ; et on ne le fait qu'en s'exposant chaque
jour à périr. Ma vie a été malheureuse par celui de
qui je tenois toute mon autorité. Vous savez que de
tous les rois qui traverserent le siege de la Rochelle,
le roi mon maître fut celui qui me donna le plus de
peine. Je n'ai pas laissé de donner le coup mortel au
parti huguenot, qui avoit tant de places de sûreté
et tant de chefs redoutables. J'ai porté la guerre jusques
dans le sein de la maison d'Autriche. On n'oubliera
jamais la révolte de la Catalogne ; le secret
impénétrable avec lequel le Portugal s'est préparé à
secouer le joug injuste des Espagnols ; la Hollande
soutenue par notre alliance dans une longue guerre
contre la même puissance ; tous les alliés du Nord,
de l'Empire et de l'Italie, attachés à moi personnellement,
comme à un homme incapable de leur
manquer ; enfin au-dedans de l'état les grands rangés
à leur devoir. Je les avois trouvés intraitables, se faisant
honneur de cabaler sans cesse contre tous ceux
à qui le roi confioit son autorité, et ne croyant
devoir obéir au roi même qu'autant qu'il les y engageoit
en flattant leur ambition et en leur donnant
dans leurs gouvernements un pouvoir sans bornes.

LE C. MAZARIN.

Pour moi j'étois un étranger ; tout étoit contre moi ; je n'avois de ressource que dans mon industrie. J'ai commencé par m'insinuer dans l'esprit de la reine ; j'ai su écarter les gens qui avoient sa confiance ; je me suis défendu contre les cabales des courtisans, contre le parlement déchaîné, contre la fronde, parti animé par un cardinal audacieux et jaloux de ma fortune, enfin contre un prince qui se couvroit tous les ans de nouveaux lauriers, et qui n'employoit la réputation de ses victoires qu'à me perdre avec plus d'autorité : j'ai dissipé tant d'ennemis. Deux fois chassé du royaume, j'y suis rentré deux fois triomphant. Pendant mon absence même, c'étoit moi qui gouvernois l'état. J'ai poussé jusqu'à Rome le cardinal de Retz ; j'ai réduit le prince de Condé à se sauver en Flandre ; enfin j'ai conclu une paix glorieuse, et j'ai laissé en mourant un jeune roi en état de donner la loi à toute l'Europe. Tout cela s'est fait par mon génie fertile en expédients, par la souplesse de mes négociations, et par l'art que j'avois de tenir toujours les hommes dans quelque nouvelle espérance. Remarquez que je n'ai pas répandu une seule goutte de sang.

LE C. DE RICHELIEU.

Vous n'aviez garde d'en répandre : vous étiez trop foible et trop timide.

LE C. MAZARIN.

Timide ! hé ! n'ai-je pas fait mettre les trois princes à Vincennes ? M. le prince eut tout le temps de s'ennuyer dans sa prison.

LE C. DE RICHELIEU.

Je parie que vous n'osiez ni le retenir en prison ni le délivrer, et que votre embarras fut la vraie cause de la longueur de sa prison. Mais venons au fait. Pour moi j'ai répandu du sang ; il l'a fallu pour abaisser l'orgueil des grands toujours prêts à se soulever. Il n'est pas étonnant qu'un homme qui a laissé tous les courtisans et tous les officiers d'armée reprendre leur ancienne hauteur, n'ait fait mourir personne dans un gouvernement si foible.

LE C. MAZARIN.

Un gouvernement n'est point foible quand il mene les affaires au but par souplesse, sans cruauté. Il vaut mieux être renard, que lion ou tigre.

LE C. DE RICHELIEU.

Ce n'est point cruauté que de punir des coupables dont les mauvais exemples en produiroient d'autres ; l'impunité attirant sans cesse des guerres civiles, elle eût anéanti l'autorité du roi, eût ruiné l'état, et eût coûté le sang de je ne sais combien de milliers d'hommes ; au lieu que j'ai établi la paix et l'autorité en sacrifiant un petit nombre de têtes coupa-

bles : d'ailleurs je n'ai jamais eu d'autres ennemis
que ceux de l'état.

LE C. MAZARIN.

Mais vous pensiez être l'état en personne. Vous
supposiez qu'on ne pouvoit être bon François sans
être à vos gages.

LE C. DE RICHELIEU.

Avez-vous épargné le premier prince du sang,
quand vous l'avez cru contraire à vos intérêts ?
Pour être bien à la cour, ne falloit-il pas être Mazarin ? Je n'ai jamais poussé plus loin que vous les
soupçons et la défiance. Nous servions tous deux
l'état ; en le servant, nous voulions l'un et l'autre
tout gouverner. Vous tâchiez de vaincre vos ennemis
par la ruse et par un lâche artifice ; pour moi j'ai
abattu les miens à force ouverte, et j'ai cru de bonne
foi qu'ils ne cherchoient à me perdre que pour jeter
encore une fois la France dans les calamités et dans
la confusion d'où je venois de la tirer avec tant de
peines. Mais enfin j'ai tenu ma parole ; j'ai été ami et
ennemi de bonne foi ; j'ai soutenu l'autorité de mon
maître avec courage et dignité. Il n'a tenu qu'à ceux
que j'ai poussés à bout d'être comblés de graces ; j'ai
fait toutes sortes d'avances vers eux ; j'ai aimé ; j'ai
cherché le mérite dès que je l'ai reconnu : je voulois
seulement qu'ils ne traversassent pas mon gouverne-

ment, que je croyois nécessaire au salut de la France. S'ils eussent voulu servir le roi selon leurs talents, sur mes ordres, ils eussent été mes amis.

LE C. MAZARIN.

Dites plutôt qu'ils eussent été vos valets : des valets bien payés à la vérité ; mais il falloit s'accommoder d'un maître jaloux, impérieux, implacable sur tout ce qui blessoit sa jalousie.

LE C. DE RICHELIEU.

Hé bien ! quand j'aurois été trop jaloux et trop impérieux, c'est un grand défaut, il est vrai : mais combien avois-je de qualités qui marquent un génie étendu et une ame élevée ! Pour vous, seigneur Jules, vous n'avez montré que de la finesse et de l'avarice. Vous avez bien fait pis aux François que de répandre leur sang : vous avez corrompu le fond de leurs mœurs ; vous avez rendu la probité gauloise et ridicule. Je n'avois que réprimé l'insolence des grands ; vous avez abattu leur courage, dégradé la noblesse, confondu toutes les conditions, rendu toutes les graces vénales. Vous craigniez le mérite ; on ne s'insinuoit auprès de vous, qu'en vous montrant un caractere d'esprit bas, souple, et capable de mauvaises intrigues. Vous n'avez même jamais eu la vraie connoissance des hommes ; vous ne pouviez rien croire que le mal, et tout le reste n'étoit pour vous qu'une belle fable : il ne vous falloit que des esprits fourbes, qui trompassent ceux avec qui vous aviez besoin de négocier, ou des trafiquants qui vous fissent argent de tout. Aussi votre nom demeure avili et odieux : au contraire, on m'assure que le mien croît tous les jours en gloire dans la nation françoise.

LE C. MAZARIN.

Vous aviez les inclinations plus nobles que moi, un peu plus de hauteur et de fierté : mais vous aviez je ne sais quoi de vain et de faux. Pour moi j'ai évité cette grandeur de travers, comme une vanité ridicule : toujours des poëtes, des orateurs, des comédiens ! Vous étiez vous-même poëte, orateur, rival de Corneille ; vous faisiez des livres de dévotion sans être dévot : vous vouliez être de tous les métiers, faire le galant, exceller en tout genre. Vous avaliez l'encens de tous les auteurs. Y a-t-il en Sorbonne une porte, ou un panneau de vitre, où vous n'ayez fait mettre vos armes ?

LE C. DE RICHELIEU.

Votre satyre est assez piquante, mais elle n'est pas sans fondement. Je vois bien que la bonne gloire devroit faire fuir certains honneurs que la grossiere vanité cherche, et qu'on se déshonore à force de vouloir trop être honoré. Mais enfin j'aimois les lettres ; j'ai excité l'émulation pour les rétablir. Pour vous, vous n'avez jamais eu aucune attention, ni à l'église, ni aux lettres, ni aux arts, ni à la vertu. Faut-il s'étonner qu'une conduite si odieuse ait soulevé tous les grands de l'état et tous les honnêtes gens contre un étranger?

LE C. MAZARIN.

Vous ne parlez que de votre magnanimité chimérique: mais pour bien gouverner un état, il n'est question ni de générosité, ni de bonne foi, ni de bonté de cœur; il est question d'un esprit fécond en expédients, qui soit impénétrable dans ses desseins; qui ne donne rien à ses passions, mais tout à l'intérêt, qui ne s'épuise jamais en ressources pour vaincre les difficultés.

LE C. DE RICHELIEU.

La vraie habileté consiste à n'avoir jamais besoin de tromper, et à réussir toujours par des moyens honnêtes. Ce n'est que par foiblesse, et faute de connoître le droit chemin, qu'on prend des sentiers détournés et qu'on a recours à la ruse. La vraie habileté consiste à ne s'occuper point de tant d'expédients, mais à choisir d'abord par une vue nette et précise celui qui est le meilleur en le comparant aux autres. Cette fertilité d'expédients vient moins d'étendue et de force de génie, que de défaut de force et de justesse pour savoir choisir. La vraie habileté consiste à comprendre qu'à la longue la plus grande de toutes les ressources dans les affaires, est la réputation universelle de probité. Vous êtes toujours en danger quand vous ne pouvez mettre dans vos intérêts que des dupes ou des frippons : mais quand on compte sur votre probité, les bons et les méchants mêmes se fient à vous ; vos ennemis vous craignent bien, et vos amis vous aiment de même. Pour vous, avec tous vos personnages de Protée, vous n'avez su vous faire ni aimer, ni estimer, ni craindre. J'avoue que vous étiez un grand comédien, mais non pas un grand homme.

LE C. MAZARIN.

Vous parlez de moi comme si j'avois été un homme sans cœur ; j'ai montré en Espagne, pendant que j'y portois les armes, que je ne craignois point la mort. On l'a encore vu dans les périls où j'ai été exposé pendant les guerres civiles de France. Pour vous, on sait que vous aviez peur de votre ombre, et que vous pensiez toujours voir sous votre lit quelque assassin prêt à vous poignarder. Mais il faut croire que vous n'aviez ces terreurs paniques que dans certaines heures.

LE C. DE RICHELIEU.

Tournez-moi en ridicule tant qu'il vous plaira : pour moi je vous ferai toujours justice sur vos bonnes qualités. Vous ne manquiez pas de valeur à la guerre : mais vous manquiez de courage, de fermeté et de grandeur d'ame dans les affaires. Vous n'étiez souple que par foiblesse, et faute d'avoir dans l'esprit des principes fixes. Vous n'osiez résister en face : c'est ce qui vous faisoit promettre trop facilement, et éluder ensuite toutes vos paroles par cent défaites captieuses. Ces défaites étoient pourtant grossieres et inutiles : elles ne vous mettoient à couvert qu'à cause que vous aviez l'autorité ; et un honnête homme auroit mieux aimé que vous lui eussiez dit nettement, J'ai eu tort de vous promettre, et je me vois dans l'impuissance d'exécuter ce que je vous ai promis, que d'ajouter au manquement de parole des pantalonnades pour vous jouer des malheureux. C'est peu que d'être brave dans un combat, si on est foible dans une contradiction. Beaucoup de princes capables de mourir avec gloire se sont déshonorés comme les derniers des hommes par leur mollesse dans les affaires journalieres.

LE C. MAZARIN.

Il est bien aisé de parler ainsi : mais quand on a tant de gens à contenter, on les amuse comme on peut. On n'a pas assez de graces pour en donner à tous ; chacun d'eux est bien loin de se faire justice. N'ayant pas autre chose à leur donner, il faut bien au moins leur laisser de vaines espérances.

LE C. DE RICHELIEU.

Je conviens qu'il faut laisser espérer à beaucoup de gens. Ce n'est pas les tromper; car chacun en son rang peut trouver sa récompense, et s'avancer même en certaines occasions au-delà de ce qu'on auroit cru. Pour les espérances disproportionnées et ridicules, s'ils les prennent tant pis pour eux. Ce n'est pas vous qui les trompez, ils se trompent eux-mêmes, et ne peuvent s'en prendre qu'à leur propre folie. Mais leur donner dans la chambre des paroles dont vous riez dans le cabinet, c'est ce qui est indigne d'un honnête homme, et pernicieux à la réputation des affaires. Pour moi j'ai soutenu et agrandi l'autorité du roi, sans recourir à de si misérables moyens. Le fait est convaincant; et vous disputez contre un homme qui est un exemple décisif contre vos maximes.

FIN DES DIALOGUES DES MORTS.

RECUEIL DE FABLES,

COMPOSÉES POUR L'ÉDUCATION

DE FEU Mgr LE DUC DE BOURGOGNE,

ÉLEVE DE M. DE FÉNÉLON.

RECUEIL DE FABLES.

FABLE I.

Les aventures d'Aristonoüs.

Sophronyme, ayant perdu les biens de ses ancêtres par des naufrages et par d'autres malheurs, s'en consoloit par sa vertu dans l'isle de Délos. Là, il chantoit sur une lyre d'or les merveilles du dieu qu'on y adore: il cultivoit les muses, dont il étoit aimé: il recherchoit curieusement tous les secrets de la nature, le cours des astres et des cieux, l'ordre des élémens, la structure de l'univers qu'il mesuroit de son compas, la vertu des plantes, la conformation des animaux: mais sur-tout il s'étudioit lui-même, et s'appliquoit à orner son ame par la vertu. Ainsi la fortune, en voulant l'abattre, l'avoit élevé à la véritable gloire, qui est celle de la sagesse.

Pendant qu'il vivoit heureux sans biens dans cette retraite, il apperçut un jour sur le rivage de la mer un vieillard vénérable qui lui étoit inconnu; c'étoit un étranger qui venoit d'aborder en l'isle. Ce vieillard admiroit les bords de la mer, où il savoit que cette isle avoit été autrefois flottante ; il considéroit cette côte, où s'élevoient, au-dessus des sables et des rochers, de petites collines toujours couvertes d'un gazon naissant et fleuri ; il ne pouvoit assez regarder les fontaines pures et les ruisseaux rapides qui arrosoient cette délicieuse campagne ; il s'avançoit vers les bocages sacrés qui environnent le temple du dieu ; il étoit étonné de voir cette verdure que les aquilons n'osent jamais ternir ; et il considéroit déja le temple, d'un marbre de Paros plus blanc que la neige, environné de hautes colonnes de jaspe. Sophronyme n'étoit pas moins attentif à considérer ce vieillard : sa barbe blanche tomboit sur sa poitrine ; son visage ridé n'avoit rien de difforme ; il étoit encore exempt des injures d'une vieillesse caduque ; ses yeux montroient une douce vivacité ; sa taille étoit haute et majestueuse, mais un peu courbée, et un bâton d'ivoire le soutenoit. Ô étranger, lui dit Sophronyme, que cherchez-vous dans cette isle, qui vous paroît inconnue ? Si c'est le temple du dieu, vous le voyez de loin, et je m'offre de vous y conduire ; car je crains les dieux, et j'ai appris ce que Jupiter veut qu'on fasse pour secourir les étrangers.

J'accepte, répondit ce vieillard, l'offre que vous me faites avec tant de marques de bonté ; je prie les dieux de récompenser votre amour pour les étrangers. Allons vers le temple. Dans le chemin il raconta à Sophronyme le sujet de son voyage : Je m'appelle, dit-il, Aristonoüs, natif de Clazomene, ville d'Ionie, située sur cette côte agréable qui s'avance dans la mer et semble s'aller joindre à l'isle de Chio, fortunée patrie d'Homere. Je naquis de parents pauvres, quoique nobles. Mon pere, nommé Polystrate, qui étoit déja chargé d'une nombreuse famille, ne voulut point m'élever; il me fit exposer par un de ses amis de Téos. Une vieille femme d'Érythre, qui avoit du bien auprès du lieu où l'on m'exposa, me nourrit de lait de chevre dans sa maison : mais comme elle avoit à peine de quoi vivre, dès que je fus en âge de servir, elle me vendit à un marchand d'esclaves qui me mena dans la Lycie. Je fus vendu, à Patare, à un homme riche et vertueux, nommé Alcine; cet Alcine eut soin de moi dans ma jeunesse. Je lui parus docile, modéré, sincere, affectionné, et appliqué à toutes les choses honnêtes dont on voulut m'instruire; il me dévoua aux arts qu'Apollon favorise; il me fit apprendre la musique, les exercices du corps, et sur-tout l'art de guérir les plaies des hommes. J'acquis bientôt une assez grande réputation dans cet art, qui est si nécessaire; et Apollon, qui m'inspira, me découvrit des secrets merveilleux.

Alcine, qui m'aimoit de plus en plus, et qui étoit ravi de voir le succès de ses soins pour moi, m'affranchit, et m'envoya à Damoclès, roi de Lycaonie, qui, vivant dans les délices, aimoit la vie et craignoit de la perdre. Ce roi, pour me retenir, me donna de grandes richesses. Quelques années après, Damoclès mourut. Son fils, irrité contre moi par des flatteurs, servit à me dégoûter de toutes les choses qui ont de l'éclat. Je sentis enfin un violent desir de revoir la Lycie, où j'avois passé si doucement mon enfance. J'espérois y retrouver Alcine qui m'avoit nourri, et qui étoit le premier auteur de toute ma fortune. En arrivant dans ce pays, j'appris qu'Alcine étoit mort après avoir perdu ses biens, et souffert avec beaucoup de constance les malheurs de sa vieillesse. J'allai répandre des fleurs et des larmes sur ses cendres; je mis une inscription honorable sur son tombeau, et je demandai ce qu'étoient devenus ses enfants. On me dit que le seul qui étoit resté, nommé Orsiloque, ne pouvant se résoudre à paroître sans biens dans sa patrie où son pere avoit eu tant d'éclat, s'étoit embarqué dans un vaisseau étranger pour aller mener une vie obscure dans quelque isle écartée de la mer. On m'ajouta que cet Orsiloque avoit fait naufrage, peu de temps après, vers l'isle de Carpathe; et qu'ainsi il ne restoit plus rien de la famille de mon bienfaiteur Alcine. Aussitôt je songeai à acheter la maison où il avoit demeuré, avec les champs fertiles qu'il possédoit autour. J'étois bien aise de revoir ces lieux, qui me rappelloient le doux souvenir d'un âge si agréable et d'un si bon maître: il me sembloit que j'étois encore dans cette fleur de mes premieres années où j'avois servi Alcine. A peine eus-je acheté de ses créanciers les biens de sa succession, que je fus obligé d'aller à Clazomene: mon pere Polystrate et ma mere Phidile étoient morts. J'avois plusieurs freres qui vivoient mal ensemble; aussitôt que je fus arrivé à Clazomene, je me présentai à eux avec un habit simple, comme un homme dépourvu de biens, en leur montrant les marques avec lesquelles vous savez qu'on a soin d'exposer les enfants. Ils furent étonnés de voir ainsi augmenter le nombre des héritiers de Polystrate, qui devoient partager sa petite succession; ils voulurent même me contester ma naissance, et ils refuserent devant les juges de me reconnoître. Alors, pour punir leur inhumanité, je déclarai que je consentois à être comme un étranger pour eux; je demandai qu'ils fussent exclus pour jamais d'être mes héritiers. Les juges l'ordonnerent: et alors je montrai les richesses que j'avois apportées dans mon vaisseau; je leur découvris que j'étois cet Aristonoüs qui avoit acquis tant de trésors auprès de Damoclès roi de Lycaonie, et que je ne m'étois jamais marié.

Mes freres se repentirent de m'avoir traité si injustement; et dans le desir de pouvoir être un jour mes héritiers, ils firent les derniers efforts, mais inutilement, pour s'insinuer dans mon amitié. Leur division fut cause que les biens de notre pere furent vendus; je les achetai, et ils eurent la douleur de voir tout le bien de notre pere passer dans les mains de celui à qui ils n'avoient pas voulu en donner la moindre partie: ainsi ils tomberent tous dans une affreuse pauvreté. Mais après qu'ils eurent assez senti leur faute, je voulus leur montrer mon bon naturel; je leur pardonnai, je les reçus dans ma maison, je leur donnai à chacun de quoi gagner du bien dans le commerce de la mer, je les réunis tous, eux et leurs enfants demeurerent ensemble paisiblement chez moi; je devins le pere commun de toutes ces différentes familles. Par leur union et par leur application au travail, ils amasserent bientôt des richesses considérables. Cependant la vieillesse, comme vous le voyez, est venue frapper à ma porte; elle a blanchi mes cheveux et ridé mon visage; elle m'avertit que je ne jouirai pas long-temps d'une si parfaite prospérité. Avant que de mourir, j'ai voulu voir encore une derniere fois cette terre qui m'est si chere, et qui me touche plus que ma patrie même, cette Lycie où j'ai appris à être bon et sage sous la conduite du vertueux Alcine. En y repassant par mer, j'ai trouvé un marchand d'une des isles Cyclades, qui m'a assuré qu'il restoit encore à Délos un fils d'Orsiloque, qui imitoit la sagesse et la vertu de son grand-pere Alcine : aussitôt j'ai quitté la route de Lycie, et je me suis hâté de venir chercher, sous les auspices d'Apollon, dans son isle, ce précieux reste d'une famille à qui je dois tout. Il me reste peu de temps à vivre : la parque, ennemie de ce doux repos que les dieux accordent si rarement aux mortels, se hâtera de trancher mes jours ; mais je serai content de mourir, pourvu que mes yeux, avant que de se fermer à la lumiere, aient vu le petit-fils de mon maître. Parlez maintenant, ô vous qui habitez avec lui dans cette isle : le connoissez-vous ? pouvez-vous me dire où je le trouverai ? Si vous me le faites voir, puissent les dieux en récompense vous faire voir sur vos genoux les enfants de vos enfants jusqu'à la cinquieme génération ! puissent les dieux conserver toute votre maison dans la paix et dans l'abondance pour fruit de votre vertu ! Pendant qu'Aristonoüs parloit ainsi, Sophronyme versoit des larmes mêlées de joie et de douleur. Enfin il se jette sans pouvoir parler au cou du vieillard, il l'embrasse, il le serre, et il pousse avec peine ces paroles entrecoupées de soupirs :

Je suis, ô mon pere, celui que vous cherchez : vous voyez Sophronyme petit-fils de votre ami Alcine : c'est moi ; et je ne puis douter, en vous écoutant, que les dieux ne vous aient envoyé ici pour adoucir mes maux. La reconnoissance, qui sembloit perdue sur la terre, se retrouve en vous seul. J'avois oui dire, dans mon enfance, qu'un homme célebre et riche, établi en Lycaonie, avoit été nourri chez mon grand-pere : mais comme Orsiloque mon pere, qui est mort jeune, me laissa au berceau, je n'ai su ces choses que confusément. Je n'ai osé aller en Lycaonie dans l'incertitude ; et j'ai mieux aimé demeurer dans cette isle, me consolant dans mes malheurs par le mépris des vaines richesses, et par le doux emploi de cultiver les muses dans la maison sacrée d'Apollon. La sagesse, qui accoutume les hommes à se passer de peu et à être tranquilles, m'a tenu lieu jusqu'ici de tous les autres biens.

En achevant ces paroles, Sophronyme, se voyant arrivé au temple, proposa à Aristonoüs d'y faire sa priere et ses offrandes. Ils firent au dieu un sacrifice de deux brebis plus blanches que la neige, et d'un taureau qui avoit un croissant sur le front entre les deux cornes : ensuite ils chanterent des vers en l'honneur du dieu qui éclaire l'univers, qui regle les saisons, qui préside aux sciences, et qui anime le chœur des neuf muses. Au sortir du temple, Sophronyme et Aristonoüs passerent le reste du jour à se raconter leurs aventures. Sophronyme reçut chez lui le vieillard, avec la tendresse et le respect qu'il auroit témoignés à Alcine même, s'il eût été encore vivant. Le lendemain ils partirent ensemble, et firent voile vers la Lycie. Aristonoüs mena Sophronyme dans une fertile campagne sur le bord du fleuve Xanthe, dans les ondes duquel Apollon au retour de la chasse, couvert de poussiere, a tant de fois plongé son corps, et lavé ses beaux cheveux blonds. Ils trouverent, le long de ce fleuve, des peupliers et des saules dont la verdure tendre et naissante cachoit les nids d'un nombre infini d'oiseaux qui chantoient nuit et jour. Le fleuve, tombant d'un rocher avec beaucoup de bruit et d'écume, brisoit ses flots dans un canal plein de petits cailloux: toute la plaine étoit couverte de moissons dorées; les collines, qui s'élevoient en amphithéâtre, étoient chargées de ceps de vignes et d'arbres fruitiers. Là toute la nature étoit riante et gracieuse; le ciel étoit doux et serein, et la terre toujours prête à tirer de son sein de nouvelles richesses pour payer les peines du laboureur. En s'avançant le long du fleuve, Sophronyme apperçut une maison simple et médiocre, mais d'une architecture agréable, avec de justes proportions. Il n'y trouva ni marbre, ni or, ni argent, ni ivoire, ni meubles de pourpre : tout y étoit propre, et plein d'agrément et de commodité sans magnificence. Une fontaine couloit au milieu de la cour, et formoit un petit canal le long d'un tapis verd. Les jardins n'étoient point vastes; on y voyoit des fruits et des plantes utiles pour nourrir les hommes : aux deux côtés du jardin paroissoient deux bocages, dont les arbres étoient presque aussi anciens que la terre leur mere, et dont les rameaux épais faisoient une ombre impénétrable aux rayons du soleil. Ils entrerent dans un salon, où ils firent un doux repas des mets que la nature fournissoit dans les jardins, et on n'y voyoit rien de ce que la délicatesse des hommes va chercher si loin et si chèrement dans les villes; c'étoit du lait aussi doux que celui qu'Apollon avoit le soin de traire pendant qu'il étoit berger chez le roi Admete; c'étoit du miel plus exquis que celui des abeilles d'Hybla en Sicile, ou du mont Hymette dans l'Attique : il y avoit des légumes du jardin, et des fruits qu'on venoit de cueillir. Un vin plus délicieux que le nectar couloit de grands vases dans des coupes ciselées. Pendant ce repas frugal, mais doux et tranquille, Aristonoüs ne voulut point se mettre à table.

D'abord il fit ce qu'il put, sous divers prétextes, pour cacher sa modestie : mais enfin, comme Sophronyme voulut le presser, il déclara qu'il ne se résoudroit jamais à manger avec le petit-fils d'Alcine, qu'il avoit si long-temps servi dans la même salle. Voilà, lui disoit-il, où ce sage vieillard avoit accoutumé de manger ; voilà où il conversoit avec ses amis ; voilà où il jouoit à divers jeux : voici où il se promenoit en lisant Hésiode et Homere ; voici où il se reposoit la nuit. En rappellant ces circonstances son cœur s'attendrissoit, et les larmes couloient de ses yeux. Après le repas, il mena Sophronyme voir la belle prairie où erroient ses grands troupeaux mugissants sur le bord du fleuve ; puis ils apperçurent les troupeaux de moutons qui revenoient des gras pâturages ; les meres bêlantes et pleines de lait y étoient suivies de leurs petits agneaux bondissants. On voyoit par-tout les ouvriers empressés, qui aimoient le travail pour l'intérêt de leur maître doux et humain, qui se faisoit aimer d'eux et leur adoucissoit les peines de l'esclavage.

Aristonoüs ayant montré à Sophronyme cette maison, ces esclaves, ces troupeaux, et ces terres devenues si fertiles par une soigneuse culture, lui dit ces paroles : Je suis ravi de vous voir dans l'ancien patrimoine de vos ancêtres ; me voilà content, puisque je vous mets en possession du lieu où j'ai servi si long-temps Alcine. Jouissez en paix de ce qui étoit à lui; vivez heureux, et préparez-vous de loin par votre vigilance une fin plus douce que la sienne. En même temps il lui fait une donation de ce bien, avec toutes les solemnités prescrites par les loix; et il déclare qu'il exclut de sa succession ses héritiers naturels, si jamais ils sont assez ingrats pour contester la donation qu'il a faite au petit-fils d'Alcine son bienfaiteur. Mais ce n'est pas assez pour contenter le cœur d'Aristonoüs. Avant que de donner sa maison, il l'orne toute entiere de meubles neufs, simples et modestes à la vérité, mais propres et agréables : il remplit les greniers des riches présents de Cérès, et le cellier d'un vin de Chio, digne d'être servi par la main d'Hébé ou de Ganymede à la table du grand Jupiter; il y met aussi du vin parménien, avec une abondante provison de miel d'Hymette et d'Hybla, et d'huile d'Attique, presque aussi douce que le miel même. Enfin il y ajoute d'innombrables toisons d'une laine fine et blanche comme la neige, riches dépouilles des tendres brebis qui paissoient sur les montagnes d'Arcadie et dans les gras pâturages de Sicile. C'est en cet état qu'il donne sa maison à Sophronyme : il lui donne encore cinquante talents euboïques, et réserve à ses parents les biens qu'il possede dans la péninsule de Clazomene, aux environs de Smyrne, de Lebede et de Colophon, qui étoient d'un très grand prix. La donation étant faite, Aristonoüs se rembarque dans son vaisseau pour retourner dans l'Ionie. Sophronyme, étonné et attendri par des bienfaits si magnifiques, l'accompagne jusqu'au vaisseau les larmes aux yeux, le nommant toujours son pere et le serrant entre ses bras. Aristonoüs arriva bientôt chez lui par une heureuse navigation : aucun de ses parents n'osa se plaindre de ce qu'il venoit de donner à Sophronyme. J'ai laissé, leur disoit-il, pour derniere volonté dans mon testament, cet ordre, que tous mes biens seront vendus et distribués aux pauvres de l'Ionie, si jamais aucun de vous s'oppose au don que je viens de faire au petit-fils d'Alcine. Le sage vieillard vivoit en paix, et jouissoit des biens que les dieux avoient accordés à sa vertu. Chaque année, malgré sa vieillesse, il faisoit un voyage en Lycie pour revoir Sophronyme, et pour aller faire un sacrifice sur le tombeau d'Alcine, qu'il avoit enrichi des plus beaux ornements de l'architecture et de la sculpture. Il avoit ordonné que ses propres cendres, après sa mort, seroient portées dans le même tombeau, afin qu'elles reposassent avec celles de son cher maître. Chaque année au printemps, Sophronyme, impatient de le revoir, avoit sans cesse les yeux tournés vers le rivage de la mer, pour tâcher de découvrir le vaisseau d'Aristonoüs, qui arrivoit dans cette saison. Chaque année il avoit le plaisir de voir venir de loin, au travers des ondes ameres, ce vaisseau qui lui étoit si cher; et la venue de ce vaisseau lui étoit infiniment plus douce que toutes les graces de la nature renaissant au printemps, après les rigueurs de l'affreux hiver.

Une année il ne voyoit point venir, comme les autres, ce vaisseau tant desiré; il soupiroit amèrement; la tristesse et la crainte étoient peintes sur son visage; le doux sommeil fuyoit loin de ses yeux; nul mets exquis ne lui sembloit doux : il étoit inquiet, alarmé du moindre bruit, toujours tourné vers le port; il demandoit à tous moments si on n'avoit point vu quelque vaisseau venu d'Ionie. Il en vit un; mais, hélas! Aristonoüs n'y étoit pas, il ne portoit que ses cendres dans une urne d'argent. Amphiclès, ancien ami du mort, et à peu près du même âge, fidele exécuteur de ses dernieres volontés, apportoit tristement cette urne. Quand il aborda Sophronyme, la parole leur manqua à tous deux, et ils ne s'exprimerent que par leurs sanglots. Sophronyme ayant baisé l'urne, et l'ayant arrosée de ses larmes, parla ainsi : Ô vieillard, vous avez fait le bonheur de ma vie, et vous me causez maintenant la plus cruelle de toutes les douleurs : je ne vous verrai plus ; la mort me seroit douce pour vous voir et pour vous suivre dans les champs élysées, où votre ombre jouit de la bienheureuse paix que les dieux justes réservent à la vertu. Vous avez ramené en nos jours la justice, la piété et la reconnoissance sur la terre : vous avez montré dans un siecle de fer la bonté et l'innocence de l'âge d'or. Les dieux, avant que de vous couronner dans le séjour des justes, vous ont accordé ici-bas une vieillesse heureuse, agréable et longue : mais, hélas ! ce qui devroit toujours durer, n'est jamais assez long. Je ne sens plus aucun plaisir à jouir de vos dons, puisque je suis réduit à en jouir sans vous. Ô chere ombre ! quand est-ce que je vous suivrai ? Précieuses cendres, si vous pouvez sentir encore quelque chose, vous ressentirez sans doute le plaisir d'être mêlées à celles d'Alcine. Les miennes s'y mêleront aussi un jour. En attendant, toute ma consolation sera de conserver ces restes de ce que j'ai le plus aimé. Ô Aristonoüs ! ô Aristonoüs ! non, vous ne mourrez point, et vous vivrez toujours dans le fond de mon cœur. Plutôt m'oublier moi-même, que d'oublier jamais cet homme si aimable, qui m'a tant aimé, qui aimoit tant la vertu, à qui je devois tout !

Après ces paroles entrecoupées de profonds soupirs, Sophronyme mit l'urne dans le tombeau d'Alcine : il immola plusieurs victimes, dont le sang inonda les autels de gazon qui environnoient le tombeau ; il répandit des libations abondantes de vin et de lait ; il brûla des parfums venus du fond de l'Orient, et il s'éleva un nuage odoriférant au milieu des airs. Sophronyme établit à jamais, pour toutes les années, dans la même saison, des jeux funebres en l'honneur d'Alcine et d'Aristonoüs. On y venoit de la Carie, heureuse et fertile contrée; des bords enchantés du Méandre, qui se joue par tant de détours, et qui semble quitter à regret le pays qu'il arrose; des rives toujours vertes du Caystre ; des bords du Pactole, qui roule sous ses flots un sable doré; de la Pamphylie, que Cérès, Pomone et Flore ornent à l'envi ; enfin des vastes plaines de la Cilicie, arrosées comme un jardin par les torrents qui tombent du mont Taurus, toujours couvert de neige. Pendant cette fête si solemnelle, les jeunes garçons et les jeunes filles, vêtus de robes traînantes de lin plus blanches que les lis, chantoient des hymnes à la louange d'Alcine et d'Aristonoüs ; car on ne pouvoit louer l'un sans louer aussi l'autre, ni séparer deux hommes si étroitement unis, même après leur mort.

Ce qu'il y eut de plus merveilleux, c'est que, dès le premier jour, pendant que Sophronyme faisoit les

libations de vin et de lait, un myrte d'une verdure
et d'une odeur exquise naquit au milieu du tombeau, et éleva tout-à-coup sa tête touffue pour couvrir les deux urnes de ses rameaux et de son ombre :
chacun s'écria qu'Aristonoüs, en récompense de sa
vertu, avoit été changé par les dieux en un arbre
si beau. Sophronyme prit soin de l'arroser lui-même,
et de l'honorer comme une divinité. Cet arbre, loin
de vieillir, se renouvelle de dix ans en dix ans; et les
dieux ont voulu faire voir, par cette merveille, que la
vertu, qui jette un si doux parfum dans la mémoire
des hommes, ne meurt jamais.

FABLE II.

Les aventures de Mélésichthon.

Mélésichthon, né à Mégare, d'une race illustre
parmi les Grecs, ne songea dans sa jeunesse qu'à
imiter dans la guerre les exemples de ses ancêtres :
il signala sa valeur et ses talents dans plusieurs expéditions; et comme toutes ses inclinations étoient
magnifiques, il y fit une dépense éclatante qui le
ruina bientôt. Il fut contraint de se retirer dans une
maison de campagne, sur le bord de la mer, où il
vivoit dans une profonde solitude avec sa femme

Proxinoé. Elle avoit de l'esprit, du courage, de la fierté. Sa beauté et sa naissance l'avoient fait rechercher par des partis beaucoup plus riches que Mélésichthon ; mais elle l'avoit préféré à tous les autres pour son seul mérite. Ces deux personnes, qui, par leur vertu et leur amitié, s'étoient rendues naturellement heureuses pendant plusieurs années, commencèrent alors à se rendre mutuellement malheureuses, par la compassion qu'elles avoient l'une pour l'autre. Mélésichthon auroit supporté plus facilement ses malheurs, s'il eût pu les souffrir tout seul, et sans une personne qui lui étoit si chere. Proxinoé sentoit qu'elle augmentoit les peines de Mélésichthon. Ils cherchoient à se consoler par deux enfants qui sembloient avoir été formés par les Graces; le fils se nommoit Mélibée, et la fille Poéménis. Mélibée, dans un âge tendre, commençoit déja à montrer de la force, de l'adresse et du courage : il surmontoit à la lutte, à la course, et aux autres exercices, les enfants de son voisinage. Il s'enfonçoit dans les forêts, et ses fleches ne portoient pas des coups moins assurés que celles d'Apollon ; il suivoit encore plus ce dieu dans les sciences et dans les beaux arts, que dans les exercices du corps. Mélésichthon, dans sa solitude, lui enseignoit tout ce qui peut cultiver et orner l'esprit, tout ce qui peut faire aimer la vertu et ré-

FABLES. 437

gler les mœurs. Mélibée avoit un air simple, doux et ingénu, mais noble, ferme et hardi. Son pere jetoit les yeux sur lui, et ses yeux se noyoient de larmes. Poéménis étoit instruite par sa mere dans tous les beaux arts que Minerve a donnés aux hommes : elle ajoutoit aux ouvrages les plus exquis les charmes d'une voix qu'elle joignoit avec une lyre plus touchante que celle d'Orphée. A la voir, on eût cru que c'étoit la jeune Diane sortie de l'isle flottante où elle naquit. Ses cheveux blonds étoient noués négligemment derriere sa tête ; quelques uns échappés flottoient sur son cou au gré des vents. Elle n'avoit qu'une robe légere, avec une ceinture qui la relevoit un peu pour être plus en état d'agir. Sans parure elle effaçoit tout ce qu'on peut voir de plus beau, et elle ne le savoit pas : elle n'avoit même jamais songé à se regarder sur le bord des fontaines ; elle ne voyoit que sa famille, et ne songeoit qu'à travailler. Mais le pere, accablé d'ennuis, et ne voyant plus aucune ressource dans ses affaires, ne cherchoit que la solitude. Sa femme et ses enfants faisoient son supplice. Il alloit souvent sur le rivage de la mer, au pied d'un grand rocher plein d'antres sauvages : là, il déploroit ses malheurs ; puis il entroit dans une profonde vallée, qu'un bois épais déroboit aux rayons du soleil au milieu du jour. Il s'asseyoit sur le gazon qui bordoit une claire fontaine, et toutes les plus tristes pensées revenoient en foule dans son cœur. Le doux sommeil étoit loin de ses yeux : il ne parloit plus qu'en gémissant ; la vieillesse venoit avant le temps flétrir et rider son visage : il oublioit même tous les besoins de la vie, et succomboit à sa douleur.

Un jour, comme il étoit dans cette vallée si profonde, il s'endormit de lassitude et d'épuisement : alors il vit en songe la déesse Cérès, couronnée d'épis dorés, qui se présenta à lui avec un visage doux et majestueux. Pourquoi, lui dit-elle en l'appellant par son nom, vous laissez-vous abattre aux rigueurs de la fortune? Hélas! répondit-il, mes amis m'ont abandonné; je n'ai plus de bien : il ne me reste que des procès et des créanciers : ma naissance fait le comble de mon malheur, et je ne puis me résoudre à travailler comme un esclave pour gagner ma vie.

Alors Cérès lui répondit : La noblesse consiste-t-elle dans les biens? Ne consiste-t-elle pas plutôt à imiter la vertu de ses ancêtres? Il n'y a de nobles que ceux qui sont justes. Vivez de peu, gagnez ce peu par votre travail; ne soyez à charge à personne : vous serez le plus noble de tous les hommes. Le genre humain se rend lui-même misérable par sa mollesse et par sa fausse gloire. Si les choses nécessaires vous manquent, pourquoi voulez-vous les devoir à d'autres qu'à vous-même ? Manquez-vous de courage pour vous les donner par une vie laborieuse ?

Elle dit ; et aussitôt elle lui présenta une charrue d'or avec une corne d'abondance. Alors Bacchus parut couronné de lierre, et tenant un thyrse dans sa main : il étoit suivi de Pan qui jouoit de la flûte, et qui faisoit danser les faunes et les satyres. Pomone se montra chargée de fruits, et Flore ornée de fleurs les plus vives et les plus odoriférantes. Toutes les divinités champêtres jeterent un regard favorable sur Mélésichthon.

Il s'éveilla, comprenant la force et le sens de ce songe divin ; il se sentit consolé et plein de goût pour tous les travaux de la vie champêtre. Il parla de ce songe à Proxinoé, qui entra dans tous ses sentiments. Le lendemain ils congédierent leurs domestiques inutiles, on ne vit plus chez eux de gens dont le seul emploi fût le service de leurs personnes. Ils n'eurent plus ni char ni conducteur. Proxinoé et Poéménis filoient en menant paître leurs moutons ; ensuite elles faisoient leurs toiles et leurs étoffes ; puis elles tailloient et cousoient elles-mêmes leurs habits et ceux du reste de la famille. Au lieu des ouvrages de soie, d'or et d'argent, qu'elles avoient accoutumé de faire avec l'art exquis de Minerve, elles n'exerçoient plus leurs doigts qu'au fuseau ou à d'autres travaux semblables. Elles préparoient de leurs propres mains les légumes qu'elles cueilloient dans leur jardin pour nourrir toute la maison. Le lait de leur troupeau, qu'elles alloient traire, achevoit de mettre l'abondance. On n'achetoit rien ; tout étoit préparé promptement et sans peine. Tout étoit bon, simple, naturel, assaisonné par l'appétit inséparable de la sobriété et du travail.

Dans une vie si champêtre, tout étoit chez eux net et propre. Toutes les tapisseries étoient vendues ; mais les murailles de la maison étoient blanches, et on ne voyoit nulle part rien de sale ni de dérangé ; les meubles n'étoient jamais couverts de poussiere : les lits étoient d'étoffes grossieres, mais propres. La cuisine même avoit une propreté qui n'est point dans les grandes maisons ; tout y étoit bien rangé et luisant. Pour régaler la famille dans les jours de fête, Proxinoé faisoit des gâteaux excellents. Elle avoit des abeilles, dont le miel étoit plus doux que celui qui couloit du tronc des chênes creux pendant l'âge d'or. Les vaches venoient d'elles-mêmes offrir des ruisseaux de lait. Cette femme laborieuse avoit, dans son jardin, toutes les plantes qui peuvent aider à nourrir l'homme en chaque saison, et elle étoit toujours la premiere à avoir les fruits et les légumes de chaque temps : elle avoit même beaucoup de fleurs, dont elle vendoit une partie, après avoir employé l'autre à orner sa maison. La fille secondoit sa mere, et ne goûtoit d'autre plaisir que celui de chanter en travaillant, ou en conduisant ses moutons dans les pâturages. Nul autre troupeau n'égaloit le sien : la contagion et les loups même n'osoient en approcher. A mesure qu'elle chantoit, ses tendres agneaux dansoient sur l'herbe, et tous les échos d'alentour sembloient prendre plaisir à répéter ses chansons.

Mélésichthon labouroit lui-même son champ; lui-même il conduisoit sa charrue, semoit et moissonnoit : il trouvoit les travaux de l'agriculture moins durs, plus innocents et plus utiles que ceux de la guerre. A peine avoit-il fauché l'herbe tendre de ses prairies, qu'il se hâtoit d'enlever les dons de Cérès, qui le payoient au centuple du grain semé. Bientôt Bacchus faisoit couler pour lui un nectar digne de la table des dieux. Minerve lui donnoit aussi le fruit de son arbre, qui est si utile à l'homme. L'hiver étoit la saison du repos, où toute la famille assemblée goûtoit une joie innocente, et remercioit les dieux d'être si désabusée des faux plaisirs. Ils ne mangeoient de viande que dans les sacrifices, et leurs troupeaux n'étoient destinés qu'aux autels.

Mélibée ne montroit presque aucune des passions de la jeunesse : il conduisoit les grands troupeaux; il coupoit de grands chênes dans les forêts; il creusoit de petits canaux pour arroser les prairies; il étoit infatigable pour soulager son pere. Ses plaisirs, quand le travail n'étoit pas de saison, étoient la chasse, les courses avec les jeunes gens de son âge, et la lecture dont son pere lui avoit donné le goût.

Bientôt Mélésichthon, en s'accoutumant à une vie si simple, se vit plus riche qu'il ne l'avoit été auparavant. Il n'avoit chez lui que les choses nécessaires à la vie; mais il les avoit toutes en abondance. Il n'avoit presque de société que dans sa famille. Ils s'aimoient tous; ils se rendoient mutuellement heureux : ils vivoient loin des palais des rois, et des plaisirs qu'on achete si cher; les leurs étoient doux, innocents, simples, faciles à trouver, et sans aucune suite dangereuse. Mélibée et Poéménis furent ainsi élevés dans le goût des travaux champêtres. Ils ne se souvinrent de leur naissance, que pour avoir plus de courage en supportant la pauvreté. L'abondance revenue dans toute cette maison n'y ramena point le faste : la famille entiere fut toujours simple et laborieuse. Tout le monde disoit à Mélésichthon : Les richesses rentrent chez vous; il est temps de reprendre votre ancien éclat. Alors il répondoit ces paroles : A qui voulez-vous que je m'attache, ou au faste qui m'avoit perdu, ou à une vie simple et laborieuse qui m'a rendu riche et heureux ? Enfin se trouvant un jour dans ce bois sombre où Cérès l'avoit instruit par un songe si utile, il s'y reposa sur l'herbe avec autant de joie qu'il y avoit eu d'amertume dans le temps passé. Il s'endormit ; et la déesse, se montrant à lui comme dans son premier rêve, lui dit ces paroles : La vraie noblesse consiste à ne recevoir rien de personne et à faire du bien aux autres. Ne recevez donc rien que du sein fécond de la terre et de votre propre travail. Gardez-vous bien de quitter jamais, par mollesse ou par fausse gloire, ce qui est la source naturelle et inépuisable de tous les biens.

FABLE III.

Aristée et Virgile.

VIRGILE, étant descendu aux enfers, entra dans les campagnes fortunées où les héros et les hommes inspirés des dieux passoient une vie bienheureuse sur des gazons toujours émaillés de fleurs, et entrecoupés de mille ruisseaux. D'abord le berger Aristée, qui étoit là au nombre des demi-dieux, s'avança vers lui, ayant appris son nom. Que j'ai de joie, lui dit-il, de voir un si grand poëte! Vos vers coulent plus doucement que la rosée sur l'herbe tendre; ils ont une harmonie si douce qu'ils attendrissent le cœur, et qu'ils tirent les larmes des yeux. Vous en avez fait pour moi et pour mes abeilles, dont Homere même pourroit être jaloux. Je vous dois, autant qu'au Soleil et à Cyrene, la gloire dont je jouis. Il n'y a pas encore long-temps que je les récitai, ces vers si tendres et si gracieux, à Linus, à Hésiode et à Homere. Après les avoir entendus, ils allerent tous trois boire de l'eau du fleuve Léthé pour les oublier, tant ils étoient affligés de repasser dans leur mémoire des vers si dignes d'eux, qu'ils n'avoient pas faits. Vous savez que la nation des poëtes est jalouse. Venez donc parmi eux prendre votre place. Elle sera bien mauvaise, cette place, répondit Virgile, puisqu'ils sont si jaloux. J'aurai de mauvaises heures à passer dans leur compagnie; je vois bien que vos abeilles n'étoient pas plus faciles à irriter que le cœur des poëtes. Il est vrai, répondit Aristée : ils bourdonnent comme les abeilles; comme elles, ils ont un aiguillon perçant pour piquer tout ce qui enflamme leur colere. J'aurai encore, dit Virgile, un autre grand homme à ménager; c'est le divin Orphée.

Comment vivez-vous ensemble ? Assez mal, répondit Aristée. Il est encore jaloux de sa femme, comme les trois autres de la gloire des vers ; mais pour vous il vous recevra bien, car vous l'avez traité honorablement, et vous avez parlé beaucoup plus sagement qu'Ovide de sa querelle avec les femmes de Thrace qui le massacrerent. Mais ne tardons pas davantage ; entrons dans ce petit bois sacré, arrosé de tant de fontaines plus claires que le crystal : vous verrez que toute la troupe sacrée se levera pour vous faire honneur. N'entendez-vous pas déja la lyre d'Orphée ? Écoutez Linus qui chante le combat des dieux contre les géants. Homere se prépare à chanter Achille, qui venge la mort de Patrocle par celle d'Hector. Mais Hésiode est celui que vous avez le plus à craindre ; car, de l'humeur dont il est, il sera bien fâché que vous ayez osé traiter avec tant d'élégance toutes les choses rustiques qui ont été son partage. A peine Aristée eut achevé ces mots, qu'ils arriverent sous cet ombrage frais, où regne un éternel enthousiasme qui possede ces hommes divins. Tous se leverent, on fit asseoir Virgile, on le pria de chanter ses vers. Il les chanta d'abord avec modestie, et puis avec transport. Les plus jaloux sentirent malgré eux une douceur qui les ravissoit. La lyre d'Orphée, qui avoit enchanté les rochers et les bois, échappa de ses mains, et les larmes ameres coulerent de ses yeux. Homere oublia pour un moment la magnificence rapide de l'Iliade et la variété agréable de l'Odyssée. Linus crut que ces beaux vers avoient été faits par son pere Apollon; et il étoit immobile, saisi et suspendu par un si doux chant. Hésiode, tout ému, ne pouvoit résister à ce charme. Enfin, revenant un peu à lui, il prononça ces paroles pleines de jalousie et d'indignation: Ô Virgile, tu as fait des vers plus durables que l'airain et que le bronze! Mais je te prédis qu'un jour on verra un enfant qui les traduira en sa langue, et qui partagera avec toi la gloire d'avoir chanté les abeilles.

FABLE IV.

Histoire d'Alibée, Persan.

SCHAH-ABAS, roi de Perse, faisant un voyage, s'écarta de toute sa cour pour passer dans la campagne sans y être connu, et pour y voir les peuples dans toute leur liberté naturelle. Il prit seulement avec lui un de ses courtisans. Je ne connois point, lui dit le roi, les véritables mœurs des hommes: tout ce qui nous aborde est déguisé; c'est l'art, et non pas la nature simple, qui se montre à nous. Je veux étudier la vie rustique, et voir ce genre d'hommes qu'on méprise tant, quoiqu'ils soient le vrai soutien de toute la société humaine. Je suis lassé de voir des courtisans qui m'observent pour me surprendre en me flattant : il faut que j'aille voir des laboureurs et des bergers qui ne me connoissent pas. Il passa, avec son confident, au milieu de plusieurs villages où l'on faisoit des danses ; et il étoit ravi de trouver loin des cours des plaisirs tranquilles et sans dépense. Il fit un repas dans une cabane ; et comme il avoit grand'faim, après avoir marché plus qu'à l'ordinaire, les aliments grossiers qu'il prit lui parurent plus agréables que tous les mets exquis de sa table. En passant dans une prairie semée de fleurs, qui bordoit un clair ruisseau, il apperçut un jeune berger qui jouoit de la flûte à l'ombre d'un grand ormeau, auprès de ses moutons paissants. Il l'aborde, il l'examine ; il lui trouve une physionomie agréable, un air simple et ingénu, mais noble et gracieux. Les haillons dont le berger étoit couvert ne diminuoient point l'éclat de sa beauté. Le roi crut d'abord que c'étoit quelque personne de naissance illustre qui s'étoit déguisée : mais il apprit du berger que son pere et sa mere étoient dans un village voisin, et que son nom étoit Alibée. A mesure que le roi le questionnoit, il admiroit en lui un esprit ferme et raisonnable. Ses yeux étoient vifs, et n'avoient rien d'ardent et de farouche; sa voix étoit douce, insinuante et propre à toucher: son visage n'avoit rien de grossier; mais ce n'étoit pas une beauté molle et efféminée. Le berger, d'environ seize ans, ne savoit point qu'il fût tel qu'il paroissoit aux autres: il croyoit penser, parler, être fait comme tous les autres bergers de son village; mais, sans éducation, il avoit appris tout ce que la raison fait apprendre à ceux qui l'écoutent. Le roi, l'ayant entretenu familièrement, en fut charmé: il sut de lui sur l'état des peuples tout ce que les rois n'apprennent jamais d'une foule de flatteurs qui les environnent. De temps en temps il rioit de la naïveté de cet enfant, qui ne ménageoit rien dans ses réponses. C'étoit une grande nouveauté pour le roi que d'entendre parler si naturellement: il fit signe au courtisan qui l'accompagnoit de ne point découvrir qu'il étoit le roi; car il craignoit qu'Alibée ne perdît en un moment toute sa liberté et toutes ses graces, s'il venoit à savoir devant qui il parloit. Je vois bien, disoit le prince au courtisan, que la nature n'est pas moins belle dans les plus basses conditions que dans les plus hautes. Jamais enfant de roi n'a paru mieux né, que celui-ci qui garde les moutons. Je me trouverois trop heureux d'avoir un fils aussi beau, aussi sensé et aussi aimable. Il me paroît propre à tout; et si on a soin de l'instruire, ce sera assurément un jour un grand homme: je veux le faire élever auprès de moi. Le roi emmena Alibée, qui fut bien surpris d'apprendre à qui il s'étoit rendu agréable. On lui fit apprendre à lire, à écrire, à chanter, et ensuite on lui donna des maîtres pour les arts et pour les sciences qui ornent l'esprit. D'abord il fut un peu ébloui de la cour; et son grand changement de fortune changea un peu son cœur. Son âge et sa faveur joints ensemble altérerent un peu sa sagesse et sa modération. Au lieu de sa houlette, de sa flûte, et de son habit de berger, il prit une robe de pourpre brodée d'or, avec un turban couvert de pierreries. Sa beauté effaça tout ce que la cour avoit de plus agréable. Il se rendit capable des affaires les plus sérieuses, et mérita la confiance de son maître, qui connoissant le goût exquis d'Alibée pour toutes les magnificences d'un palais, lui donna enfin une charge très considérable en Perse, qui est celle de garder tout ce que le prince a de pierreries et de meubles précieux.

Pendant toute la vie du grand Schah-Abas, la faveur d'Alibée ne fit que croître. A mesure qu'il s'avança dans un âge plus mûr, il se ressouvint enfin de son ancienne condition, et souvent il la regrettoit. Ô beaux jours, disoit-il à lui-même, jours innocents, jours où j'ai goûté une joie pure et sans péril, jours depuis lesquels je n'en ai vu aucun de si doux, ne vous reverrai-je jamais! Celui qui m'a privé de vous en me donnant tant de richesses, m'a tout ôté. Il voulut aller revoir son village; il s'attendrit dans tous les lieux où il avoit autrefois dansé, chanté, joué de la flûte avec ses compagnons. Il fit quelque bien à tous ses parents et à tous ses amis; mais il leur souhaita pour principal bonheur de ne quitter jamais la vie champêtre et de n'éprouver jamais les malheurs de la cour.

Il les éprouva, ces malheurs, après la mort de son bon maître Schah-Abas; son fils Schah-Sephi succéda à ce prince. Des courtisans envieux et pleins d'artifices trouverent moyen de le prévenir contre Alibée. Il a abusé, disoient-ils, de la confiance du feu roi; il a amassé des trésors immenses, et a détourné plusieurs choses d'un très grand prix, dont il étoit dépositaire. Schah-Sephi étoit tout ensemble jeune et prince; il n'en falloit pas tant pour être crédule, inappliqué et sans précaution. Il eut la vanité de vouloir paroître réformer ce que le roi son pere avoit fait et juger mieux que lui. Pour avoir un prétexte de déposséder Alibée de sa charge, il lui demanda, selon le conseil de ses courtisans envieux, de lui apporter un cimeterre garni de diamants, d'un prix immense, que le roi son grand-pere avoit accoutumé de porter dans les combats. Schah-Abas avoit fait autrefois ôter de ce cimeterre tous ces beaux diamants; et Alibée prouva par de bons témoins que la chose avoit été faite par l'ordre du feu roi, avant que la charge eût été donnée à Alibée. Quand les ennemis d'Alibée virent qu'ils ne pouvoient plus se servir de ce prétexte pour le perdre, ils conseillerent à Schah-Sephi de lui commander de faire, dans quinze jours, un inventaire exact de tous les meubles précieux dont il étoit chargé. Au bout de quinze jours, il demanda à voir lui-même toutes choses. Alibée lui ouvrit toutes les portes, et lui montra tout ce qu'il avoit en garde. Rien n'y manquoit; tout étoit propre, bien rangé, et conservé avec grand soin. Le roi, bien étonné de trouver par-tout tant d'ordre et d'exactitude, étoit presque revenu en faveur d'Alibée, lorsqu'il apperçut au bout d'une grande galerie, pleine de meubles très somptueux, une porte de fer qui avoit trois grandes serrures. C'est là, lui dirent à l'oreille les courtisans jaloux, qu'Alibée a caché toutes les choses précieuses qu'il vous a dérobées. Aussitôt le roi en colere s'écria : Je veux voir ce qui est au-delà de cette porte. Qu'y avez-vous mis? montrez-le-moi. A ces mots Alibée se jeta à ses genoux, le conjurant, au nom de Dieu, de ne lui ôter pas ce qu'il avoit de plus précieux sur la terre. Il n'est pas juste, disoit-il, que je perde en un moment ce qui me reste, et qui fait ma ressource, après avoir travaillé tant d'années auprès du roi votre pere. Ôtez-moi, si vous voulez, le reste; mais laissez-moi ceci. Le roi ne douta point que ce ne fût un trésor mal acquis, qu'Alibée avoit amassé. Il prit un ton plus haut, et voulut absolument qu'on ouvrît cette porte. Enfin Alibée, qui en avoit les clefs, l'ouvrit lui-même. On ne trouva en ce lieu que la houlette, la flûte, et l'habit de berger qu'Alibée avoit porté autrefois, et qu'il revoyoit souvent avec joie, de peur d'oublier sa premiere condition. Voilà, dit-il, ô grand roi, les précieux restes de mon ancien bonheur : ni la fortune ni votre puissance n'ont pu me les ôter. Voilà mon trésor que je garde pour m'enrichir quand vous m'aurez fait pauvre. Reprenez tout le reste; laissez-moi ces chers gages de mon premier état. Les voilà mes vrais biens, qui ne manqueront jamais. Les voilà ces biens simples, innocents, toujours doux à ceux qui savent se contenter du nécessaire, et ne se tourmentent point pour le superflu. Les voilà ces biens dont la liberté et la sûreté sont les fruits. Les voilà ces biens qui ne m'ont jamais donné un moment d'embarras. Ô chers instruments d'une vie simple et heureuse! je n'aime que vous; c'est avec vous que je veux vivre et mourir. Pourquoi faut-il que d'autres biens trompeurs soient venus me tromper, et troubler le repos de ma vie? Je vous les rends, grand roi, toutes ces richesses qui me viennent de votre libéralité: je ne garde que ce que j'avois quand le roi votre pere vint, par ses graces, me rendre malheureux. Le roi, entendant ces paroles, comprit l'innocence d'Alibée; et étant indigné contre les courtisans qui l'avoient voulu perdre, il les chassa d'auprès de lui. Alibée devint son principal officier, et fut chargé des affaires les plus secretes: mais il revoyoit tous les jours sa houlette, sa flûte et son ancien habit, qu'il tenoit toujours prêts dans son trésor pour les reprendre dès que la fortune inconstante troubleroit sa faveur. Il mourut dans une extrême vieillesse, sans avoir jamais voulu ni faire punir ses ennemis, ni amasser aucun bien, et ne laissant à ses parents que de quoi vivre dans la condition de berger, qu'il crut toujours la plus sûre et la plus heureuse.

FABLE V.

Histoire de Rosimond et de Braminte.

IL étoit une fois un jeune homme plus beau que le jour, nommé Rosimond, et qui avoit autant d'esprit et de vertu, que son frere aîné Braminte étoit mal fait, désagréable, brutal et méchant. Leur mere, qui avoit horreur de son fils aîné, n'avoit des yeux que pour voir le cadet. L'aîné, jaloux, inventa une calomnie horrible pour perdre son frere : il dit à son pere que Rosimond alloit souvent chez un voisin qui étoit son ennemi, pour lui rapporter tout ce qui se passoit au logis, et pour lui donner les moyens d'empoisonner son pere. Le pere, fort emporté, battit cruellement son fils, le mit en sang, puis le tint trois jours en prison sans nourriture, et enfin le chassa de sa maison en le menaçant de le tuer, s'il revenoit jamais. La mere épouvantée n'osa rien dire, elle ne fit que gémir. L'enfant s'en alla pleurant; et ne sachant où se retirer, il traversa sur le soir un grand bois : la nuit le surprit au pied d'un rocher; il se mit à l'entrée d'une caverne sur un tapis de mousse où couloit un clair ruisseau, et il s'y endormit de lassitude. Au point du jour, en s'éveillant, il vit une

belle femme montée sur un cheval gris, avec une
housse en broderie d'or, qui paroissoit aller à la chasse.
N'avez-vous point vu passer un cerf et des chiens?
lui dit-elle. Il répondit que non. Puis elle ajouta : Il
me semble que vous êtes affligé : qu'avez-vous? Te‑
nez, lui dit-elle, voilà une bague qui vous rendra le
plus heureux et le plus puissant des hommes, pourvu
que vous n'en abusiez jamais. Quand vous tournerez
le diamant en-dedans, vous serez d'abord invisible :
dès que vous le tournerez en-dehors, vous paroîtrez à
découvert. Quand vous mettrez l'anneau à votre petit
doigt, vous paroîtrez le fils du roi, suivi de toute
une cour magnifique : quand vous le mettrez au qua‑
trieme doigt, vous paroîtrez dans votre figure natu‑
relle. Aussitôt le jeune homme comprit que c'étoit
une fée qui lui parloit. Après ces paroles, elle s'en‑
fonça dans les bois. Pour lui, il s'en retourna aussi‑
tôt chez son pere, avec impatience de faire l'essai de
sa bague. Il vit et entendit tout ce qu'il voulut sans
être découvert. Il ne tint qu'à lui de se venger de
son frere, sans s'exposer à aucun danger. Il se mon‑
tra seulement à sa mere, l'embrassa, et lui dit toute
sa merveilleuse aventure. Ensuite mettant l'anneau
enchanté à son petit doigt, il parut tout-à-coup
comme le prince fils du roi, avec cent beaux che‑
vaux, et un grand nombre d'officiers richement

vêtus. Son pere fut bien étonné de voir le fils du roi dans sa petite maison; il étoit embarrassé, ne sachant quels respects il devoit lui rendre. Alors Rosimond lui demanda combien il avoit de fils. Deux, répondit le pere. Je les veux voir, faites les venir tout à l'heure, lui dit Rosimond : je les veux emmener tous deux à la cour pour faire leur fortune. Le pere timide répondit en hésitant : Voilà l'aîné que je vous présente. Où est donc le cadet? je le veux voir aussi, dit encore Rosimond. Il n'est pas ici, dit le pere. Je l'avois châtié pour une faute et il m'a quitté. Alors Rosimond lui dit : Il falloit l'instruire, mais non pas le chasser. Donnez-moi toujours l'aîné, qu'il me suive. Et vous, dit-il parlant au pere, suivez deux gardes qui vous conduiront au lieu que je leur marquerai. Aussitôt deux gardes emmenerent le pere ; et la fée dont nous avons parlé l'ayant trouvé dans une forêt, elle le frappa d'une verge d'or, et le fit entrer dans une caverne sombre et profonde, où il demeura enchanté. Demeurez-y, dit-elle, jusqu'à ce que votre fils vienne vous en tirer. Cependant le fils alla à la cour du roi, dans un temps où le jeune prince s'étoit embarqué pour aller faire la guerre dans une isle éloignée. Il avoit été emporté par les vents sur des côtes inconnues, où, après un naufrage, il étoit captif chez un peuple sauvage. Rosimond parut à la cour, comme s'il eût été le prince qu'on croyoit perdu et que tout le monde pleuroit. Il dit qu'il étoit revenu par le secours de quelques marchands, sans lesquels il seroit péri. Il fit la joie publique. Le roi parut si transporté, qu'il ne pouvoit parler; et il ne se lassoit point d'embrasser ce fils qu'il avoit cru mort. La reine fut encore plus attendrie. On fit de grandes réjouissances dans tout le royaume. Un jour celui qui passoit pour le prince, dit à son véritable frere: Braminte, vous voyez que je vous ai tiré de votre village pour faire votre fortune; mais je sais que vous êtes un menteur, et que vous avez, par vos impostures, causé le malheur de votre frere Rosimond: il est ici caché. Je veux que vous parliez à lui, et qu'il vous reproche vos impostures. Braminte, tremblant, se jeta à ses pieds, et lui avoua sa faute. N'importe, dit Rosimond, je veux que vous parliez à votre frere, et que vous lui demandiez pardon. Il sera bien généreux s'il vous pardonne; vous ne le méritez pas. Il est dans mon cabinet, où je vous le ferai voir tout à l'heure. Cependant je m'en vais dans une chambre voisine, pour vous laisser librement avec lui. Braminte entra pour obéir dans le cabinet. Aussitôt Rosimond changea son anneau, passa dans cette chambre, et puis il entra par une autre porte de derriere avec sa figure naturelle, où Braminte fut bien honteux de le voir. Il lui demanda pardon, et lui promit de réparer toutes ses fautes. Rosimond l'embrassa en pleurant, lui pardonna, et lui dit : Je suis en pleine faveur auprès du prince ; il ne tient qu'à moi de vous faire périr, ou de vous tenir toute votre vie dans une prison : mais je veux être aussi bon pour vous que vous avez été méchant pour moi. Braminte, honteux et confondu, lui répondit avec soumission, n'osant lever les yeux ni le nommer son frere. Ensuite Rosimond fit semblant de faire un voyage en secret pour aller épouser une princesse d'un royaume voisin : mais, sous ce prétexte, il alla voir sa mere, à laquelle il raconta tout ce qu'il avoit fait à la cour, et lui donna, dans le besoin, quelque petit secours d'argent ; car le roi lui laissoit prendre tout celui qu'il vouloit, mais il n'en prenoit jamais beaucoup. Cependant il s'éleva une furieuse guerre entre le roi et un autre roi voisin, qui étoit injuste et de mauvaise foi. Rosimond alla à la cour du roi ennemi, entra, par le moyen de son anneau, dans tous les conseils secrets de ce prince, demeurant toujours invisible. Il profita de tout ce qu'il apprit des mesures des ennemis : il les prévint, et les déconcerta en tout ; il commanda l'armée contre eux ; il les défit entièrement dans une grande bataille, et conclut bientôt avec eux une paix glorieuse, à des conditions équitables. Le roi ne songeoit qu'à le marier avec une princesse héritiere d'un royaume voisin et plus belle que les Graces. Mais un jour, pendant que Rosimond étoit à la chasse dans la même forêt où il avoit autrefois trouvé la fée, elle se présenta à lui. Gardez-vous bien, lui dit-elle d'une voix sévere, de vous marier comme si vous étiez le prince ; il ne faut tromper personne : il est juste que le prince pour qui l'on vous prend, revienne succéder à son pere. Allez le chercher dans une isle où les vents que j'enverrai enfler les voiles de votre vaisseau, vous meneront sans peine. Hâtez-vous de rendre ce service à votre maître contre ce qui pourroit flatter votre ambition, et songez à rentrer en homme de bien dans votre condition naturelle. Si vous ne le faites, vous serez injuste et malheureux ; je vous abandonnerai à vos anciens malheurs. Rosimond profita sans peine d'un si sage conseil. Sous prétexte d'une négociation secrete dans un état voisin, il s'embarqua sur un vaisseau, et les vents le menerent d'abord dans l'isle où la fée lui avoit dit qu'étoit le vrai fils du roi. Ce prince étoit captif chez un peuple sauvage, où on lui faisoit garder des troupeaux. Rosimond, invisible, l'alla enlever dans les pâturages où il conduisoit son troupeau ; et le couvrant de son propre manteau, qui étoit invisible comme lui, il le délivra des mains de ces peuples cruels : ils s'embarquerent ensemble. D'autres vents, obéissant à la fée, les ramenerent : ils arriverent ensemble dans la chambre du roi. Rosimond se présenta à lui, et lui dit : Vous m'avez cru votre fils, je ne le suis pas : mais je vous le rends ; tenez, le voilà lui-même. Le roi, bien étonné, s'adressa à son fils, et lui dit : N'est-ce pas vous, mon fils, qui avez vaincu mes ennemis, et qui avez fait glorieusement la paix ? ou bien est-il vrai que vous avez fait un naufrage, que vous avez été captif, et que Rosimond vous a délivré ? Oui, mon pere, répondit-il. C'est lui qui est venu dans le pays où j'étois captif. Il m'a enlevé ; je lui dois la liberté et le plaisir de vous revoir. C'est lui, et non pas moi, à qui vous devez la victoire. Le roi ne pouvoit croire ce qu'on lui disoit : mais Rosimond, changeant sa bague, se montra au roi sous la figure du prince ; et le roi épouvanté vit, à la fois, deux hommes qui lui parurent tous deux ensemble son même fils. Alors il offrit, pour tant de services, des sommes immenses à Rosimond, qui les refusa ; il demanda seulement au roi la grace de conserver à son frere Braminte une charge qu'il avoit à la cour. Pour lui, il craignit l'inconstance de la fortune, l'envie des hommes, et sa propre fragilité : il voulut se retirer dans son village avec sa mere, où il se mit à cultiver la terre. La fée, qu'il revit encore dans les bois, lui montra la caverne où son pere étoit, et lui dit les paroles qu'il falloit prononcer pour le délivrer. Il prononça, avec une très sensible joie, ces paroles. Il délivra son pere, qu'il avoit depuis long-temps impatience de délivrer, et lui donna de quoi passer doucement sa vieillesse. Rosimond fut ainsi le bienfaiteur de toute sa famille; et il eut le plaisir de faire du bien à tous ceux qui avoient voulu lui faire du mal. Après avoir fait les plus grandes choses pour la cour, il ne voulut d'elle que la liberté de vivre loin de sa corruption. Pour comble de sagesse, il craignit que son anneau ne le tentât de sortir de sa solitude et ne le rengageât dans les grandes affaires: il retourna dans le bois où la fée lui avoit apparu si favorablement. Il alloit tous les jours auprès de la caverne où il avoit eu le bonheur de la voir autrefois; et c'étoit dans l'espérance de l'y revoir. Enfin, elle s'y présenta encore à lui, et il lui rendit l'anneau enchanté. Je vous rends, lui dit-il, un don d'un si grand prix, mais si dangereux, et duquel il est si facile d'abuser. Je ne me croirai en sûreté que quand je n'aurai plus de quoi sortir de ma solitude avec tant de moyens de contenter toutes mes passions.

Pendant que Rosimond rendoit cette bague, Braminte, dont le méchant naturel n'étoit point corrigé, s'abandonna à toutes ses passions, et voulut engager le jeune prince, qui étoit devenu roi, à traiter indignement Rosimond. La fée dit à Rosimond : Votre frere, toujours imposteur, a voulu vous rendre suspect au nouveau roi et vous perdre : il mérite d'être puni, et il faut qu'il périsse. Je m'en vais lui donner cette bague que vous me rendez. Rosimond pleura le malheur de son frere ; puis il dit à la fée : Comment prétendez-vous le punir par un si merveilleux présent ? Il en abusera pour persécuter tous les gens de bien, et pour avoir une puissance sans bornes. Les mêmes choses, répondit la fée, sont un remede salutaire aux uns, et un poison mortel aux autres. La prospérité est la source de tous les maux pour les méchants. Quand on veut punir un scélérat, il n'y a qu'à le rendre bien puissant pour le faire périr bientôt. Elle alla ensuite au palais ; elle se montra à Braminte sous la figure d'une vieille femme couverte de haillons ; elle lui dit : J'ai retiré des mains de votre frere la bague que je lui avois prêtée, et avec laquelle il s'étoit acquis tant de gloire : recevez-la de moi, et pensez bien à l'usage que vous en ferez. Braminte répondit en riant : Je ne ferai pas comme mon frere, qui fut assez insensé pour aller chercher le prince, au lieu de régner en sa place.

Braminte, avec cette bague, ne songea qu'à découvrir le secret de toutes les familles, qu'à commettre des trahisons, des meurtres et des infamies, qu'à écouter les conseils du roi, qu'à enlever les richesses des particuliers. Ses crimes invisibles étonnoient tout le monde. Le roi, voyant tant de secrets découverts, ne savoit à quoi attribuer cet inconvénient: mais la prospérité sans bornes et l'insolence de Braminte lui firent soupçonner qu'il avoit l'anneau enchanté de son frere. Pour le découvrir, il se servit d'un étranger d'une nation ennemie, à qui il donna une grande somme. Cet homme vint la nuit offrir à Braminte, de la part du roi ennemi, des biens et des honneurs immenses, s'il vouloit lui faire savoir par des espions tout ce qu'il pourroit apprendre des secrets de son roi.

Braminte promit tout, alla même dans un lieu où on lui donna une somme très grande pour commencer sa récompense. Il se vanta d'avoir un anneau qui le rendoit invisible. Le lendemain le roi l'envoya chercher, et le fit d'abord saisir. On lui ôta l'anneau, et on trouva sur lui plusieurs papiers qui prouvoient ses crimes. Rosimond revint à la cour pour demander la grace de son frere, qui lui fut refusée. On fit mourir Braminte; et l'anneau lui fut plus funeste, qu'il n'avoit été utile à son frere.

Le roi, pour consoler Rosimond de la punition de Braminte, lui rendit l'anneau, comme un trésor d'un prix infini. Rosimond affligé n'en jugea pas de même : il retourna chercher la fée dans le bois. Tenez, lui dit-il, votre anneau. L'expérience de mon frere m'a fait comprendre ce que je n'avois pas bien compris d'abord quand vous me le dîtes. Gardez cet instrument fatal de la perte de mon frere. Hélas ! il seroit encore vivant, il n'auroit pas accablé de douleur et de honte la vieillesse de mon pere et de ma mere, il seroit peut-être sage et heureux, s'il n'avoit jamais eu de quoi contenter ses desirs. Oh ! qu'il est dangereux de pouvoir plus que les autres hommes ! Reprenez votre anneau : malheur à ceux à qui vous le donnerez ! L'unique grace que je vous demande, c'est de ne le donner jamais à aucune des personnes pour qui je m'intéresse.

FABLE VI.

Histoire de Florise.

Une paysanne connoissoit dans son voisinage une fée. Elle la pria de venir à une de ses couches, où elle eut une fille. La fée prit d'abord l'enfant entre ses bras, et dit à la mere : Choisissez; elle sera, si vous voulez, belle comme le jour, d'un esprit encore plus charmant que sa beauté, et reine d'un grand royaume, mais malheureuse; ou bien elle sera laide et paysanne comme vous, mais contente dans sa condition. La paysanne choisit d'abord pour cet enfant la beauté et l'esprit avec une couronne, au hasard de quelque malheur. Voilà la petite fille dont la beauté commence déja à effacer toutes celles qu'on avoit jamais vues. Son esprit étoit doux, poli, insinuant; elle apprenoit tout ce qu'on vouloit lui apprendre, et le savoit bientôt mieux que ceux qui le lui avoient appris. Elle dansoit sur l'herbe, les jours de fête, avec plus de graces que toutes ses compagnes. Sa voix étoit plus touchante qu'aucun instrument de musique, et elle faisoit elle-même les chansons qu'elle chantoit. D'abord elle ne savoit point qu'elle étoit belle : mais, en jouant avec ses compagnes sur le bord d'une claire fontaine, elle se vit, elle remarqua combien elle étoit différente des autres, elle s'admira. Tout le pays, qui accouroit en foule pour la voir, lui fit encore plus connoître ses charmes. Sa mere, qui comptoit sur les prédictions de la fée, la regardoit déja comme une reine, et la gâtoit par ses complaisances. La jeune fille ne vouloit ni filer, ni coudre, ni garder les moutons; elle s'amusoit à cueillir des fleurs, à en parer sa tête, à chanter, et à danser à l'ombre des bois. Le roi de ce pays-là étoit fort puissant, et il n'avoit qu'un fils nommé Rosimond qu'il vouloit marier. Il ne put jamais se résoudre à entendre parler d'aucune princesse des états voisins, parcequ'une fée lui avoit assuré qu'il trouveroit une paysanne plus belle et plus parfaite que toutes les princesses du monde. Il prit la résolution de faire assembler toutes les jeunes villageoises de son royaume au-dessous de dix-huit ans, pour choisir celle qui seroit la plus digne d'être choisie. On exclut d'abord une quantité innombrable de filles qui n'avoient qu'une médiocre beauté, et on en sépara trente qui surpassoient infiniment toutes les autres. Florise (c'est le nom de notre jeune fille) n'eut pas de peine à être mise dans ce nombre. On rangea ces trente filles au milieu d'une grande salle, dans une espece d'amphithéâtre, où le roi et son fils les pouvoient regarder toutes à la fois. Florise parut d'abord, au milieu de toutes les autres, ce qu'une belle anémone paroîtroit parmi des soucis, ou ce qu'un oranger fleuri paroîtroit au milieu des buissons sauvages : le roi s'écria qu'elle méritoit sa couronne. Rosimond se crut heureux de posséder Florise. On lui ôta ses habits du village ; on lui en donna qui étoient tout brodés d'or. En un instant elle se vit couverte de perles et de diamants. Un grand nombre de dames étoient occupées à la servir. On ne songeoit qu'à deviner ce qui pouvoit lui plaire, pour le lui donner avant qu'elle eût la peine de le demander. Elle étoit logée dans un magnifique appartement du palais, qui n'avoit, au lieu de tapisseries, que de grandes glaces de miroir de toute la hauteur des chambres et des cabinets, afin qu'elle eût le plaisir de voir sa beauté multipliée de tous côtés, et que le prince pût l'admirer en quelque endroit qu'il jetât les yeux. Rosimond avoit quitté la chasse, le jeu, tous les exercices du corps, pour être sans cesse auprès d'elle: et comme le roi son pere étoit mort bientôt après le mariage, c'étoit la sage Florise, devenue reine, dont les conseils décidoient de toutes les affaires de l'état. La reine mere du nouveau roi, nommée Gronipote, fut jalouse de sa belle-fille. Elle étoit artificieuse, maligne, cruelle. La vieillesse avoit ajouté une affreuse difformité à sa laideur naturelle, et elle ressembloit à une furie. La beauté de Florise la faisoit paroître encore plus hideuse, et l'irritoit à tout moment: elle ne pouvoit souffrir qu'une si belle personne la défigurât. Elle craignoit aussi son esprit, et elle s'abandonna à toutes les fureurs de l'envie. Vous n'avez point de cœur, disoit-elle souvent à son fils, d'avoir voulu épouser cette petite paysanne; et vous avez la bassesse d'en faire votre idole : elle est fiere comme si elle étoit née dans la place où elle est. Quand le roi votre pere voulut se marier, il me préféra à toute autre parceque j'étois la fille d'un roi égal à lui. C'est ainsi que vous devriez faire. Renvoyez cette petite bergere dans son village, et songez à quelque jeune princesse dont la naissance vous convienne. Rosimond résistoit à sa mere : mais Gronipote enleva un jour un billet que Florise écrivoit au roi, et le donna à un jeune homme de la cour, qu'elle obligea d'aller porter ce billet au roi, comme si Florise lui avoit témoigné toute l'amitié qu'elle ne devoit avoir que pour le roi seul. Rosimond, aveuglé par sa jalousie et par les conseils malins que lui donna sa mere, fit enfermer Florise pour toute sa vie dans une haute tour bâtie sur la pointe d'un rocher qui s'élevoit dans la mer. Là, elle pleuroit nuit et jour, ne sachant par quelle injustice le roi, qui l'avoit tant aimée, la traitoit si indignement. Il ne lui étoit permis de voir qu'une vieille femme à qui Gronipote l'avoit confiée, et qui l'insultoit à tout moment dans cette prison. Alors Florise se ressouvint de son village, de sa cabane et de tous ses plaisirs champêtres. Un jour, pendant qu'elle étoit accablée de douleur, et qu'elle déploroit l'aveuglement de sa mere, qui avoit mieux aimé qu'elle fût belle et reine malheureuse, que bergere laide et contente dans son état, la vieille qui la traitoit si mal vint lui dire que le roi envoyoit un bourreau pour lui couper la tête, et qu'elle n'avoit plus qu'à se résoudre à la mort. Florise répondit qu'elle étoit prête à recevoir le coup. En effet, le bourreau envoyé par les ordres du roi, sur les conseils de Gronipote, tenoit un grand coutelas pour l'exécution, quand il parut une femme qui dit qu'elle venoit de la part de cette reine pour dire deux mots en secret à Florise avant sa mort. La vieille la laissa parler à elle, parceque cette personne lui parut une des dames du palais : mais c'étoit la fée qui avoit prédit les malheurs de Florise à sa naissance, et qui avoit pris la figure de cette dame de la reine-mere. Elle parla à Florise en particulier, en faisant retirer tout le monde. Voulez-vous, lui dit-elle, renoncer à la beauté qui vous a été si funeste? Voulez-vous quitter le titre de reine, reprendre vos anciens habits, et retourner dans votre village? Florise fut ravie d'accepter cette offre. La fée lui appliqua sur le visage un masque enchanté : aussitôt les traits de son visage devinrent grossiers, et perdirent toute leur proportion; elle devint aussi laide qu'elle avoit été belle et agréable. En cet état, elle n'étoit plus reconnoissable, et elle passa sans peine au travers de tous ceux qui étoient venus là pour être témoins de son supplice. Elle suivit la fée, et repassa avec elle dans son pays. On eut beau chercher Florise, on ne la put trouver en aucun endroit de la tour. On alla en porter la nouvelle au roi et à Gronipote, qui la firent encore chercher, mais inutilement, par tout le royaume. La fée l'avoit rendue à sa mere, qui ne l'eût pas connue dans un si grand changement, si elle n'en eût été avertie. Florise fut contente de vivre laide, pauvre et inconnue dans son village, où elle gardoit des moutons. Elle entendoit tous les jours raconter ses aventures et déplorer ses malheurs. On en avoit fait des chansons qui faisoient pleurer tout le monde; elle prenoit plaisir à les chanter souvent avec ses compagnes, et elle en pleuroit comme les autres : mais elle se croyoit heureuse en gardant son troupeau, et ne voulut jamais découvrir à personne qui elle étoit.

FABLE VII.

Histoire du roi Alfaroute et de Clariphile.

Il y avoit un roi nommé Alfaroute, qui étoit craint de tous ses voisins et aimé de tous ses sujets. Il étoit sage, bon, juste, vaillant, habile; rien ne lui manquoit. Une fée vint le trouver, et lui dire qu'il lui arriveroit bientôt de grands malheurs, s'il ne se servoit pas de la bague qu'elle lui mit au doigt. Quand il tournoit le diamant de la bague en-dedans de sa main, il devenoit d'abord invisible; et dès qu'il le retournoit en-dehors, il étoit visible comme auparavant. Cette bague lui fut très commode et lui fit grand plaisir. Quand il se défioit de quelqu'un de ses sujets, il alloit dans le cabinet de cet homme, avec son diamant tourné en-dedans; il entendoit et il voyoit tous les secrets domestiques sans être apperçu. S'il craignoit les desseins de quelque roi voisin de son royaume, il s'en alloit jusques dans ses conseils les plus secrets, où il apprenoit tout sans être jamais découvert. Ainsi il prévenoit sans peine tout ce qu'on vouloit faire contre lui: il détourna plusieurs conjurations formées contre sa personne, et déconcerta ses ennemis qui vouloient l'accabler. Il ne fut pourtant pas content de sa bague, et il demanda à la fée un moyen de se transporter en un moment d'un pays dans un autre, pour pouvoir faire un usage plus prompt et plus commode de l'anneau qui le rendoit invisible. La fée lui répondit en soupirant: Vous en demandez trop. Craignez que ce dernier don ne vous soit nuisible. Il n'écouta rien, et la pressa toujours de le lui accorder. Hé bien! dit-elle, il faut donc, malgré moi, vous donner ce que vous vous repentirez d'avoir. Alors elle lui frotta les épaules d'une liqueur odoriférante. Aussitôt il sentit de petites ailes qui naissoient sur son dos. Ces petites ailes ne paroissoient point sous ses habits : mais quand il avoit résolu de voler, il n'avoit qu'à les toucher avec la main; aussitôt elles devenoient si longues, qu'il étoit en état de surpasser infiniment le vol rapide d'un aigle. Dès qu'il ne vouloit plus voler, il n'avoit qu'à retoucher ses ailes: d'abord elles se rapetissoient, en sorte qu'on ne pouvoit les appercevoir sous ses habits. Par ce moyen, le roi alloit par-tout en peu de moments: il savoit tout, et on ne pouvoit concevoir par où il devinoit tant de choses; car il se renfermoit, et paroissoit demeurer presque toute la journée dans son cabinet, sans que personne osât y entrer. Dès qu'il y étoit, il se rendoit invisible par sa bague, étendoit ses ailes en les touchant, et parcouroit des pays immenses. Par-là, il s'engagea dans de grandes guerres où il remporta toutes les victoires qu'il voulut: mais comme il voyoit sans cesse les secrets des hommes, il les connut si méchants et si dissimulés, qu'il n'osoit plus se fier à personne. Plus il devenoit puissant et redoutable, moins il étoit aimé; et il voyoit qu'il n'étoit aimé d'aucun de ceux mêmes à qui il avoit fait les plus grands biens. Pour se con-

soler, il résolut d'aller dans tous les pays du monde
chercher une femme parfaite qu'il pût épouser, dont
il pût être aimé, et par laquelle il pût se rendre heureux. Il la chercha long-temps; et comme il voyoit
tout sans être vu, il connoissoit les secrets les plus
impénétrables. Il alla dans toutes les cours : il trouva
par-tout des femmes dissimulées, qui vouloient être
aimées, et qui s'aimoient trop elles-mêmes pour aimer de bonne foi un mari. Il passa dans toutes les
maisons particulieres: l'une avoit l'esprit léger et
inconstant; l'autre étoit artificieuse, l'autre hautaine,
l'autre bizarre; presque toutes fausses, vaines, et
idolâtres de leurs personnes. Il descendit jusqu'aux
plus basses conditions, et il trouva enfin la fille d'un
pauvre laboureur, belle comme le jour, mais simple et
ingénue dans sa beauté, qu'elle comptoit pour rien,
et qui étoit en effet sa moindre qualité, car elle avoit
un esprit et une vertu qui surpassoient toutes les graces de sa personne. Toute la jeunesse de son voisinage
s'empressoit pour la voir; et chaque jeune homme
eût cruassurer le bonheur de sa vie en l'épousant. Le
roi Alfaroute ne put la voir sans en être passionné. Il
la demanda à son pere, qui fut transporté de joie de
voir que sa fille seroit une grande reine. Clariphile
(c'étoit son nom) passa de la cabane de son pere
dans un riche palais, où une cour nombreuse la

reçut. Elle n'en fut point éblouie; elle conserva sa simplicité, sa modestie, sa vertu, et elle n'oublia point d'où elle étoit venue, lorsqu'elle fut au comble des honneurs. Le roi redoubla sa tendresse pour elle, et crut enfin qu'il parviendroit à être heureux. Peu s'en falloit qu'il ne le fût déja, tant il commençoit à se fier au bon cœur de la reine. Il se rendoit à toute heure invisible pour l'observer et pour la surprendre; mais il ne découvroit rien en elle, qu'il ne trouvât digne d'être admiré. Il n'y avoit plus qu'un reste de jalousie et de défiance qui le troubloit encore un peu dans son amitié. La fée qui lui avoit prédit les suites funestes de son dernier don, l'avertissoit souvent, et il en fut importuné. Il donna ordre qu'on ne la laissât plus entrer dans le palais, et dit à la reine qu'il lui défendoit de la recevoir. La reine promit, avec beaucoup de peine, d'obéir, parcequ'elle aimoit fort cette bonne fée. Un jour la fée, voulant instruire la reine sur l'avenir, entra chez elle sous la figure d'un officier, et déclara à la reine qui elle étoit. Aussitôt la reine l'embrassa tendrement. Le roi, qui étoit alors invisible, l'apperçut, et fut transporté de jalousie jusqu'à la fureur. Il tira son épée, et en perça la reine, qui tomba mourante entre ses bras. Dans ce moment, la fée reprit sa véritable figure. Le roi la reconnut, et comprit

l'innocence de la reine. Alors il voulut se tuer. La
fée arrêta le coup, et tâcha de le consoler. La reine,
en expirant, lui dit : Quoique je meure de votre
main, je meurs toute à vous. Alfaroute déplora son
malheur d'avoir voulu, malgré la fée, un don qui
lui étoit si funeste. Il lui rendit la bague, et la pria
de lui ôter ses ailes. Le reste de ses jours se passa
dans l'amertume et dans la douleur. Il n'avoit point
d'autre consolation que d'aller pleurer sur le tombeau de Clariphile.

FABLE VIII.

Histoire d'une vieille reine et d'une jeune paysanne.

Il étoit une fois une reine si vieille, si vieille, qu'elle
n'avoit plus ni dents ni cheveux ; sa tête branloit
comme les feuilles que le vent remue ; elle ne voyoit
plus même avec ses lunettes ; le bout de son nez et
celui de son menton se touchoient ; elle étoit rapetissée de la moitié, et toute en un peloton, avec le dos
si courbé, qu'on auroit cru qu'elle avoit toujours
été contrefaite. Une fée, qui avoit assisté à sa naissance, l'aborda, et lui dit : Voulez-vous rajeunir ? Volontiers, répondit la reine : je donnerois tous mes

joyaux pour n'avoir que vingt ans. Il faut donc, continua la fée, donner votre vieillesse à quelque autre dont vous prendrez la jeunesse et la santé. A qui donnerons-nous vos cent ans? La reine fit chercher par-tout quelqu'un qui voulût être vieux pour la rajeunir. Il vint beaucoup de gueux qui vouloient vieillir pour être riches: mais quand ils avoient vu la reine tousser, cracher, râler, vivre de bouillie, être sale, hideuse, puante, souffrante, et radoter un peu, ils ne vouloient plus se charger de ses années; ils aimoient mieux mendier et porter des haillons. Il venoit aussi des ambitieux à qui elle promettoit de grands rangs et de grands honneurs. Mais que faire de ces rangs? disoient-ils après l'avoir vue; nous n'oserions nous montrer étant si dégoûtants et si horribles. Enfin il se présenta une jeune fille du village, belle comme le jour, qui demanda la couronne pour prix de sa jeunesse; elle se nommoit Péronnelle. La reine s'en fâcha d'abord : mais que faire? à quoi sert-il de se fâcher? elle vouloit rajeunir. Partageons, dit-elle à Péronnelle, mon royaume; vous en aurez une moitié, et moi l'autre : c'est bien assez pour vous qui êtes une petite paysanne. Non, répondit la fille, ce n'est pas assez pour moi : je veux tout. Laissez-moi ma condition de paysanne avec mon teint fleuri, je vous laisserai vos cent ans avec vos rides et la mort qui vous talonne. Mais aussi, répondit la reine, que ferois-je, si je n'avois plus de royaume? Vous ririez, vous danseriez, vous chanteriez comme moi, lui dit cette fille. En parlant ainsi, elle se mit à rire, à danser et à chanter. La reine, qui étoit bien loin d'en faire autant, lui dit: Que feriez-vous en ma place? vous n'êtes point accoutumée à la vieillesse. Je ne sais pas, dit la paysanne, ce que je ferois: mais je voudrois bien l'essayer; car j'ai toujours oui dire qu'il est beau d'être reine. Pendant qu'elles étoient en marché, la fée survint, qui dit à la paysanne: Voulez-vous faire votre apprentissage de vieille reine, pour savoir si ce métier vous accommode? Pourquoi non? dit la fille. A l'instant les rides couvrent son front; ses cheveux blanchissent; elle devient grondeuse et rechignée; sa tête branle, et toutes ses dents aussi; elle a déjà cent ans. La fée ouvre une petite boîte, et en tire une foule d'officiers et de courtisans richement vêtus, qui croissent à mesure qu'ils en sortent, et qui rendent mille respects à la nouvelle reine. On lui sert un grand festin: mais elle est dégoûtée et ne sauroit mâcher; elle est honteuse et étonnée; elle ne sait ni que dire ni que faire; elle tousse à crever; elle crache sur son menton; elle a au nez une roupie gluante qu'elle essuie avec sa manche; elle se re-

garde au miroir, et elle se trouve plus laide qu'une
guenuche. Cependant la véritable reine étoit dans
un coin, qui rioit, et qui commençoit à devenir jolie;
ses cheveux revenoient, et ses dents aussi; elle reprenoit un bon teint frais et vermeil; elle se redres-
soit avec mille petites façons : mais elle étoit crasseuse, court vêtue, avec ses habits sales, qui sembloient avoir été traînés dans les cendres. Elle
n'étoit pas accoutumée à cet équipage; et les gardes
la prenant pour quelque servante de cuisine, vouloient la chasser du palais. Alors Péronnelle lui dit:
Vous voilà bien embarrassée de n'être plus reine, et
moi encore davantage de l'être : tenez, voilà votre
couronne, rendez-moi ma cotte grise. L'échange fut
aussitôt fait; et la reine de revieillir, et la paysanne
de rajeunir. A peine le changement fut fait, que
toutes deux s'en repentirent; mais il n'étoit plus
temps. La fée les condamna à demeurer chacune
dans sa condition. La reine pleuroit tous les jours
dès qu'elle avoit mal au bout du doigt; elle disoit:
Hélas! si j'étois Péronnelle, à l'heure que je parle,
je serois logée dans une chaumiere, et je vivrois de
châtaignes; mais je danserois sous l'orme avec les
bergers au son de la flûte. Que me sert d'avoir un
beau lit où je ne fais que souffrir, et tant de gens qui
ne peuvent me soulager? Ce chagrin augmenta ses

maux; les médecins, qui étoient sans cesse au nombre de douze autour d'elle, les augmenterent aussi. Enfin elle mourut au bout de deux mois. Péronnelle faisoit une danse ronde le long d'un clair ruisseau avec ses compagnes, quand elle apprit la mort de la reine : alors elle reconnut qu'elle avoit été plus heureuse que sage d'avoir perdu la royauté. La fée revint la voir, et lui donna à choisir de trois maris: l'un vieux, chagrin, désagréable, jaloux et cruel, mais riche, puissant, et très grand seigneur, qui ne pourroit ni jour ni nuit se passer de l'avoir auprès de lui; l'autre bien fait, doux, commode, aimable et d'une grande naissance, mais pauvre et malheureux en tout; le dernier, paysan comme elle, qui ne seroit ni beau ni laid, qui ne l'aimeroit ni trop ni trop peu, qui ne seroit ni riche ni pauvre. Elle ne savoit lequel prendre; car naturellement elle aimoit fort les beaux habits, les équipages et les grands honneurs. Mais la fée lui dit: Allez, vous êtes une sotte. Voyez-vous ce paysan? voilà le mari qu'il vous faut. Vous aimeriez trop le second; vous seriez trop aimée du premier; tous deux vous rendroient malheureuse: c'est bien assez que le troisieme ne vous batte point. Il vaut mieux danser sur l'herbe ou sur la fougere que dans un palais, et être Péronnelle dans le village qu'une dame malheureuse dans le beau monde.

Pourvu que vous n'ayez aucun regret aux grandeurs, vous serez heureuse avec votre laboureur toute votre vie.

FABLE IX.

Fable de Lycon.

QUAND la Renommée, par le son éclatant de sa trompette, eut annoncé aux divinités rustiques et aux bergers de Cynthe le départ de Lycon, tous ces bois si sombres retentirent de plaintes ameres. Écho les répétoit tristement, et tous les vallons d'alentour. On n'entendoit plus le doux son de la flûte ni celui du hautbois. Les bergers mêmes dans leur douleur brisoient leurs chalumeaux. Tout languissoit : la tendre verdure des arbres commençoit à s'effacer ; le ciel, jusqu'alors si serein, se chargeoit de noires tempêtes ; les cruels aquilons faisoient déja frémir les bocages comme en hiver. Les divinités même les plus champêtres ne furent pas insensibles à cette perte : les dryades sortirent des troncs creux des vieux chênes pour regretter Lycon. Il se fit une assemblée de ces tristes divinités autour d'un grand arbre qui élevoit ses branches vers les cieux, et qui couvroit de son ombre épaisse la terre sa mere depuis plusieurs siecles. Autour de ce vieux tronc noueux et d'une grosseur prodigieuse, les nymphes de ces bois, accoutumées à faire leurs danses et leurs jeux folâtres, vinrent raconter leur malheur. Hélas ! c'en est fait, disoient-elles, nous ne reverrons plus Lycon ; il nous quitte : la fortune ennemie nous l'enleve, il va être l'ornement et les délices d'un autre bocage plus heureux que le nôtre. Non, il n'est plus permis d'espérer d'entendre sa voix, ni de le voir tirant de l'arc, et perçant de ses fleches les rapides oiseaux. Pan lui-même accourut, ayant oublié sa flûte ; les faunes et les satyres suspendirent leurs danses. Les oiseaux mêmes ne chantoient plus : on n'entendoit que les cris affreux des hibous et des autres oiseaux de mauvais présage. Philomele et ses compagnes gardoient un morne silence. Alors Flore et Pomone parurent tout-à-coup d'un air riant au milieu du bocage, se tenant par la main : l'une étoit couronnée de fleurs, et en faisoit naître sous ses pas empreints sur le gazon ; l'autre portoit, dans une corne d'abondance, tous les fruits que l'automne répand sur la terre pour payer l'homme de ses peines. Consolez-vous, dirent-elles à cette assemblée de dieux consternés ; Lycon part, il est vrai ; mais il n'abandonne pas cette montagne consacrée à Apollon. Bientôt vous le verrez ici cultivant lui-même nos jardins fortunés : sa main y plantera les verds arbustes, les plantes qui nourrissent l'homme, et les fleurs qui font ses délices. Ô aquilons, gardez-vous de flétrir jamais par vos souffles empestés ces jardins où Lycon prendra des plaisirs innocents; il préférera la simple nature au faste et aux divertissements désordonnés; il aimera ces lieux; il les abandonne à regret. A ces mots la tristesse se change en joie ; on chante les louanges de Lycon ; on dit qu'il sera amateur des jardins, comme Apollon a été berger conduisant les troupeaux d'Admete : mille chansons divines remplissent le bocage, et le nom de Lycon passe de l'antique forêt jusqu'aux campagnes les plus reculées. Les bergers le répetent sur leurs chalumeaux; les oiseaux mêmes, dans leurs doux ramages, font entendre je ne sais quoi qui ressemble au nom de Lycon. La terre se pare de fleurs, et s'enrichit de fruits. Les jardins, qui attendent son retour, lui préparent les graces du printemps et les magnifiques dons de l'automne. Les seuls regards de Lycon, qu'il jette encore de loin sur cette agréable montagne, la fertilisent. Là, après avoir arraché les plantes sauvages et stériles, il cueillera l'olive et le myrte, en attendant que Mars lui fasse cueillir ailleurs des lauriers.

FABLE X.

Fable d'un jeune prince.

Le Soleil, ayant laissé le vaste tour du ciel en paix, avoit fini sa course, et plongé ses chevaux fougueux dans le sein des ondes de l'Hespérie. Le bord de l'horizon étoit encore rouge comme la pourpre, et enflammé des rayons ardents qu'il y avoit répandus sur son passage. La brûlante canicule desséchoit la terre: toutes les plantes altérées languissoient; les fleurs ternies penchoient leurs têtes, et leurs tiges malades ne pouvoient plus les soutenir; les zéphyrs mêmes retenoient leurs douces haleines; l'air que les animaux respiroient, étoit semblable à de l'eau tiede. La nuit, qui répand avec ses ombres une douce fraîcheur, ne pouvoit tempérer la chaleur dévorante que le jour avoit causée: elle ne pouvoit verser sur les hommes abattus et défaillants, ni la rosée qu'elle fait distiller quand Vesper brille à la queue des autres étoiles, ni cette moisson de pavots qui font sentir les charmes du sommeil à toute la nature fatiguée. Le Soleil seul, dans le sein de Téthys, jouissoit d'un profond repos: mais ensuite, quand il fut obligé de remonter sur son char attelé par les Heures, et devancé par l'Aurore qui seme son chemin de roses, il apperçut tout l'Olympe couvert de nuages; il vit les restes d'une tempête qui avoit effrayé les mortels pendant toute la nuit. Les nuages étoient encore empestés de l'odeur des vapeurs soufrées qui avoient allumé les éclairs, et fait gronder le menaçant tonnerre; les vents séditieux, ayant rompu leurs chaînes et forcé leurs cachots profonds, mugissoient encore dans les vastes plaines de l'air; des torrents tomboient des montagnes dans tous les vallons. Celui dont l'œil plein de rayons anime toute la nature, voyoit de toutes parts, en se levant, le reste d'un cruel orage: mais (ce qui l'émut davantage) il vit un jeune nourrisson des muses, qui lui étoit fort cher, à qui la tempête avoit dérobé le sommeil lorsqu'il commençoit déja à étendre ses sombres ailes sur ses paupieres. Il fut sur le point de ramener ses chevaux en arriere, et de retarder le jour, pour rendre le repos à celui qui l'avoit perdu. Je veux, dit-il, qu'il dorme: le sommeil rafraîchira son sang, appaisera sa bile, lui donnera la santé et la force dont il aura besoin pour imiter les travaux d'Hercule, lui inspirera je ne sais quelle douceur tendre qui pourroit seule lui manquer. Pourvu qu'il dorme, qu'il rie, qu'il adoucisse son tempérament, qu'il aime les jeux de la société, qu'il prenne plaisir à aimer les hommes et à se faire aimer d'eux, toutes les graces de l'esprit et du corps viendront en foule pour l'orner.

FABLE XI.

L'anneau de Gygès.

Pendant le regne du fameux Crésus, il y avoit en Lydie un jeune homme bien fait, plein d'esprit, très vertueux, nommé Callimaque, de la race des anciens rois, et devenu si pauvre, qu'il fut réduit à se faire berger. Se promenant un jour sur des montagnes écartées où il rêvoit sur ses malheurs en menant son troupeau, il s'assit au pied d'un arbre pour se délasser. Il apperçut, auprès de lui, une ouverture étroite dans un rocher. La curiosité l'engage à y entrer. Il y trouve une caverne large et profonde. D'abord il ne voit goutte; enfin ses yeux s'accoutument à l'obscurité. Il entrevoit dans une lueur sombre une urne d'or, sur laquelle ces mots étoient gravés: « Ici tu trouveras l'anneau de Gygès. Ô mortel, qui « que tu sois, à qui les dieux destinent un si grand « bien; montre-leur que tu n'es pas ingrat, et garde-toi « d'envier jamais le bonheur d'aucun autre homme. »

Callimaque ouvre l'urne, trouve l'anneau, le prend, et, dans le transport de sa joie, il laissa l'urne quoiqu'il fût très pauvre et qu'elle fût d'un grand prix. Il sort de la caverne, et se hâte d'éprouver l'anneau enchanté, dont il avoit si souvent entendu parler depuis son enfance. Il voit de loin le roi Crésus qui passoit pour aller de Sardes dans une maison délicieuse sur les bords du Pactole. D'abord il s'approche de quelques esclaves qui marchoient devant, et qui portoient des parfums pour les répandre sur le chemin où le roi devoit passer. Il se mêle parmi eux après avoir tourné son anneau en dedans, et personne ne l'apperçoit. Il fait du bruit tout exprès en marchant : il prononce même quelques paroles. Tous prêterent l'oreille ; tous furent étonnés d'entendre une voix et de ne voir personne. Ils se disoient les uns aux autres : Est-ce un songe ou une vérité ? N'avez-vous pas cru entendre parler quelqu'un ? Callimaque, ravi d'avoir fait cette expérience, quitte ces esclaves et s'approche du roi. Il est déja tout auprès de lui sans être découvert ; il monte avec lui sur son char, qui étoit tout d'argent et orné d'une merveilleuse sculpture. La reine étoit auprès de lui, et ils parloient ensemble des plus grands secrets de l'état, que Crésus ne confioit qu'à la reine seule. Callimaque les entendit pendant tout le chemin.

On arrive dans cette maison dont tous les murs étoient de jaspe ; le toit étoit de cuivre fin et brillant comme l'or : les lits étoient d'argent, et tout le reste des meubles de même : tout étoit orné de diamants et de pierres précieuses. Tout le palais étoit sans cesse rempli des plus doux parfums ; et, pour les rendre plus agréables, on en répandoit de nouveaux à chaque heure du jour. Tout ce qui servoit à la personne du roi étoit d'or. Quand il se promenoit dans ses jardins, les jardiniers avoient l'art de faire naître les plus belles fleurs sous ses pas. Souvent on changeoit, pour lui donner une agréable surprise, la décoration des jardins, comme on change une décoration de scene. On transportoit promptement par de grandes machines les arbres avec leurs racines, et on en apportoit d'autres tout entiers, en sorte que chaque matin le roi, en se levant, appercevoit ses jardins entièrement renouvellés. Un jour c'étoient des grenadiers, des oliviers, des myrtes, des orangers et une forêt de citronniers. Un autre jour paroissoit tout-à-coup un désert sablonneux avec des pins sauvages, de grands chênes, de vieux sapins qui paroissoient aussi anciens que la terre. Un autre jour on voyoit des gazons fleuris, des prés d'une herbe fine et naissante, tout émaillés de violettes, au travers desquels couloient impétueusement de petits ruisseaux. Sur leurs rives étoient plantés de jeunes saules d'une tendre verdure ; de hauts peupliers qui montoient jusqu'aux nues, des ormes touffus et des tilleuls odoriférants, plantés sans ordre, faisoient une agréable irrégularité. Puis tout-à-coup, le lendemain, tous ces petits canaux disparoissoient ; on ne voyoit plus qu'un canal de riviere d'une eau pure et transparente. Ce fleuve étoit le Pactole dont les eaux couloient sur un sable doré. On voyoit sur ce fleuve des vaisseaux avec des rameurs vêtus des plus riches étoffes couvertes d'une broderie d'or. Les bancs des rameurs étoient d'ivoire, les rames d'ébene ; le bec des proues étoit d'argent ; tous les cordages étoient de soie, les voiles de pourpre, et le corps des vaisseaux de bois odoriférants comme les cedres. Tous les cordages étoient ornés de festons ; tous les matelots étoient couronnés de fleurs. Il couloit quelquefois, dans l'endroit des jardins qui étoit sous les fenêtres de Crésus, un ruisseau d'essence dont l'odeur exquise s'exhaloit dans tout le palais. Crésus avoit des lions, des tigres et des léopards, auxquels on avoit limé les dents et les griffes, qui étoient attelés à de petits chars d'écaille de tortue garnis d'argent. Ces animaux féroces étoient conduits par un frein d'or et par des rênes de soie. Ils servoient au roi et à toute la cour pour se promener dans les vastes routes d'une forêt qui conservoit sous ses rameaux impénétrables une éternelle nuit. Souvent on faisoit aussi des courses avec ces chars le long du fleuve dans une prairie unie comme un tapis verd. Ces fiers animaux couroient si légèrement et avec tant de rapidité, qu'ils ne laissoient pas même sur l'herbe tendre la moindre trace de leurs pas ni des roues qu'ils traînoient après eux. Chaque jour on inventoit de nouvelles especes de courses pour exercer la vigueur et l'adresse des jeunes gens. Crésus, à chaque nouveau jeu, attachoit quelque grand prix pour le vainqueur. Aussi les jours couloient dans les délices et parmi les plus agréables spectacles. Callimaque résolut de surprendre tous les Lydiens par le moyen de son anneau. Plusieurs jeunes hommes de la plus haute naissance avoient couru devant le roi, qui étoit descendu de son char dans la prairie pour les voir courir. Dans le moment où tous les prétendants eurent achevé leur course, et que Crésus examinoit à qui le prix devoit appartenir, Callimaque se met dans le char du roi. Il demeure invisible : il pousse les lions, le char vole. On eût cru que c'étoit celui d'Achille, traîné par des coursiers immortels, ou celui de Phœbus même, lorsqu'après avoir parcouru la voûte immense des cieux il précipite ses chevaux enflammés dans le sein des ondes. D'abord on crut que les lions s'étant échappés s'enfuyoient au hasard : mais bientôt on reconnut qu'ils étoient guidés avec beaucoup d'art, et que cette course surpasseroit toutes les autres. Cependant le char paroissoit vuide, et tout le monde demeuroit immobile d'étonnement. Enfin la course est achevée, et le prix remporté sans qu'on puisse comprendre par qui. Les uns croient que c'est une divinité qui se joue des hommes : les autres assurent que c'est un homme nommé Orodès venu de Perse, qui avoit l'art des enchantements, qui évoquoit les ombres des enfers, qui tenoit dans ses mains toute la puissance d'Hécate, qui envoyoit à son gré la discorde et les furies dans l'ame de ses ennemis, qui faisoit entendre la nuit les hurlements de Cerbère et les gémissements profonds de l'Érebe, enfin qui pouvoit éclipser la lune et la faire descendre du ciel sur la terre. Crésus crut qu'Orodès avoit mené le char : il le fit appeller. On le trouva qui tenoit dans son sein des serpents entortillés, et qui, prononçant entre ses dents des paroles inconnues et mystérieuses, conjuroit les divinités infernales. Il n'en fallut pas davantage pour persuader qu'il étoit le vainqueur invisible de cette course. Il assura que non: mais le roi ne put le croire. Callimaque étoit ennemi d'Orodès, parceque celui-ci avoit prédit à Crésus que ce

FABLES. 491

jeune homme lui causeroit un jour de grands embarras, et seroit la cause de la ruine entiere de son royaume. Cette prédiction avoit obligé Crésus à tenir Callimaque loin du monde dans un désert, et réduit à une grande pauvreté. Callimaque sentit le plaisir de la vengeance, et fut bien aise de voir l'embarras de son ennemi. Crésus pressa Orodès, et ne put pas l'obliger à dire qu'il avoit couru pour le prix. Mais comme le roi le menaça de le punir, ses amis lui conseillerent d'avouer la chose et de s'en faire honneur. Alors il passa d'une extrémité à l'autre : la vanité l'aveugla. Il se vanta d'avoir fait ce coup merveilleux par la vertu de ses enchantements. Mais dans le moment où il parloit, on fut bien surpris de voir le même char recommencer la même course. Puis le roi entendit une voix qui lui disoit à l'oreille : Orodès se moque de toi ; il se vante de ce qu'il n'a pas fait. Le roi, irrité contre Orodès, le fit aussitôt charger de fers, et jeter dans une profonde prison.

Callimaque, ayant senti le plaisir de contenter ses passions par le secours de son anneau, perdit peu à peu les sentiments de modération et de vertu qu'il avoit eus dans sa solitude et dans ses malheurs. Il fut même tenté d'entrer dans la chambre du roi et de le tuer dans son lit. Mais on ne passe point tout d'un coup aux plus grands crimes : il eut horreur d'une action si noire, et ne put endurcir son cœur pour l'exécuter. Il partit pour s'en aller en Perse trouver Cyrus : il lui dit les secrets de Crésus qu'il avoit entendus, et le dessein des Lydiens de faire une ligue contre les Perses avec les colonies grecques de toute la côte de l'Asie mineure ; en même temps il lui expliqua les préparatifs de Crésus et les moyens de le prévenir. Aussitôt Cyrus abandonne les bords du Tygre, où il étoit campé avec une armée innombrable, et vient jusqu'au fleuve Halys, où Crésus se présenta à lui avec des troupes plus magnifiques que courageuses. Les Lydiens vivoient trop délicieusement pour ne craindre point la mort. Leurs habits étoient brodés d'or, et semblables à ceux des femmes les plus vaines ; leurs armes étoient toutes dorées ; ils étoient suivis d'un nombre prodigieux de chariots superbes ; l'or, l'argent, les pierres précieuses, éclatoient par-tout dans leurs tentes, dans leurs vases, dans leurs meubles, et jusques sur leurs esclaves. Le faste et la mollesse de cette armée ne devoient faire attendre qu'imprudence et lâcheté, quoique les Lydiens fussent en beaucoup plus grand nombre que les Perses. Ceux-ci, au contraire, ne montroient que pauvreté et courage : ils étoient légèrement vêtus, vivoient de peu, se nourrissoient de racines et de légumes, ne buvoient que de l'eau, dormoient sur la terre exposés aux injures de l'air, exerçoient sans cesse leurs corps pour les endurcir au travail; ils n'avoient pour tout ornement que le fer; leurs troupes étoient toutes hérissées de piques, de dards et d'épées : aussi n'avoient-ils que du mépris pour des ennemis noyés dans les délices. A peine la bataille merita-t-elle le nom de combat. Les Lydiens ne purent soutenir le premier choc : ils se renverserent les uns sur les autres. Les Perses ne font que tuer : ils nagent dans le sang. Crésus s'enfuit jusqu'à Sardes. Cyrus l'y poursuit sans perdre un moment. Le voilà assiégé dans sa ville capitale. Il succombe après un long siege, il est pris, on le mene au supplice. En cette extrémité, il prononce le nom de Solon. Cyrus veut savoir ce qu'il dit. Il apprend que Crésus déplore son malheur de n'avoir pas cru ce Grec qui lui avoit donné de si sages conseils. Cyrus, touché de ces paroles, donne la vie à Crésus.

Alors Callimaque commença à se dégoûter de sa fortune. Cyrus l'avoit mis au rang de ses satrapes, et lui avoit donné d'assez grandes richesses. Un autre en eût été content : mais ce Lydien, avec son anneau, se sentoit en état de monter plus haut. Il ne pouvoit souffrir de se voir borné à une condition où il avoit tant d'égaux et un maître. Il ne pouvoit se résoudre à tuer Cyrus qui lui avoit fait tant de bien. Il avoit même quelquefois du regret d'avoir renversé Crésus de son trône. Lorsqu'il l'avoit vu conduit au supplice, il avoit été saisi de douleur. Il ne pouvoit plus demeurer dans un pays où il avoit causé tant de maux, et où il ne pouvoit rassasier son ambition. Il part : il cherche un pays inconnu ; il traverse des terres immenses, éprouve par-tout l'effet magique et merveilleux de son anneau, éleve à son gré et renverse les rois et les royaumes, amasse de grandes richesses, parvient au faîte des honneurs, et se trouve cependant toujours dévoré de desirs. Son talisman lui procure tout, excepté la paix et le bonheur. C'est qu'on ne les trouve que dans soi-même, qu'ils sont indépendants de tous ces avantages extérieurs auxquels nous mettons tant de prix, et que, quand dans l'opulence et la grandeur on perd la simplicité, l'innocence et la modération, alors le cœur et la conscience, qui sont les vrais sieges du bonheur, deviennent la proie du trouble, de l'inquiétude, de la honte et du remords.

FABLE XII.

Le jeune Bacchus et le Faune.

Un jour le jeune Bacchus, que Silene instruisoit, cherchoit les muses dans un bocage dont le silence n'étoit troublé que par le bruit des fontaines et par le chant des oiseaux. Le soleil avec ses rayons n'en pouvoit percer la sombre verdure. L'enfant de Sémélé, pour étudier la langue des dieux, s'assit dans un coin au pied d'un vieux chêne, du tronc duquel plusieurs hommes de l'âge d'or étoient nés. Il avoit même autrefois rendu des oracles, et le temps n'avoit osé l'abattre de sa tranchante faux. Auprès de ce chêne sacré et antique se cachoit un jeune faune, qui prêtoit l'oreille aux vers que chantoit l'enfant, et qui marquoit à Silene, par un ris moqueur, toutes les fautes que faisoit son disciple. Aussitôt les naïades et les autres nymphes du bois sourioient aussi. Le critique étoit jeune, gracieux et folâtre; sa tête étoit couronnée de lierre et de pampre, ses tempes étoient ornées de grappes de raisin; de son épaule gauche pendoit sur son côté droit, en écharpe, un feston de lierre: et le jeune Bacchus se plaisoit à voir ces feuilles consacrées à sa divinité.

Le faune étoit enveloppé au-dessous de la ceinture par la dépouille affreuse et hérissée d'une jeune lionne qu'il avoit tuée dans les forêts. Il tenoit dans sa main une houlette courbée et noueuse. Sa queue paroissoit derriere comme se jouant sur son dos. Mais comme Bacchus ne pouvoit souffrir un rieur malin, toujours prêt à se moquer de ses expressions si elles n'étoient pures et élégantes, il lui dit d'un ton fier et impatient : Comment oses-tu te moquer du fils de Jupiter? Le faune répondit sans s'émouvoir : Hé ! comment le fils de Jupiter ose-t-il faire quelque faute?

FABLE XIII.

Priere indiscrete de Nélée, petit-fils de Nestor.

ENTRE tous les mortels qui avoient été aimés des dieux, nul ne leur avoit été plus cher que Nestor : ils avoient versé sur lui leurs dons les plus précieux, la sagesse, la profonde connoissance des hommes, une éloquence douce et insinuante. Tous les Grecs l'écoutoient avec admiration; et, dans une extrême vieillesse, il avoit un pouvoir absolu sur les cœurs et sur les esprits. Les dieux, avant la fin de ses jours, voulurent lui accorder encore une faveur, qui fut de voir naître un fils de Pisistrate. Quand il vint au monde, Nestor le prit sur ses genoux; et levant les yeux au ciel: Ô Pallas, dit-il, vous avez comblé la mesure de vos bienfaits; je n'ai plus rien à souhaiter sur la terre, sinon que vous remplissiez de votre esprit l'enfant que vous m'avez fait voir. Vous ajouterez, j'en suis sûr, puissante déesse, cette faveur à toutes celles que j'ai reçues de vous. Je ne demande point de voir le temps où mes vœux seront exaucés, la terre m'a porté trop long-temps; coupez, fille de Jupiter, le fil de mes jours. Ayant prononcé ces mots, un doux sommeil se répand sur ses yeux, il fut uni avec celui de la mort; et, sans effort, sans douleur, son ame quitta son corps glacé et presque anéanti par trois âges d'homme qu'il avoit vécu.

Ce petit-fils de Nestor s'appelloit Nélée. Nestor, à qui la mémoire de son pere avoit toujours été chere, voulut qu'il portât son nom. Quand Nélée fut sorti de l'enfance, il alla faire un sacrifice à Minerve dans un bois proche de la ville de Pylos, qui étoit consacré à cette déesse. Après que les victimes, couronnées de fleurs, eurent été égorgées, pendant que ceux qui l'avoient accompagné s'occupoient aux cérémonies qui suivoient l'immolation, que les uns coupoient du bois, que les autres faisoient sortir le feu des veines des cailloux, qu'on écorchoit les victimes, et qu'on les coupoit en plusieurs morceaux, tous étant éloignés de l'autel, Nélée étoit demeuré auprès. Tout d'un coup il entendit la terre trembler, du creux des arbres sortoient d'affreux mugissemens, l'autel paroissoit en feu, et sur le haut des flammes parut une femme d'un air si majestueux et si vénérable, que Nélée en fut ébloui. Sa figure étoit au-dessus de la forme humaine, ses regards étoient plus perçants que les éclairs. Sa beauté n'avoit rien de mou ni d'efféminé : elle étoit pleine de graces, et marquoit de la force et de la vigueur. Nélée, ressentant l'impression de la divinité, se prosterne à terre : tous ses membres se trouvent agités par un violent tremblement, son sang se glace dans ses veines, sa langue s'attache à son palais et ne peut plus proférer aucune parole; il demeure interdit, immobile et presque sans vie. Alors Pallas lui rend la force qui l'avoit abandonné. Ne craignez rien, lui dit cette déesse; je suis descendue du haut de l'Olympe pour vous témoigner le même amour que j'ai fait ressentir à votre aïeul Nestor : je mets votre bonheur dans vos mains, j'exaucerai tous vos vœux; mais pensez attentivement à ce que vous me devez demander. Alors Nélée, revenu de son étonnement, et charmé par la douceur des paroles de la déesse, sentit au-dedans de lui la même assurance que s'il n'eût été que devant une personne mortelle. Il étoit à l'entrée de la jeunesse : dans cet âge où les plaisirs qu'on commence à ressentir occupent et entraînent l'ame toute entiere, on n'a point encore connu l'amertume, suite inséparable des plaisirs; on n'a point encore été instruit par l'expérience. Ô déesse, s'é-cria-t-il, si je puis toujours goûter la douceur de la volupté, tous mes souhaits seront accomplis. L'air de la déesse étoit auparavant gai et ouvert; à ces mots elle en prit un froid et sérieux : Tu ne comptes, lui dit-elle, que ce qui flatte les sens : eh bien! tu vas être rassasié des plaisirs que ton cœur desire. La déesse aussitôt disparut. Nélée quitte l'autel et reprend le chemin de Pylos. Il voit sous ses pas naître et éclore des fleurs d'une odeur si délicieuse, que les hommes n'avoient jamais ressenti un si précieux parfum. Le pays s'embellit, et prend une forme qui charme les yeux de Nélée. La beauté des Graces, compagnes de Vénus, se répand sur toutes les femmes qui paroissent devant lui. Tout ce qu'il boit devient nectar, tout ce qu'il mange devient ambrosie : son ame se trouve noyée dans un océan de plaisirs. La volupté s'empare du cœur de Nélée, il ne vit plus que pour elle; il n'est plus occupé que d'un seul soin, qui est que les divertissements se succedent toujours les uns aux autres, et qu'il n'y ait pas un seul moment où ses sens ne soient agréablement charmés. Plus il goûte les plaisirs, plus il les souhaite ardemment. Son esprit s'amollit et perd toute sa vigueur; les affaires lui deviennent un poids d'une pesanteur horrible; tout ce qui est sérieux lui donne un chagrin mortel. Il éloigne de ses yeux les sages conseillers qui avoient été formés par Nestor, et qui étoient regardés comme le plus précieux héritage que ce prince eût laissé à son petit-fils. La raison, les remontrances utiles deviennent l'objet de son aversion la plus vive, et il frémit si quelqu'un ouvre la bouche devant lui pour lui donner un sage conseil. Il fait bâtir un magnifique palais où on ne voit luire que l'or, l'argent et le marbre, où tout est prodigué pour contenter les yeux et appeller le plaisir. Le fruit de tant de soins pour se satisfaire, c'est l'ennui, l'inquiétude. A peine a-t-il ce qu'il souhaite, qu'il s'en dégoûte: il faut qu'il change souvent de demeure, qu'il coure sans cesse de palais en palais, qu'il abatte et qu'il réédifie. Le beau, l'agréable, ne le touchent plus; il lui faut du singulier, du bizarre, de l'extraordinaire: tout ce qui est naturel et simple lui paroît insipide, et il tombe dans un tel engourdissement, qu'il ne vit plus, qu'il ne sent plus que par secousse, par soubresaut. Pylos sa capitale change de face. On y aimoit le travail, on y honoroit les dieux; la bonne foi régnoit dans le commerce, tout y étoit dans l'ordre; et le peuple même trouvoit dans les occupations utiles, qui se succédoient sans l'accabler, l'aisance et la paix. Un luxe effréné prend la place de la décence et des vraies richesses : tout y est prodigué aux vains agréments, aux commodités recherchées. Les maisons, les jardins, les édifices publics changent de forme; tout y devient singulier; le grand, le majestueux, qui sont toujours simples, ont disparu. Mais ce qui est encore plus fâcheux, les habitants, à l'exemple de Nélée, n'aiment, n'estiment, ne recherchent que la volupté : on la poursuit aux dépens de l'innocence et de la vertu, on s'agite, on se tourmente pour saisir une ombre vaine et fugitive de bonheur, et l'on en perd le repos et la tranquillité; personne n'est content, parcequ'on veut l'être trop, parcequ'on ne sait rien souffrir ni rien attendre. L'agriculture, et les autres arts utiles, sont devenus presque avilissants : ce sont ceux que la mollesse a inventés qui sont en honneur, qui menent à la richesse, et auxquels on prodigue les encouragements. Les trésors que Nestor et Pisistrate avoient amassés sont bientôt dissipés, les revenus de l'état deviennent la proie de l'étourderie et de la cupidité. Le peuple murmure, les grands se plaignent, les sages seuls gardent quelque temps le silence; ils parlent enfin, et leur voix respectueuse se fait entendre à Nélée. Ses yeux s'ouvrent, son cœur s'attendrit. Il a encore recours à Minerve: il se plaint à la déesse de sa facilité à exaucer ses vœux téméraires; il la conjure de retirer ses dons perfides; il lui demande la sagesse et la justice. Que j'étois aveugle! s'écria-t-il: mais je connois mon erreur, je déteste la faute que j'ai faite, je veux la réparer, et chercher dans l'application à mes devoirs, dans le soin de soulager mon peuple, et dans l'innocence et la pureté des mœurs, le repos et le bonheur que j'ai vainement cherchés dans les plaisirs des sens.

FABLE XIV.

Voyage dans l'isle des Plaisirs.

APRÈS avoir long-temps vogué sur la mer pacifique, nous apperçûmes de loin une isle de sucre avec des montagnes de compote, des rochers de sucre candi et de caramelle, et des rivieres de syrop qui couloient dans la campagne. Les habitants, qui étoient fort friands, léchoient tous les chemins, et suçoient leurs doigts après les avoir trempés dans les fleuves. Il y avoit aussi des forêts de réglisse, et de grands arbres d'où tomboient des gaufres que le vent emportoit dans la bouche des voyageurs si peu qu'elle fût ouverte. Comme tant de douceurs nous parurent fades, nous voulûmes passer en quelque autre pays où l'on pût trouver des mets d'un goût plus relevé. On nous assura qu'il y avoit à dix lieues de là une autre isle où il y avoit des mines de jambons, de saucisses et de ragoûts poivrés. On les creusoit comme on creuse les mines d'or dans le Pérou. On y trouvoit aussi des ruisseaux de sauces à l'oignon. Les murailles des maisons sont de croûtes de pâté. Il y pleut du vin couvert quand le temps est chargé; et, dans les plus beaux jours, la rosée du matin est toujours de vin blanc, semblable au vin grec ou à celui de Saint-Laurent. Pour passer dans cette isle, nous fîmes mettre, sur le port de celle d'où nous voulions partir, douze hommes d'une grosseur prodigieuse, et qu'on avoit endormis: ils souffloient si fort en ronflant, qu'ils remplirent nos voiles d'un vent favorable. A peine fûmes-nous arrivés dans l'autre isle, que nous trouvâmes sur le rivage des marchands qui vendoient de l'appétit; car on en manquoit souvent parmi tant de ragoûts. Il y avoit aussi d'autres gens qui vendoient le sommeil. Le prix en étoit réglé tant par heure; mais il y avoit des sommeils plus chers les uns que les autres, à proportion des songes qu'on vouloit avoir. Les plus beaux songes étoient fort chers. J'en demandai des plus agréables pour mon argent; et comme j'étois las, j'allai d'abord me coucher. Mais à peine fus-je dans mon lit que j'entendis un grand bruit; j'eus peur, et je demandai du secours. On me dit que c'étoit la terre qui s'entr'ouvroit. Je crus être perdu; mais on me rassura en me disant qu'elle s'entr'ouvroit ainsi toutes les nuits à une certaine heure, pour vomir avec grand effort des ruisseaux bouillants de chocolat moussé, et des liqueurs glacées de toutes les façons. Je me levai à la hâte pour en prendre, et elles étoient délicieuses. Ensuite je me recouchai, et, dans mon sommeil, je crus voir que tout le monde étoit de crystal, que les hommes se nourrissoient de parfums quand il leur plaisoit, qu'ils ne pouvoient marcher qu'en dansant ni parler qu'en chantant, qu'ils avoient des ailes pour fendre les airs, et des nageoires pour passer les mers. Mais ces hommes étoient comme des pierres à fusil: on ne pouvoit les choquer qu'aussitôt ils ne prissent feu. Ils s'enflammoient comme une meche, et je ne pouvois m'empêcher de rire voyant combien ils étoient faciles à émouvoir. Je voulus demander à l'un d'eux pourquoi il paroissoit si animé: il me répondit, en me montrant le poing, qu'il ne se mettoit jamais en colere.

A peine fus-je éveillé, qu'il vint un marchand

d'appétit, me demandant de quoi je voulois avoir faim, et si je voulois qu'il me vendît des relais d'estomacs pour manger toute la journée. J'acceptai la condition. Pour mon argent, il me donna douze petits sachets de taffetas que je mis sur moi, et qui devoient me servir comme douze estomacs, pour digérer sans peine douze grands repas en un jour. A peine eus-je pris les douze sachets, que je commençai à mourir de faim. Je passai ma journée à faire douze festins délicieux. Dès qu'un repas étoit fini, la faim me reprenoit, et je ne lui donnois pas le temps de me presser. Mais comme j'avois une faim avide, on remarqua que je ne mangeois pas proprement : les gens du pays sont d'une délicatesse et d'une propreté exquises. Le soir je fus lassé d'avoir passé toute la journée à table comme un cheval à son râtelier. Je pris la résolution de faire tout le contraire le lendemain, et de ne me nourrir que de bonnes odeurs. On me donna à dejeûner de la fleur d'orange. A dîner ce fut une nourriture plus forte : on me servit des tubéreuses et puis des peaux d'Espagne. Je n'eus que des jonquilles à collation. Le soir, on me donna à souper de grandes corbeilles pleines de toutes les fleurs odoriférantes, et on y ajouta des cassolettes de toutes sortes de parfums. La nuit, j'eus une indigestion pour avoir trop senti tant d'odeurs nourrissantes. Le jour suivant, je jeûnai pour me délasser de la fatigue des plaisirs de la table. On me dit qu'il y avoit en ce pays-là une ville toute singuliere, et on me promit de m'y mener par une voiture qui m'étoit inconnue. On me mit dans une petite chaise de bois fort léger et toute garnie de grandes plumes, et on attacha à cette chaise, avec des cordes de soie, quatre grands oiseaux, grands comme des autruches, qui avoient des ailes proportionnées à leurs corps. Ces oiseaux prirent d'abord leur vol. Je conduisis les rênes du côté de l'orient qu'on m'avoit marqué. Je voyois à mes pieds les hautes montagnes, et nous volâmes si rapidement, que je perdois presque l'haleine en fendant le vague de l'air. En une heure nous arrivâmes à cette ville si renommée. Elle est toute de marbre, et elle est grande trois fois comme Paris. Toute la ville n'est qu'une seule maison. Il y a vingt-quatre grandes cours, dont chacune est grande comme le plus grand palais du monde; et au milieu de ces vingt-quatre cours, il y en a une vingt-cinquieme qui est six fois plus grande que chacune des autres. Tous les logements de cette maison sont égaux, car il n'y a point d'inégalité de condition entre les habitants de cette ville. Il n'y a là ni domestiques ni petit peuple; chacun se sert soi-même, personne n'est

servi : il y a seulement des souhaits, qui sont de petits
esprits follets et voltigeants, qui donnent à chacun
tout ce qu'il desire dans le moment même. En arrivant, je reçus un de ces esprits qui s'attacha à moi,
et qui ne me laissa manquer de rien : à peine me
donnoit-il le temps de desirer. Je commençois même
à être fatigué des nouveaux desirs que cette liberté
de me contenter excitoit sans cesse en moi, et je
compris, par expérience, qu'il valoit mieux se passer des choses superflues, que d'être sans cesse dans
de nouveaux desirs, sans pouvoir jamais s'arrêter à
la jouissance tranquille d'aucun plaisir. Les habitants
de cette ville étoient polis, doux et obligeants. Ils
me reçurent comme si j'avois été l'un d'entre eux.
Dès que je voulois parler, ils devinoient ce que je
voulois, et le faisoient sans attendre que je m'expli-
quasse. Cela me surprit, et j'apperçus qu'ils ne parloient jamais entre eux : ils lisent dans les yeux les
uns des autres tout ce qu'ils pensent, comme on lit
dans un livre ; et quand ils veulent cacher leurs pensées, ils n'ont qu'à fermer les yeux. Ils me menerent
dans une salle où il y eut une musique de parfums.
Ils assemblent les parfums comme nous assemblons
les sons. Un certain assemblage de parfums, les uns
plus forts, les autres plus doux, fait une harmonie
qui chatouille l'odorat, comme nos concerts flattent

l'oreille par des sons tantôt graves et tantôt aigus. En ce pays-là, les femmes gouvernent les hommes, elles jugent les procès, elles enseignent les sciences et vont à la guerre. Les hommes s'y fardent, s'y ajustent depuis le matin jusqu'au soir, ils filent, ils cousent, ils travaillent à la broderie, et ils craignent d'être battus par leurs femmes, quand ils ne leur ont pas obéi. On dit que la chose se passoit autrement il y a un certain nombre d'années : mais les hommes, servis par les souhaits, sont devenus si lâches, si paresseux et si ignorants, que les femmes furent honteuses de se laisser gouverner par eux. Elles s'assemblerent pour réparer les maux de la république. Elles firent des écoles publiques, où les personnes de leur sexe qui avoient le plus d'esprit se mirent à étudier. Elles désarmerent leurs maris, qui ne demandoient pas mieux que de n'aller jamais aux coups. Elles les débarrasserent de tous les procès à juger, veillerent à l'ordre public, établirent des loix, les firent observer, et sauverent la chose publique, dont l'inapplication, la légèreté, la mollesse des hommes, auroient sûrement causé la ruine totale. Touché de ce spectacle, et fatigué de tant de festins et d'amusements, je conclus que les plaisirs des sens, quelque variés, quelque faciles qu'ils soient, avilissent et ne rendent point heureux. Je m'éloignai donc de ces contrées en apparence si délicieuses ; et, de retour chez moi, je trouvai dans une vie sobre, dans un travail modéré, dans des mœurs pures, dans la pratique de la vertu, le bonheur et la santé que n'avoient pu me procurer la continuité de la bonne chere et la variété des plaisirs.

FABLE XV.

Chasse de Diane.

Il y a, dans le pays des Celtes et assez près du fameux séjour des druides, une sombre forêt dont les chênes, aussi anciens que la terre, ont vu les eaux du déluge, et conservent sous leurs épais rameaux une profonde nuit au milieu du jour. Dans cette forêt reculée, étoit une belle fontaine plus claire que le crystal, et qui donna son nom au lieu où elle couloit. Diane alloit souvent percer de ses traits des cerfs et des daims dans cette forêt pleine de rochers escarpés et sauvages. Après avoir chassé avec ardeur, elle alloit se plonger dans les pures eaux de la fontaine, et la naïade se glorifioit de faire les délices de la déesse et de toutes ses nymphes. Un jour Diane chassa en ces lieux un sanglier plus grand et plus furieux que celui de Calydon. Son dos étoit armé d'une soie dure, aussi hérissée et aussi horrible que les piques d'un bataillon. Ses yeux étincelants étoient pleins de sang et de feu. Il jetoit d'une gueule béante et enflammée une écume mêlée d'un sang noir. Sa hure monstrueuse ressembloit à la proue recourbée d'un navire. Il étoit sale et couvert de la boue de sa bauge où il s'étoit veautré. Le souffle brûlant de sa gueule agitoit l'air tout autour de lui, et faisoit un bruit effroyable. Il s'élançoit rapidement comme la foudre ; il renversoit les moissons dorées, et ravageoit toutes les campagnes voisines ; il coupoit les hautes tiges des arbres les plus durs pour aiguiser ses défenses contre leurs troncs. Ses défenses étoient aiguës et tranchantes comme les glaives recourbés des Perses. Les laboureurs épouvantés se réfugioient dans leurs villages. Les bergers, oubliant leurs foibles troupeaux errants dans les pâturages, couroient vers leurs cabanes. Tout étoit consterné ; les chasseurs mêmes, avec leurs dards et leurs épieux, n'osoient entrer dans la forêt. Diane seule, ayant pitié de ce pays, s'avance avec son carquois doré et ses fleches. Une troupe de nymphes la suit, et elle les surpasse de toute la tête. Elle est, dans sa course, plus légere que les zéphyrs et plus prompte que les éclairs. Elle atteint le monstre furieux, le perce d'une de ses fleches au-dessous de l'oreille, à l'endroit où l'épaule commence. Le voilà qui se roule dans les flots de son sang : il pousse des cris dont toute la forêt retentit, et montre en vain ses défenses prêtes à déchirer ses ennemis. Les nymphes en frémissent. Diane seule s'avance, met le pied sur sa tête, et enfonce son dard; puis se voyant rougie du sang de ce sanglier, qui avoit rejailli sur elle, elle se baigne dans la fontaine, et se retire charmée d'avoir délivré les campagnes de ce monstre.

FABLE XVI.

Le Nil et le Gange.

Un jour deux fleuves, jaloux l'un de l'autre, se présenterent à Neptune pour disputer le premier rang. Le dieu étoit sur un trône d'or au milieu d'une grotte profonde. La voûte étoit de pierres ponces, mêlées de rocailles et de conques marines. Des eaux immenses venoient de tous côtés, et se suspendoient en voûte au-dessus de la tête du dieu. Là, paroissoient le vieux Nérée ridé et courbé comme Saturne, le grand Océan pere de tant de nymphes, Téthys pleine de charmes, Amphitrite avec le petit Palémon, Ino et Mélicerte, la foule des jeunes néréides couronnées de fleurs; Protée même y étoit accouru avec ses troupeaux marins, qui, de leurs vastes narines ouvertes, avaloient l'onde amere pour la revomir comme des fleuves rapides qui tombent des rochers escarpés. Toutes les petites fontaines transparentes, les ruisseaux bondissants et écumeux, les fleuves qui arrosent la terre, les mers qui l'environnent, venoient apporter le tribut de leurs eaux dans le sein immobile du souverain pere des ondes. Les deux fleuves, dont l'un est le Nil et l'autre le Gange, s'avancent. Le Nil tenoit dans sa main une palme, et le Gange ce roseau indien dont la moelle rend un suc si doux que l'on nomme sucre. Ils étoient couronnés de jonc. La vieillesse des deux étoit également majestueuse et vénérable. Leurs corps nerveux étoient d'une vigueur et d'une noblesse au-dessus de l'homme. Leurs barbes, d'un verd bleuâtre, flottoient jusqu'à leur ceinture. Leurs yeux étoient vifs et étincelants, malgré un séjour si humide. Leurs sourcils épais et mouillés tomboient sur leurs paupieres. Ils traverserent la foule des monstres marins; les troupeaux de tritons folâtres sonnoient de la trompette avec leurs conques recourbées, les dauphins s'élevoient au-dessus de l'onde qu'ils faisoient bouillonner par les mouvements de leurs queues, et ensuite se replongeoient dans l'eau avec un bruit effroyable, comme si les abymes se fussent ouverts.

Le Nil parla le premier ainsi : Ô grand fils de Saturne, qui tenez le vaste empire des eaux, compatissez à ma douleur; on m'enleve injustement la gloire dont je jouis depuis tant de siecles : un nouveau fleuve, qui ne coule qu'en des pays barbares, ose me disputer le premier rang. Avez-vous oublié que la terre d'Égypte, fertilisée par mes eaux, fut l'asyle des dieux quand les géants voulurent escalader l'Olympe ? C'est moi qui donne à cette terre son prix : c'est moi qui fais l'Égypte si délicieuse et si puissante. Mon cours est immense : je viens de ces climats brûlants dont les mortels n'osent approcher; et quand Phaéton sur le char du Soleil embrasoit les terres, pour l'empêcher de faire tarir mes eaux je cachai si bien ma tête superbe, qu'on n'a point encore pu, depuis ce temps-là, découvrir où est ma source et mon origine. Au lieu que les débordements déréglés des autres fleuves ravagent les campagnes, le mien, toujours régulier, répand l'abondance dans ces heureuses terres d'Égypte, qui sont plutôt un beau jardin qu'une campagne. Mes eaux dociles se partagent en autant de canaux qu'il plaît aux habitants pour arroser leurs terres et pour faciliter leur commerce. Tous mes bords sont pleins de villes, et on en compte jusqu'à vingt mille dans la seule Égypte. Vous savez que mes catadoupes ou cataractes sont une chûte merveilleuse de toutes mes eaux de certains rochers en bas, au-dessus des plaines d'Égypte. On dit même que le bruit de mes eaux, dans cette chûte, rend sourds tous les habitants du pays. Sept bouches différentes apportent mes eaux dans votre empire, et le Delta qu'elles forment est la demeure du plus sage, du plus savant, du mieux policé et du plus ancien peuple de l'univers : il compte beaucoup de milliers d'années dans son histoire et dans la tradition de ses prêtres. J'ai donc pour moi la longueur de mon cours, l'ancienneté de mes peuples, les merveilles des dieux accomplies sur mes rivages, la fertilité des terres par mes inondations, la singularité de mon origine inconnue. Mais pourquoi raconter tous mes avantages contre un adversaire qui en a si peu ? Il sort des terres sauvages et glacées des Scythes, se jette dans une mer qui n'a aucun commerce qu'avec des barbares ; ces pays ne sont célèbres que pour avoir été subjugués par Bacchus, suivi d'une troupe de femmes ivres et échevelées, dansant avec des thyrses en main. Il n'a sur ses bords ni peuples polis et savants, ni villes magnifiques, ni monuments de la bienveillance des dieux : c'est un nouveau venu qui se vante sans preuve. Ô puissant dieu, qui commandez aux vagues et aux tempêtes, confondez sa témérité.

FABLES.

C'est la vôtre qu'il faut confondre, répliqua alors le Gange. Vous êtes, il est vrai, plus anciennement connu ; mais vous n'existiez pas avant moi. Comme vous, je descends de hautes montagnes, je parcours de vastes pays, je reçois le tribut de beaucoup de rivieres, je me rends par plusieurs bouches dans le sein des mers, et je fertilise les plaines que j'inonde. Si je voulois, à votre exemple, donner dans le merveilleux, je dirois, avec les Indiens, que je descends du ciel, et que mes eaux bienfaisantes ne sont pas moins salutaires à l'ame qu'au corps. Mais ce n'est pas devant le dieu des fleuves et des mers qu'il faut se prévaloir de ces prétentions chimériques. Créé cependant quand le monde sortit du chaos, plusieurs écrivains me font naître dans le jardin de délices qui fut le séjour du premier homme. Mais ce qu'il y a de certain, c'est que j'arrose encore plus de royaumes que vous ; c'est que je parcours des terres aussi riantes et aussi fécondes ; c'est que je roule cette poudre d'or si recherchée, et peut-être si funeste au bonheur des hommes ; c'est qu'on trouve sur mes bords des perles, des diamants, et tout ce qui sert à l'ornement des temples et des mortels ; c'est qu'on voit sur mes rives des édifices superbes, et qu'on y célebre de longues et magnifiques fêtes. Les Indiens, comme les Égyptiens, ont aussi leurs antiquités, leurs métamorphoses, leurs fables; mais ce qu'ils ont plus qu'eux, ce sont d'illustres gymnosophistes, des philosophes éclairés. Qui de vos prêtres si renommés pourriez-vous comparer au fameux Pilpay? Il a enseigné aux princes les principes de la morale et l'art de gouverner avec justice et bonté. Ses apologues ingénieux ont rendu son nom immortel; on les lit, mais on n'en profite guere dans les états que j'enrichis: et ce qui fait notre honte à tous les deux, c'est que nous ne voyons sur nos bords que des princes malheureux, parcequ'ils n'aiment que les plaisirs et une autorité sans borne; c'est que nous ne voyons dans les plus belles contrées du monde que des peuples misérables, parcequ'ils sont presque tous esclaves, presque tous victimes des volontés arbitraires et de la cupidité insatiable des maîtres qui les gouvernent ou plutôt qui les écrasent. A quoi me servent donc et l'antiquité de mon origine, et l'abondance de mes eaux, et tout le spectacle des merveilles que j'offre au navigateur? Je ne veux ni les honneurs ni la gloire de la préférence, tant que je ne contribuerai pas plus au bonheur de la multitude, tant que je ne servirai qu'à entretenir la mollesse ou l'avidité de quelques tyrans fastueux et inappliqués. Il n'y a rien de grand, rien d'estimable, que ce qui est utile au genre humain.

Neptune et l'assemblée des dieux marins applaudirent au discours du Gange, louerent sa tendre compassion pour l'humanité vexée et souffrante; ils lui firent espérer que, d'une autre partie du monde, il se transporteroit dans l'Inde des nations policées et humaines qui pourroient éclairer les princes sur leur vrai bonheur, et leur faire comprendre qu'il consiste principalement, comme il le croyoit avec tant de vérité, à rendre heureux tous ceux qui dépendent d'eux, et à les gouverner avec sagesse et modération.

FABLE XVII.

La patience et l'éducation corrigent bien des défauts.

UNE ourse avoit un petit ours qui venoit de naître. Il étoit horriblement laid. On ne reconnoissoit en lui aucune figure d'animal: c'étoit une masse informe et hideuse. L'ourse, toute honteuse d'avoir un tel fils, va trouver sa voisine la corneille, qui faisoit grand bruit par son caquet sur un arbre. Que ferai-je, lui dit-elle, ma bonne commere, de ce petit monstre? j'ai envie de l'étrangler. Gardez-vous en bien, dit la causeuse: j'ai vu d'autres ourses dans le même embarras que vous. Allez: léchez doucement votre fils;

il sera bientôt joli, mignon, et propre à vous faire honneur. La mere crut facilement ce qu'on lui disoit en faveur de son fils. Elle eut la patience de le lécher long-temps. Enfin il commença à être moins difforme, et elle alla remercier la corneille en ces termes : Si vous n'eussiez modéré mon impatience, j'aurois cruellement déchiré mon fils, qui fait maintenant tout le plaisir de ma vie.

Oh! que l'impatience empêche de biens et cause de maux !

FABLE XVIII.

Le rossignol et la fauvette.

Sur les bords toujours verds du fleuve Alphée, il y a un bocage sacré où trois naïades répandent à grand bruit leurs eaux claires, et arrosent les fleurs naissantes : les Graces y vont souvent se baigner. Les arbres de ce bocage ne sont jamais agités par les vents, qui les respectent; ils sont seulement caressés par le souffle des doux zéphyrs. Les nymphes et les faunes y font la nuit des danses au son de la flûte de Pan. Le soleil ne sauroit percer de ses rayons l'ombre épaisse que forment les rameaux entrelacés de ce bocage. Le silence, l'obscurité et la délicieuse fraîcheur y regnent le jour comme la nuit. Sous ce feuillage, on entend Philomele qui chante d'une voix plaintive et mélodieuse ses anciens malheurs dont elle n'est pas encore consolée. Une jeune fauvette au contraire y chante ses plaisirs, et elle annonce le printemps à tous les bergers d'alentour. Philomele même est jalouse des chansons tendres de sa compagne. Un jour elles apperçurent un jeune berger qu'elles n'avoient point encore vu dans ces bois ; il leur parut gracieux, noble, aimant les muses et l'harmonie : elles crurent que c'étoit Apollon, tel qu'il fut autrefois chez le roi Admete, ou du moins quelque jeune héros du sang de ce dieu. Les deux oiseaux, inspirés par les muses, commencerent aussitôt à chanter ainsi :

Quel est donc ce berger, ou ce dieu inconnu, qui vient orner nôtre bocage ? il est sensible à nos chansons ; il aime la poésie, elle adoucira son cœur et le rendra aussi aimable qu'il est fier.

Alors Philomele continua seule :

Que ce jeune héros croisse en vertu, comme une fleur que le printemps fait éclore ! qu'il aime les doux jeux de l'esprit ! que les graces soient sur ses levres ! que la sagesse de Minerve regne dans son cœur !

La fauvette lui répondit :

Qu'il égale Orphée par les charmes de sa voix, et Hercule par ses hauts faits ! qu'il porte dans son cœur l'audace d'Achille, sans en avoir la férocité ! qu'il soit bon, qu'il soit sage, bienfaisant, tendre pour les hommes, et aimé d'eux ! que les muses fassent naître en lui toutes les vertus !

Puis les deux oiseaux inspirés reprirent ensemble:

Il aime nos douces chansons; elles entrent dans son cœur, comme la rosée tombe sur nos gazons brûlés par le soleil. Que les dieux le moderent et le rendent toujours fortuné! qu'il tienne en sa main la corne d'abondance! que l'âge d'or revienne par lui! que la sagesse se répande de son cœur sur tous les mortels! et que les fleurs naissent sous ses pas!

Pendant qu'elles chantoient, les zéphyrs retinrent leurs haleines; toutes les fleurs du bocage s'épanouirent; les ruisseaux formés par les trois fontaines suspendirent leur cours; les satyres et les faunes, pour mieux écouter, dressoient leurs oreilles aiguës; Écho redisoit ces belles paroles à tous les rochers d'alentour; et toutes les dryades sortirent du sein des arbres verds pour admirer celui que Philomèle et sa compagne venoient de chanter.

FABLE XIX.

Le dragon et les renards.

Un dragon gardoit un trésor dans une profonde caverne; il veilloit jour et nuit pour le conserver. Deux renards, grands fourbes et grands voleurs de leur métier, s'insinuerent auprès de lui par leurs flatteries. Ils devinrent ses confidents. Les gens les plus com-

plaisants et les plus empressés ne sont pas les plus
sûrs. Ils le traitoient de grand personnage, admiroient toutes ses fantaisies, étoient toujours de son
avis, et se moquoient entre eux de leur dupe. Enfin il
s'endormit un jour au milieu d'eux ; ils l'étranglerent
et s'emparerent du trésor. Il fallut le partager entre
eux : c'étoit une affaire bien difficile, car deux scélérats ne s'accordent que pour faire le mal. L'un d'eux
se mit à moraliser : A quoi, disoit-il, nous servira
tout cet argent? un peu de chasse nous vaudroit
mieux : on ne mange point du métal; les pistoles
sont de mauvaise digestion. Les hommes sont des
fous d'aimer tant ces fausses richesses : ne soyons
pas aussi insensés qu'eux. L'autre fit semblant d'être
touché de ces réflexions, et assura qu'il vouloit vivre
en philosophe comme Bias, portant tout son bien
sur lui. Chacun fit semblant de quitter le trésor :
mais ils se dresserent des embûches et s'entredéchi-
rerent. L'un d'eux en mourant dit à l'autre, qui étoit
aussi blessé que lui : Que voulois-tu faire de cet argent? La même chose que tu voulois en faire, répondit l'autre. Un homme passant apprit leur aventure, et les trouva bien fous. Vous ne l'êtes pas
moins que nous, lui dit un des renards. Vous ne sauriez, non plus que nous, vous nourrir d'argent, et
vous vous tuez pour en avoir. Du moins, notre race

jusqu'ici a été assez sage pour ne mettre en usage aucune monnoie. Ce que vous avez introduit chez vous pour la commodité fait votre malheur. Vous perdez les vrais biens pour chercher les biens imaginaires.

FABLE XX.

Les deux renards.

Deux renards entrerent la nuit par surprise dans un poulailler; ils étranglerent le coq, les poules et les poulets : après ce carnage, ils appaiserent leur faim. L'un, qui étoit jeune et ardent, vouloit tout dévorer; l'autre, qui étoit vieux et avare, vouloit garder quelque provision pour l'avenir. Le vieux disoit : Mon enfant, l'expérience m'a rendu sage; j'ai vu bien des choses depuis que je suis au monde. Ne mangeons pas tout notre bien en un seul jour. Nous avons fait fortune; c'est un trésor que nous avons trouvé, il faut le ménager. Le jeune répondit : Je veux tout manger pendant que j'y suis, et me rassasier pour huit jours : car pour ce qui est de revenir ici, chansons ! il n'y fera pas bon demain; le maître, pour venger la mort de ses poules, nous assommeroit. Après cette conversation, chacun prend son parti.

Le jeune mange tant, qu'il se creve, et peut à peine aller mourir dans son terrier. Le vieux, qui se croit bien plus sage de modérer ses appétits et de vivre d'économie, retourne le lendemain à sa proie, et est assommé par le maître.

Ainsi chaque âge a ses défauts: les jeunes gens sont fougueux et insatiables dans leurs plaisirs; les vieux sont incorrigibles dans leur avarice.

FABLE XXI.

Le loup et le jeune mouton.

Des moutons étoient en sûreté dans leur parc; les chiens dormoient; et le berger, à l'ombre d'un grand ormeau, jouoit de la flûte avec d'autres bergers voisins. Un loup affamé vint, par les fentes de l'enceinte, reconnoître l'état du troupeau. Un jeune mouton sans expérience, et qui n'avoit jamais rien vu, entra en conversation avec lui. Que venez-vous chercher ici? dit-il au glouton. L'herbe tendre et fleurie, lui répondit le loup. Vous savez que rien n'est plus doux que de paître dans une verte prairie émaillée de fleurs pour appaiser sa faim, et d'aller éteindre sa soif dans un clair ruisseau: j'ai trouvé ici l'un et l'autre. Que faut-il davantage? J'aime la philosophie qui enseigne à se contenter de peu. Il est donc vrai, repartit le jeune mouton, que vous ne mangez point la chair des animaux, et qu'un peu d'herbe vous suffit. Si cela est, vivons comme freres, et paissons ensemble. Aussitôt le mouton sort du parc dans la prairie, où le sobre philosophe le mit en pieces et l'avala.

Défiez-vous des belles paroles des gens qui se vantent d'être vertueux. Jugez-les par leurs actions, et non par leurs discours.

FABLE XXII.

Le chat et les lapins.

Un chat, qui faisoit le modeste, étoit entré dans une garenne peuplée de lapins. Aussitôt toute la république alarmée ne songea qu'à s'enfoncer dans ses trous. Comme le nouveau venu étoit au guet auprès d'un terrier, les députés de la nation lapine, qui avoient vu ses terribles griffes, comparurent dans l'endroit le plus étroit de l'entrée du terrier, pour lui demander ce qu'il prétendoit. Il protesta d'une voix douce qu'il vouloit seulement étudier les mœurs de la nation; qu'en qualité de philosophe il alloit dans tous les pays pour s'informer des coutumes de chaque espece d'animaux. Les députés, simples et crédules, retournerent dire à leurs freres que cet étranger, si vénérable par son maintien modeste et par sa majestueuse fourrure, étoit un philosophe sobre, désintéressé, pacifique, qui vouloit seulement rechercher la sagesse de pays en pays; qu'il venoit de beaucoup d'autres lieux où il avoit vu de grandes merveilles; qu'il y auroit bien du plaisir à l'entendre, et qu'il n'avoit garde de croquer les lapins, puisqu'il croyoit en bon bramin la métempsycose, et ne mangeoit d'aucun aliment qui eût eu vie. Ce beau discours toucha l'assemblée. En vain un vieux lapin rusé, qui étoit le docteur de la troupe, représenta combien ce grave philosophe lui étoit suspect: malgré lui on va saluer le bramin, qui étrangla du premier saut sept ou huit de ces pauvres gens. Les autres regagnent leurs trous, bien effrayés et bien honteux de leur faute. Alors dom Mitis revint à l'entrée du terrier, protestant, d'un ton plein de cordialité, qu'il n'avoit fait ce meurtre que malgré lui, pour son pressant besoin; que désormais il vivroit d'autres animaux, et feroit avec eux une alliance éternelle. Aussitôt les lapins entrerent en négociation avec lui, sans se mettre néanmoins à la portée de ses griffes. La négociation dure, on l'amuse. Cependant un lapin des plus agiles sort par les derrieres du terrier, et va avertir un berger voisin, qui aimoit à prendre dans un lacs de ces lapins nourris de genievre. Le berger, irrité contre ce chat exterminateur d'un peuple si utile, accourt au terrier avec un arc et des fleches : il apperçoit le chat qui n'étoit attentif qu'à sa proie ; il le perce d'une de ses fleches ; et le chat expirant dit ces dernieres paroles : Quand on a une fois trompé, on ne peut plus être cru de personne ; on est haï, craint ; et on est enfin attrapé par ses propres finesses.

FABLE XXIII.

Les deux souris.

Une souris ennuyée de vivre dans les périls et dans les alarmes, à cause de Mitis et de Rodilardus, qui faisoient grand carnage de la nation souriquoise, appella sa commere, qui étoit dans un trou de son voisinage. Il m'est venu, lui dit-elle, une bonne pensée. J'ai lu, dans certains livres que je rongeois ces jours passés, qu'il y a un beau pays nommé les Indes, où notre peuple est mieux traité et plus en sûreté qu'ici. En ce pays-là, les sages croient que l'ame d'une souris a été autrefois l'ame d'un grand capitaine, d'un roi, d'un merveilleux fakir, et qu'elle pourra, après la mort de la souris, entrer dans le

corps de quelque belle dame ou de quelque grand
potentat. Si je m'en souviens bien, cela s'appelle métempsycose. Dans cette opinion, ils traitent tous les
animaux avec une charité fraternelle: on voit des
hôpitaux de souris, qu'on met en pension, et qu'on
nourrit comme personnes importantes. Allons, ma
sœur, partons pour un si beau pays où la police est
si bonne, et où l'on fait justice à notre mérite. La
commere lui répondit: Mais, ma sœur, n'y a-t-il pas
des chats qui entrent dans ces hôpitaux? Si cela étoit,
ils feroient en peu de temps bien des métempsyco-
ses: un coup de dent ou de griffe feroit un roi ou un
fakir; merveille dont nous nous passerions très bien.
Ne craignez point cela, dit la premiere; l'ordre est
parfait dans ce pays-là: les chats ont leurs maisons,
comme nous les nôtres, et ils ont aussi leurs hôpitaux
d'invalides, qui sont à part. Sur cette conversation
nos deux souris partent ensemble; elles s'embar-
quent dans un vaisseau qui alloit faire un voyage de
long cours, en se coulant le long des cordages le soir
de la veille de l'embarquement. On part; elles sont ra-
vies de se voir sur la mer, loin des terres maudites
où les chats exerçoient leur tyrannie. La navigation
fut heureuse; elles arriverent à Surate, non pour
amasser des richesses, comme les marchands, mais
pour se faire bien traiter par les Indous. A peine fu-

rent-elles entrées dans une maison destinée aux souris, qu'elles y voulurent avoir les premieres places. L'une prétendoit se souvenir d'avoir été autrefois un fameux bramin sur la côte de Malabar; l'autre protestoit qu'elle avoit été une belle dame du même pays avec de longues oreilles. Elles firent tant les insolentes, que les souris indiennes ne purent les souffrir. Voilà une guerre civile. On donna sans quartier sur ces deux Frangis, qui vouloient faire la loi aux autres; au lieu d'être mangées par les chats, elles furent étranglées par leurs propres sœurs.

On a beau aller loin pour éviter le péril; si on n'est modeste et sensé, on va chercher son malheur bien loin: autant vaudroit-il le trouver chez soi.

FABLE XXIV.

L'assemblée des animaux pour choisir un roi.

LE lion étant mort, tous les animaux accoururent dans son antre, pour consoler la lionne sa veuve, qui faisoit retentir de ses cris les montagnes et les forêts. Après lui avoir fait leurs compliments, ils commencerent l'élection d'un roi: la couronne du défunt étoit au milieu de l'assemblée. Le lionceau étoit trop jeune et trop foible pour obtenir la royauté sur tant de fiers animaux. Laissez-moi croître, disoit-il, je saurai bien régner et me faire craindre à mon tour. En attendant, je veux étudier l'histoire des belles actions de mon pere, pour égaler un jour sa gloire. Pour moi, dit le léopard, je prétends être couronné; car je ressemble plus au lion que tous les autres prétendants. Et moi, dit l'ours, je soutiens qu'on m'avoit fait une injustice, quand on me préféra le lion : je suis fort, courageux, carnassier, tout autant que lui; et j'ai un avantage singulier, qui est de grimper sur les arbres. Je vous laisse à juger, messieurs, dit l'éléphant, si quelqu'un peut me disputer la gloire d'être le plus grand, le plus fort et le plus brave de tous les animaux. Je suis le plus noble et le plus beau, dit le cheval. Et moi le plus fin, dit le renard. Et moi le plus léger à la couse, dit le cerf. Où trouverez-vous, dit le singe, un roi plus agréable et plus ingénieux que moi? Je divertirai chaque jour mes sujets. Je ressemble même à l'homme, qui est le véritable roi de toute la nature. Le perroquet alors harangua ainsi: Puisque tu te vantes de ressembler à l'homme, je puis m'en vanter aussi. Tu ne lui ressembles que par ton laid visage et par quelques grimaces ridicules: pour moi, je lui ressemble par la voix, qui est la marque de la raison et le plus bel ornement de l'homme. Tais-toi, maudit causeur, lui répondit le singe : tu parles, mais non pas comme l'homme; tu dis toujours la même chose, sans entendre ce que tu dis. L'assemblée se moqua de ces deux mauvais copistes de l'homme; et on donna la couronne à l'éléphant, parcequ'il a la force et la sagesse, sans avoir ni la cruauté des bêtes furieuses, ni la sotte vanité de tant d'autres qui veulent toujours paroître ce qu'elles ne sont pas.

FABLE XXV.

Le singe.

Un vieux singe malin étant mort, son ombre descendit dans la sombre demeure de Pluton, où elle demanda à retourner parmi les vivants. Pluton vouloit la renvoyer dans le corps d'un âne pesant et stupide, pour lui ôter sa souplesse, sa vivacité et sa malice : mais elle fit tant de tours plaisants et badins, que l'inflexible roi des enfers ne put s'empêcher de rire, et lui laissa le choix d'une condition. Elle demanda à entrer dans le corps d'un perroquet. Au moins, disoit-elle, je conserverai par-là quelque ressemblance avec les hommes, que j'ai si long-temps imités. Étant singe, je faisois des gestes comme eux ; et étant perroquet, je parlerai avec eux dans les plus agréables conversations. A peine l'ame du singe fut introduite dans ce nouveau corps, qu'une vieille femme causeuse l'acheta. Il fit ses délices; elle le mit dans une belle cage. Il faisoit bonne chere, et discouroit toute la journée avec la vieille radoteuse, qui ne parloit pas plus sensément que lui. Il joignoit à son nouveau talent d'étourdir tout le monde, je ne sais quoi de son ancienne profession: il remuoit sa tête ridiculement; il faisoit craquer son bec; il agitoit ses ailes de cent façons, et faisoit de ses pattes plusieurs tours qui sentoient encore les grimaces de Fagotin. La vieille prenoit à toute heure ses lunettes pour l'admirer. Elle étoit bien fâchée d'être un peu sourde, et de perdre quelquefois des paroles de son perroquet, à qui elle trouvoit plus d'esprit qu'à personne. Ce perroquet gâté devint bavard, importun et fou. Il se tourmenta si fort dans sa cage, et but tant de vin avec la vieille, qu'il en mourut. Le voilà revenu devant Pluton, qui voulut cette fois le faire passer dans le corps d'un poisson pour le rendre muet: mais il fit encore une farce devant le roi des ombres; et les princes ne résistent guere aux demandes des mauvais plaisants qui les flattent. Pluton accorda donc à celui-ci qu'il iroit dans le corps d'un homme. Mais comme le dieu eut honte de l'envoyer dans le corps d'un homme sage et vertueux, il le destina au corps d'un harangueur ennuyeux et importun, qui mentoit, qui se vantoit sans cesse, qui faisoit des gestes ridicules, qui se moquoit de tout le monde, qui interrompoit toutes les conversations les plus polies et les plus solides pour dire des riens, ou les sottises les plus grossieres. Mercure, qui le reconnut dans ce nouvel état, lui dit en riant : Ho ! ho ! je te reconnois, tu n'es qu'un composé du singe et du perroquet que j'ai vus autrefois. Qui t'ôteroit tes gestes et tes paroles apprises par cœur sans jugement, ne laisseroit rien de toi. D'un joli singe et d'un bon perroquet, on n'en fait qu'un sot homme.

Oh ! combien d'hommes dans le monde, avec des gestes façonnés, un petit caquet et un air capable, n'ont ni sens ni conduite !

FABLE XXVI.

Les deux lionceaux.

Deux lionceaux avoient été nourris ensemble dans la même forêt : ils étoient de même âge, de même taille, de mêmes forces. L'un fut pris dans de grands filets à une chasse du grand Mogol : l'autre demeura dans des montagnes escarpées. Celui qu'on avoit pris fut mené à la cour, où il vivoit dans les délices: on lui donnoit chaque jour une gazelle à manger; il n'avoit qu'à dormir dans une loge où on avoit soin de le faire coucher mollement. Un eunuque blanc avoit soin de peigner deux fois le jour sa longue criniere dorée. Comme il étoit apprivoisé, le roi même le caressoit souvent. Il étoit gras, poli, de bonne mine, et magnifique; car il portoit un collier d'or, et on lui mettoit aux oreilles des pendants garnis de perles et de diamants : il méprisoit tous les autres lions qui étoient dans les loges voisines, moins belles que la sienne, et qui n'étoient pas en faveur comme lui. Ces prospérités lui enflerent le cœur; il crut être un grand personnage, puisqu'on le traitoit si honorablement. La cour où il brilloit lui donna le goût de l'ambition; il s'imaginoit qu'il auroit été un héros, s'il eût habité les forêts. Un jour comme on ne l'attachoit plus à sa chaîne, il s'enfuit du palais, et retourna dans le pays où il avoit été nourri. Alors le roi de toute la nation lionne venoit de mourir, et on avoit assemblé les états pour lui choisir un successeur. Parmi beaucoup de prétendants, il y en avoit un qui effaçoit tous les autres par sa fierté et par son audace; c'étoit cet autre lionceau, qui n'avoit point quitté les déserts. Pendant que son compagnon avoit fait fortune à la cour, le solitaire avoit souvent aiguisé son courage par une cruelle faim : il étoit accoutumé à ne se nourrir qu'au travers des plus grands périls et par des carnages; il déchiroit et troupeaux et bergers. Il étoit maigre, hérissé, hideux: le feu et le sang sortoient de ses yeux; il étoit léger, nerveux, accoutumé à grimper et à s'élancer, intrépide contre les épieux et les dards. Les deux anciens compagnons demanderent le combat, pour décider qui régneroit. Mais une vieille lionne, sage et expérimentée, dont toute la république respectoit les conseils, fut d'avis de mettre d'abord sur le trône celui qui avoit étudié la politique à la cour. Bien des gens murmuroient, disant qu'elle vouloit qu'on préférât un personnage vain et voluptueux à un guerrier qui avoit appris, dans la fatigue et dans les périls, à soutenir les grandes affaires. Cependant l'autorité de la vieille lionne prévalut: on mit sur le trône le lion de cour. D'abord il s'amollit dans les plaisirs; il n'aima que le faste; il usoit de souplesse et de ruse pour cacher sa cruauté et sa tyrannie. Bientôt il fut haï, méprisé, détesté. Alors la vieille lionne dit: Il est temps de le détrôner. Je savois bien qu'il étoit indigne d'être roi : mais je voulois que vous en eussiez un, gâté par la mollesse et par la politique, pour vous mieux faire sentir ensuite le prix d'un autre qui a mérité la royauté par sa patience et par sa valeur. C'est maintenant qu'il faut les faire combattre l'un contre l'autre. Aussitôt on les mit dans un champ clos, où les deux champions servirent de spectacle à l'assemblée : mais le spectacle ne fut pas long. Le lion amolli trembloit, et n'osoit se présenter à l'autre : il fuit honteusement et se cache ; l'autre le poursuit, et lui insulte. Tous s'écrierent : Il faut l'égorger et le mettre en pieces. Non, non, répondit-il : quand on a un ennemi si lâche, il y auroit de la lâcheté à le craindre. Je veux qu'il vive ; il ne mérite pas de mourir. Je saurai bien régner, sans m'embarrasser de le tenir soumis. En effet, le vigoureux lion régna avec sagesse et autorité. L'autre fut très content de lui faire bassement sa cour, d'obtenir de lui quelques morceaux de chair, et de passer sa vie dans une oisiveté honteuse.

FABLE XXVII.

Les abeilles.

Un jeune prince au retour des zéphyrs, lorsque toute la nature se ranime, se promenoit dans un jardin délicieux ; il entendit un grand bruit, et apperçut une ruche d'abeilles. Il s'approche de ce spectacle, qui étoit nouveau pour lui ; il vit avec étonnement l'ordre, le soin et le travail de cette petite république. Les cellules commençoient à se former, et à prendre une figure réguliere. Une partie des abeilles les remplissoient de leur doux nectar: les autres apportoient des fleurs qu'elles avoient choisies entre toutes les richesses du printemps. L'oisiveté et la paresse étoient bannies de ce petit état: tout y étoit en mouvement, mais sans confusion et sans trouble. Les plus considérables d'entre les abeilles conduisoient les autres, qui obéissoient sans murmure et sans jalousie contre celles qui étoient au-dessus d'elles. Pendant que le jeune prince admiroit cet objet qu'il ne connoissoit pas encore, une abeille, que toutes les autres reconnoissoient pour leur reine, s'approcha de lui, et lui dit: La vue de nos ouvrages et de notre conduite vous réjouit; mais elle doit encore plus vous instruire. Nous ne souffrons point chez nous le désordre ni la licence: on n'est considérable parmi nous que par son travail, et par les talents qui peuvent être utiles à notre république. Le mérite est la seule voie qui éleve aux premieres places. Nous ne nous occupons nuit et jour qu'à des choses dont les hommes retirent toute l'utilité. Puissiez-vous être un jour comme nous, et mettre dans le genre humain l'ordre que vous admirez chez nous! Vous travaillerez par-là à son bonheur et au vôtre ; vous remplirez la tâche que le destin vous a imposée : car vous ne serez au-dessus des autres que pour les protéger, que pour écarter les maux qui les menacent, que pour leur procurer tous les biens qu'ils ont droit d'attendre d'un gouvernement vigilant et paternel.

FABLE XXVIII.

Le renard puni de sa curiosité.

Un renard des montagnes d'Aragon, ayant vieilli dans la finesse, voulut donner ses derniers jours à la curiosité. Il prit le dessein d'aller voir en Castille le fameux Escurial, qui est le palais des rois d'Espagne, bâti par Philippe II. En arrivant il fut surpris, car il étoit peu accoutumé à la magnificence : jusqu'alors il n'avoit vu que son terrier, et le poulailler d'un fermier voisin, où il étoit d'ordinaire assez mal reçu. Il voit là des colonnes de marbre, là des portes d'or, des bas-reliefs de diamant. Il entra dans plusieurs chambres, dont les tapisseries étoient admirables : on y voyoit des chasses, des combats, des fables où les dieux se jouoient parmi les hommes ; enfin l'histoire de dom Quichotte, où Sancho, monté sur son grison, alloit gouverner l'isle que le duc lui avoit confiée. Puis il apperçut des cages où l'on avoit renfermé des lions et des léopards. Pendant que le renard regardoit ces merveilles, deux chiens du palais l'étranglerent. Il se trouva mal de sa curiosité.

FABLE XXIX.

Le lievre qui fait le brave.

Un lievre, honteux d'être poltron, cherchoit quelque occasion de s'aguerrir. Il alloit quelquefois par un trou d'une haie dans les choux du jardin d'un paysan pour s'accoutumer au bruit du village. Souvent même il passoit assez près de quelques mâtins, qui se contentoient d'aboyer après lui. Au retour de ces grandes expéditions, il se croyoit plus redoutable qu'Alcide après tous ses travaux. On dit même qu'il ne rentroit dans son gîte qu'avec des feuilles de laurier, et faisoit l'ovation. Il vantoit ses prouesses à ses comperes les lievres voisins. Il représentoit les dangers qu'il avoit courus, les alarmes qu'il avoit données aux ennemis, les ruses de guerre qu'il avoit faites en expérimenté capitaine, et surtout son intrépidité héroïque. Chaque matin il remercioit Mars et Bellone de lui avoir donné des talents et un courage pour domter toutes les nations à longues oreilles. Jean lapin, discourant un jour avec lui, lui dit d'un ton moqueur: Mon ami, je te voudrois voir avec cette belle fierté au milieu d'une meute de chiens courants. Hercule fuiroit bien vîte, et feroit une laide contenance. Moi, répondit notre preux chevalier, je ne reculerois pas, quand toute la gent chienne viendroit m'attaquer. A peine eut-il parlé, qu'il entendit un petit tourne-broche d'un fermier voisin, qui glapissoit dans les buissons assez loin de lui. Aussitôt il tremble, il frissonne, il a la fievre; ses yeux se troublent comme ceux de Pâris quand il vit Ménélas qui venoit ardemment contre lui. Il se précipite d'un rocher escarpé dans une profonde vallée où il pensa se noyer dans un ruisseau. Jean lapin, le voyant faire le saut, s'écria de son terrier: Le voilà ce foudre de guerre! le voilà cet Hercule qui doit purger la terre de tous les monstres dont elle est pleine!

FABLE XXX.

Le pigeon puni de son inquiétude.

Deux pigeons vivoient ensemble dans un colombier avec une paix profonde. Ils fendoient l'air de leurs ailes, qui paroissoient immobiles par leur rapidité. Ils se jouoient en volant l'un auprès de l'autre, se fuyant et se poursuivant tour-à-tour. Puis ils alloient chercher du grain dans l'aire du fermier ou dans les prairies voisines. Aussitôt ils alloient se désaltérer dans l'onde pure d'un ruisseau qui couloit au travers de ces prés fleuris. De là ils revenoient voir leurs pénates dans le colombier blanchi et plein de petits trous : ils y passoient le temps dans une douce société avec leurs fideles compagnes. Leurs cœurs étoient tendres ; le plumage de leurs cous étoit changeant, et peint d'un plus grand nombre de couleurs que l'inconstante iris. On entendoit le doux murmure de ces heureux pigeons, et leur vie étoit délicieuse. L'un d'eux, se dégoûtant des plaisirs d'une vie paisible, se laissa séduire par une folle ambition, et livra son esprit aux projets de la politique. Le voilà qui abandonne son ancien ami : il part, il va du côté du Levant. Il passe au-dessus de la mer méditerranée, et vogue avec ses ailes dans les airs, comme un navire avec ses voiles dans les ondes de Téthys. Il arrive à Alexandrie ; de là il continue son chemin, traversant les terres jusqu'à Alep. En y arrivant, il salue les autres pigeons de la contrée, qui servent de couriers réglés, et il envie leur bonheur. Aussitôt il se répand parmi eux un bruit, qu'il est venu un étranger de leur nation, qui a traversé

des pays immenses. Il est mis au rang des couriers:
il porte toutes les semaines les lettres d'un bacha
attachées à son pied, et il fait vingt-huit lieues en
moins d'une journée. Il est orgueilleux de porter les
secrets de l'état, et il a pitié de son ancien compagnon, qui vit sans gloire dans les trous de son colombier. Mais un jour, comme il portoit des lettres du
bacha soupçonné d'infidélité par le grand seigneur,
on voulut découvrir par les lettres de ce bacha s'il
n'avoit point quelque intelligence secrete avec les
officiers du roi de Perse: une fleche tirée perce le
pauvre pigeon, qui, d'une aile traînante, se soutient
encore un peu, pendant que son sang coule. Enfin
il tombe, et les ténebres de la mort couvrent déja ses
yeux: pendant qu'on lui ôte les lettres pour les lire,
il expire plein de douleur, condamnant sa vaine ambition, et regrettant le doux repos de son colombier
où il pouvoit vivre en sûreté avec son ami.

FABLE XXXI.

L'abeille et la mouche.

Un jour une abeille apperçut une mouche auprès
de sa ruche. Que viens-tu faire ici? lui dit-elle d'un
ton furieux. Vraiment c'est bien à toi, vil animal, à

te mêler avec les reines de l'air! Tu as raison, répondit froidement la mouche: on a toujours tort de s'approcher d'une nation aussi fougueuse que la vôtre. Rien n'est plus sage que nous, dit l'abeille: nous seules avons des loix et une république bien policée; nous ne cueillons que des fleurs odoriférantes; nous ne faisons que du miel délicieux, qui égale le nectar. Ôte-toi de ma présence, vilaine mouche importune, qui ne fais que bourdonner et chercher ta vie sur les ordures. Nous vivons comme nous pouvons, répondit la mouche: la pauvreté n'est pas un vice; mais la colere en est un grand. Vous faites du miel qui est doux, mais votre cœur est toujours amer; vous êtes sages dans vos loix, mais emportées dans votre conduite. Votre colere, qui pique vos ennemis, vous donne la mort, et votre folle cruauté vous fait plus de mal qu'à personne. Il vaut mieux avoir des qualités moins éclatantes, avec plus de modération.

FABLE XXXII.

Les abeilles et les vers à soie.

Un jour les abeilles monterent jusques dans l'Olympe au pied du trône de Jupiter, pour le prier d'avoir égard au soin qu'elles avoient pris de son enfance, quand elles le nourrirent de leur miel sur le mont Ida. Jupiter voulut leur accorder les premiers honneurs entre tous les petits animaux. Minerve, qui préside aux arts, lui représenta qu'il y avoit une autre espece qui disputoit aux abeilles la gloire des inventions utiles. Jupiter voulut en savoir le nom. Ce sont les vers à soie, répondit-elle. Aussitôt le pere des dieux ordonna à Mercure de faire venir sur les ailes des doux zéphyrs des députés de ce petit peuple, afin qu'on pût entendre les raisons des deux partis. L'abeille ambassadrice de sa nation représenta la douceur du miel qui est le nectar des hommes, son utilité, l'artifice avec lequel il est composé : puis elle vanta la sagesse des loix qui policent la république volante des abeilles. Nulle autre espece d'animaux, disoit l'orateur, n'a cette gloire, et c'est une récompense d'avoir nourri dans un antre le pere des dieux. De plus, nous avons en partage la valeur guerriere, quand notre roi anime nos troupes dans les combats. Comment est-ce que ces vers, insectes vils et méprisables, oseroient nous disputer le premier rang? Ils ne savent que ramper, pendant que nous prenons un noble essor, et que de nos ailes dorées nous montons jusques vers les astres. Le harangueur des vers à soie répondit : Nous ne sommes que de petits vers, et nous n'avons ni ce grand courage pour la guerre, ni ces sages loix ; mais chacun de nous montre les merveilles de la nature, et se consume dans un travail utile. Sans loix, nous vivons en paix, et on ne voit jamais de guerres civiles chez nous, pendant que les abeilles s'entretuent à chaque changement de roi. Nous avons la vertu de Protée pour changer de forme. Tantôt nous sommes de petits vers composés d'onze petits anneaux entrelacés avec la variété des plus vives couleurs qu'on admire dans les fleurs d'un parterre. Ensuite nous filons de quoi vêtir les hommes les plus magnifiques jusques sur le trône, et de quoi orner les temples des dieux. Cette parure si belle et si durable vaut bien du miel, qui se corrompt bientôt. Enfin, nous nous transformons en feve, mais en feve qui sent, qui se meut, et qui montre toujours de la vie. Après ces prodiges, nous devenons tout-à-coup des papillons avec l'éclat des plus riches couleurs. C'est alors que nous ne cédons plus aux abeilles pour nous élever d'un vol hardi jusques vers l'Olympe. Jugez maintenant, ô pere des dieux. Jupiter, embarrassé pour la décision, déclara enfin que les abeilles tiendroient le premier rang, à cause des droits qu'elles avoient acquis depuis les anciens temps. Quel moyen, dit-il, de les dégrader? je leur ai trop d'obligation;

mais je crois que les hommes doivent encore plus aux vers à soie.

FABLE XXXIII.

Le hibou.

Un jeune hibou qui s'étoit vu dans une fontaine, et qui se trouvoit plus beau, je ne dirai pas que le jour, car il le trouvoit fort désagréable, mais que la nuit, qui avoit de grands charmes pour lui, disoit en lui-même : J'ai sacrifié aux Graces ; Vénus a mis sur moi sa ceinture dans ma naissance ; les tendres Amours, accompagnés des Jeux et des Ris, voltigent autour de moi pour me caresser. Il est temps que le blond Hyménée me donne des enfants gracieux comme moi ; ils seront l'ornement des bocages et les délices de la nuit. Quel dommage que la race des plus parfaits oiseaux se perdît ! heureuse l'épouse qui passera sa vie à me voir ! Dans cette pensée, il envoie la corneille demander de sa part une petite aiglonne, fille de l'aigle, roi des airs. La corneille avoit peine à se charger de cette ambassade : Je serai mal reçue, disoit-elle, de proposer un mariage si mal assorti. Quoi ! l'aigle, qui ose regarder fixement le soleil, se marieroit avec vous qui ne sauriez seulement ouvrir les yeux tandis qu'il est jour! c'est le moyen que les deux époux ne soient jamais ensemble; l'un sortira le jour, et l'autre la nuit. Le hibou, vain et amoureux de lui-même, n'écouta rien. La corneille, pour le contenter, alla enfin demander l'aiglonne. On se moqua de sa folle demande. L'aigle lui répondit : Si le hibou veut être mon gendre, qu'il vienne après le lever du soleil me saluer au milieu de l'air. Le hibou présomptueux y voulut aller. Ses yeux furent d'abord éblouis. Il fut aveuglé par les rayons du soleil, et tomba du haut de l'air sur un rocher. Tous les oiseaux se jeterent sur lui, et lui arracherent ses plumes. Il fut trop heureux de se cacher dans son trou, et d'épouser la chouette, qui fut une digne dame du lieu. Leur hymen fut célébré la nuit, et ils se trouverent l'un et l'autre très beaux et très agréables.

Il ne faut rien chercher au-dessus de soi, ni se flatter sur ses avantages.

FABLE XXXIV.

Le berger Cléobule et la nymphe Phidile.

Un berger rêveur menoit son troupeau sur les rives fleuries du fleuve Achéloüs. Les faunes et les satyres, cachés dans les montagnes voisines, dansoient sur l'herbe au doux son de sa flûte. Les naïades, cachées dans les ondes du fleuve, leverent leurs têtes au-dessus des roseaux pour écouter ses chansons. Achéloüs lui-même, appuyé sur son urne penchée, montra son front où il ne restoit plus qu'une corne depuis son combat avec le grand Hercule, et cette mélodie suspendit pour un peu de temps les peines de ce dieu vaincu. Le berger étoit peu touché de voir ces naïades qui l'admiroient : il ne pensoit qu'à la bergere Phidile, simple, naïve, sans aucune parure, à qui la fortune ne donna jamais d'éclat emprunté, et que les Graces seules avoient ornée et embellie de leurs propres mains. Elle sortoit de son village, ne songeant qu'à faire paître ses moutons. Elle seule ignoroit sa beauté. Toutes les autres bergeres en étoient jalouses. Le berger l'aimoit et n'osoit le lui dire. Ce qu'il aimoit le plus en elle, c'étoit cette vertu simple et sévere qui écartoit les amants, et qui fait le vrai charme de la beauté. Mais la passion ingénieuse fait trouver l'art de représenter ce qu'on n'oseroit dire ouvertement : il finit donc toutes ses chansons les plus agréables, pour en commencer une qui pût toucher le cœur de cette bergere. Il savoit qu'elle aimoit la vertu des héros qui ont acquis de la gloire dans les combats : il chanta sous un nom supposé ses propres aventures; car, en ce temps, les héros mêmes étoient bergers, et ne méprisoient point la houlette. Il chanta donc ainsi :

Quand Polynice alla assiéger la ville de Thebes pour renverser du trône son frere Étéocle, tous les rois de la Grece parurent sous les armes, et poussoient leurs chariots contre les assiégés. Adraste, beau-pere de Polynice, abattoit les troupes de soldats et les capitaines, comme un moissonneur, de sa faux tranchante, coupe les moissons. D'un autre côté, le devin Amphiaraüs, qui avoit prévu son malheur, s'avançoit dans la mêlée, et fut tout-à-coup englouti par la terre qui ouvrit ses abymes pour le précipiter sur les sombres rives du Styx. En tombant, il déploroit son infortune d'avoir eu une femme infidele. Assez près de là, on voyoit les deux freres fils d'Œdipe qui s'attaquoient avec fureur : comme un léopard et un tigre qui s'entredéchirent sur les rochers du Caucase, ils se rouloient tous deux dans le sable, chacun paroissant altéré du sang de son frere. Pendant cet horrible spectacle, Cléobule, qui avoit suivi Polynice, combattit contre un vaillant Thébain que le dieu Mars rendoit presque invincible. La fleche du Thébain, conduite par le dieu, auroit percé le cou de Cléobule, qui se détourna promptement. Aussitôt Cléobule lui enfonça son dard jusqu'au fond des entrailles. Le sang du

Thébain ruisselle, ses yeux s'éteignent, sa bonne mine et sa fierté le quittent, la mort efface ses beaux traits. Sa jeune épouse du haut d'une tour le vit mourant, et eut le cœur percé d'une douleur inconsolable. Dans son malheur je le trouve heureux d'avoir été aimé et plaint : je mourrois comme lui avec plaisir, pourvu que je pusse être aimé de même. A quoi servent la valeur et la gloire des plus fameux combats, à quoi servent la jeunesse et la beauté, quand on ne peut ni plaire ni toucher ce qu'on aime?

La bergere, qui avoit prêté l'oreille à une si tendre chanson, comprit que ce berger étoit Cléobule vainqueur du Thébain. Elle devint sensible à la gloire qu'il avoit acquise, aux graces qui brilloient en lui, et aux maux qu'il souffroit pour elle. Elle lui donna sa main et sa foi. Un heureux hymen les joignit : bientôt leur bonheur fut envié des bergers d'alentour et des divinités champêtres. Ils égalerent par leur union, par leur vie innocente, par leurs plaisirs rustiques, jusques dans une extrême vieillesse, la douce destinée de Philémon et de Baucis.

ÉCRITS DIVERS.

SENTIMENT
DE M. DE FÉNÉLON

Sur différents tableaux.

Le premier tableau que j'ai vu à Chantilli est une tête de saint Jean-Baptiste, qu'on donne au Titien, et qui est assez petite. L'air de tête est noble et touchant: l'expression est heureuse. Il paroît que c'est un homme qui a expiré dans la paix et dans la joie du Saint-Esprit: mais je ne sais si cette tête est assez morte.

Les amours des dieux me parurent d'abord du Titien, tant c'est sa maniere: mais on me dit que ce tableau étoit du Poussin, dans le temps où, n'ayant pas encore pris un caractere original, il imitoit le Titien. Cet ouvrage ne m'a guere touché.

Il y a une autre piece du même peintre qui me plaît infiniment davantage. C'est un paysage d'une fraîcheur délicieuse sur le devant, et les lointains s'enfuient avec une variété très agréable. On voit par là combien un horizon de montagnes bizarres est plus beau que les côteaux les plus riches quand ils sont unis. Il y a sur le devant une isle dans une eau claire qui fait plusieurs tours et retours dans des prairies et dans des bocages où l'on voudroit être, tant ces lieux paroissent aimables. Personne, ce me semble, ne fait des arbres comme le Poussin, quoique son verd soit un peu gris. Je parle en ignorant, et j'avoue que ces paysages me plaisent beaucoup plus que ceux du Titien.

Il y a un Christ avec deux apôtres d'Antonio Moro. C'est un ouvrage médiocre ; les airs de tête n'ont rien de noble, et sont sans expression : mais cela est bien peint ; c'est une vraie chair.

Le portrait de Moro, fait par lui-même, est bien meilleur. C'est une grosse tête avec une barbe horrible, une physionomie fantasque, et un habillement qui l'est encore plus. Il est enveloppé d'une robe de chambre noire, qui est ample et avec tant de gros plis, qu'on croit le voir suer sous tant d'étoffe.

Il y a une assomption de la Vierge, de Van-Dyck, qui ne sert qu'à montrer qu'il n'auroit jamais dû travailler qu'en portraits.

On voit deux tableaux faits avec émulation pour feu M. le prince : l'un est Andromede par Mignard ; l'autre est de M. le Brun, et représente Vénus avec Vulcain qui lui donne des armes pour Achille. Le premier me paroît foible : l'autre est plus fort, et il a même un plus beau coloris que la plupart des ouvrages de M. le Brun. Mais ce tableau me paroît peu touchant : la Vénus même n'est point assez Vénus.

Il y a une Andromede de Jacomo Palme, qui efface bien celle de M. Mignard. Elle est effrayée, et son visage montre tout ce qu'elle doit sentir à la vue du monstre.

Il y a une Vénus de Wan-Dyck bien meilleure que celle de M. le Brun. Mars lui dit adieu, elle s'attendrit. Mars est trop grossier, et elle est trop maniérée.

DIALOGUE.

CHROMIS ET MNASILE.

CHROMIS.

Ce bocage a une fraîcheur délicieuse : les arbres en sont grands, le feuillage épais, les allées sombres : on n'y entend d'autre bruit que celui des rossignols qui chantent leurs amours.

MNASILE.

Il y a ici des beautés encore plus touchantes.

CHROMIS.

Quoi donc ? veux-tu parler de ces statues ? je ne les trouve guere jolies. En voilà une qui a l'air bien grossier.

MNASILE.

Elle représente un faune. Mais n'en parlons pas : car tu connois un de nos bergers qui en a déja dit tout ce que l'on en peut dire.

CHROMIS.

Quoi donc ? est-ce cet autre qui est penché au dessus de la fontaine ?

MNASILE.

Non, je n'en parle point : le berger Lycidas l'a chanté sur sa flûte, et je n'ai garde d'entreprendre de louer après lui.

DIALOGUE.

CHROMIS.

Quoi donc? cette statue qui représente une jeune femme?

MNASILE.

Oui. Elle n'a point cet air rustique des deux autres: aussi est-ce une plus grande divinité; c'est Pomone, ou au moins une nymphe. Elle tient d'une main une corne d'abondance, pleine de tous les doux fruits de l'automne; de l'autre elle porte un vase d'où tombent en confusion des pieces de monnoie: ainsi, elle tient en même temps les fruits de la terre, qui sont les richesses de la simple nature, et les trésors auxquels l'art des hommes donne un si haut prix.

CHROMIS.

Elle a la tête un peu penchée: pourquoi cela?

MNASILE.

Il est vrai: c'est que toutes figures faites pour être posées en des lieux élevés et pour être vues d'en bas sont mieux au point de vue quand elles sont un peu penchées vers les spectateurs.

CHROMIS.

Mais quelle est donc cette coeffure? elle est inconnue à nos bergeres.

MNASILE.

Elle est pourtant très négligée, et elle n'en est

pas moins gracieuse. Ce sont des cheveux bien partagés sur le front, qui pendent un peu sur les côtés avec une frisure naturelle, et qui se nouent par derriere.

CHROMIS.

Et cet habit? pourquoi tant de plis?

MNASILE.

C'est un habit qui a le même air de négligence : il est attaché par une ceinture, afin que la nymphe puisse aller plus commodément dans ces bois. Ces plis flottants font une draperie plus agréable que des habits étroits et façonnés. La main de l'ouvrier semble avoir amolli le marbre pour faire des plis si délicats : vous voyez même le nud sous cette draperie. Ainsi vous trouvez tout ensemble la tendresse de la chair avec la variété des plis de la draperie.

CHROMIS.

Ho! ho! te voilà bien savant! Mais puisque tu sais tout, dis-moi : cette corne d'abondance est-ce celle du fleuve Achéloüs arrachée par Hercule, ou bien celle de la chevre Amalthée nourrice de Jupiter sur le mont Ida?

MNASILE.

Cette question est encore à décider; cependant je cours à mon troupeau. Bon jour.

LETTRE DE M. DE FÉNÉLON

A M. LE DUC DE BEAUVILLIERS,

Sur l'histoire de Charlemagne. [1]

L'histoire de Charlemagne a ses beautés et ses défauts. Ses beautés, comme vous savez, monsieur, consistent dans la grandeur des événements, et dans le merveilleux caractere du prince. On n'en sauroit trouver un, ni plus aimable, ni plus propre à servir de modele dans tous les siecles. On prend même plaisir à voir quelques imperfections mêlées parmi tant de vertus et de talents. On connoît bien par là que ce n'est point un héros peint à plaisir, comme les héros de roman, qui, à force d'être parfaits, deviennent chimériques. Peut-être trouvera-t-on dans Charlemagne plusieurs choses qui ne plairont pas : mais peut-être que ce ne sera pas sa faute, et que ce dégoût viendra de l'extrême différence des mœurs de son temps et du nôtre. L'avantage qu'il a eu d'être chrétien le met au-dessus de tous les héros du paganisme, et celui d'avoir toujours été heureux dans ses entreprises le rend un modele bien plus

---

[1] Cette histoire, dont M. de Fénélon étoit l'auteur, ne se retrouve pas dans ses papiers, et cette espece de préface la fait regretter.

agréable que S. Louis. Je ne crois pas même qu'on puisse trouver un roi plus digne d'être étudié en tout, ni d'une autorité plus grande pour donner des leçons à ceux qui doivent régner. Aussi suis-je très persuadé que sa vie pourra beaucoup nous servir pour donner à Mgr. le duc de Bourgogne les sentiments et les maximes qu'il doit avoir. Vous savez, monsieur, que je ne songeois pas néanmoins à me mêler de son instruction quand je fis cet abrégé de la vie de Charlemagne, et personne ne peut mieux dire que vous comment j'ai été engagé à l'écrire. Mes vues ont été simples et droites. On ne sauroit me lire sans voir que je vais droit, et peut-être trop.

Pour les défauts de cette histoire, ils sont grands, sans parler de ceux que j'y ai mis. Les historiens originaux de cette vie ne savent ni raconter, ni choisir les faits, ni les lier ensemble, ni montrer l'enchaînement des affaires; de façon qu'ils ne nous ont laissé que des faits vagues, dépouillés de toutes les circonstances qui peuvent frapper et intéresser le lecteur, enfin entrecoupés, et pleins d'une ennuyeuse uniformité. C'est toujours la même chose, toujours une campagne contre les Saxons, qui sont vaincus comme ils l'avoient été les autres années; puis des fêtes solemnisées, avec un parlement tenu. Ce qu'on seroit le plus curieux de savoir, est ce que

A M. LE DUC DE BEAUVILLIERS.

les historiens ne manquent jamais de taire. Point de fil d'histoire; presque jamais d'affaires qui s'engagent les unes dans les autres, et qui se fassent lire par l'envie de voir le dénouement. A cela quel remede? On ne peut point suppléer ce qui manque, et il vaut mieux laisser une histoire dans toute sa sécheresse, que de l'égayer aux dépens de la vérité. Mais voilà une lettre qui ressemble à une préface, et j'apperçois que je prends le vrai ton d'auteur. Je suis toujours, monsieur, avec un respect sincere, votre très humble et très obéissant serviteur,

l'abbé DE FÉNÉLON.

ÉLOGE DE FABRICIUS,

PAR PYRRHUS SON ENNEMI.

Un an après que les Romains eurent vaincu et repoussé Pyrrhus jusqu'à Tarente, on envoya Fabricius pour continuer cette guerre. Celui-ci, ayant été auparavant chez Pyrrhus avec d'autres ambassadeurs, avoit rejeté l'offre que ce prince lui fit de la quatrieme partie de son royaume pour le corrompre. Pendant que les deux armées campoient en présence l'une de l'autre, le médecin de Pyrrhus vint la nuit trouver Fabricius, lui promettant d'empoisonner son maître, pourvu qu'on lui donnât une récompense. Fabricius le renvoya enchaîné à son maître, et fit dire à Pyrrhus ce que son médecin avoit offert contre sa vie. On dit que le roi répondit avec admiration : C'est ce Fabricius qui est plus difficile à détourner de la vertu, que le soleil de sa course.

LE FANTASQUE.

Qu'est-il donc arrivé de funeste à Mélanthe? Rien au dehors, tout au-dedans. Ses affaires vont à souhait : tout le monde cherche à lui plaire. Quoi donc? C'est que sa rate fume. Il se coucha hier les délices du genre humain : ce matin on est honteux pour lui, il faut le cacher. En se levant, le pli d'un chausson lui a déplu ; toute la journée sera orageuse, et tout le monde en souffrira. Il fait peur, il fait pitié : il pleure comme un enfant, il rugit comme un lion. Une vapeur maligne et farouche trouble et noircit son imagination, comme l'encre de son écritoire barbouille ses doigts. N'allez pas lui parler des choses qu'il aimoit le mieux il n'y a qu'un moment : par la raison qu'il les a aimées, il ne les sauroit plus souffrir. Les parties de divertissement qu'il a tant desirées lui deviennent ennuyeuses, il faut les rompre. Il cherche à contredire, à se plaindre, à piquer les autres : il s'irrite de voir qu'ils ne veulent point se fâcher. Souvent il porte ses coups en l'air, comme un taureau furieux qui, de ses cornes aiguisées, va se battre contre les vents. Quand il manque de prétexte pour attaquer les autres, il se tourne contre lui-même : il se blâme, il ne se trouve bon à rien, il se décourage, il trouve fort mauvais qu'on veuille le consoler. Il veut être seul, et ne peut supporter la solitude. Il revient à la compagnie, et s'aigrit contre elle. On se tait; ce silence affecté le choque. On parle tout bas; il s'imagine que c'est contre lui. On parle tout haut; il trouve qu'on parle trop, et qu'on est trop gai pendant qu'il est triste. On est triste; cette tristesse lui paroît un reproche de ses fautes. On rit; il soupçonne qu'on se moque de lui. Que faire? Être aussi ferme et aussi patient qu'il est insupportable, et attendre en paix qu'il revienne demain aussi sage qu'il étoit hier. Cette humeur étrange s'en va comme elle vient. Quand elle le prend, on diroit que c'est un ressort de machine qui se démonte tout à coup: il est comme on dépeint les possédés; sa raison est comme à l'envers; c'est la déraison elle-même en personne. Poussez-le: vous lui ferez dire en plein jour qu'il est nuit; car il n'y a plus ni jour ni nuit pour une tête démontée par son caprice. Quelquefois il ne peut s'empêcher d'être étonné de ses excès et de ses fougues. Malgré son chagrin, il sourit des paroles extravagantes qui lui ont échappé. Mais quel moyen de prévoir ces orages, et de conjurer la tempête? Il n'y en a aucun; point de bons almanachs pour prédire ce mauvais temps. Gardez-vous bien de dire, Demain nous irons nous divertir dans un tel jardin; l'homme d'aujourd'hui ne sera point celui de demain; celui qui vous promet maintenant disparoîtra tantôt : vous ne saurez plus où le prendre pour le faire souvenir de sa parole; en sa place, vous trouverez un je ne sais quoi qui n'a ni forme ni nom, qui n'en peut avoir, et que vous ne sauriez définir deux instants de suite de la même maniere. Étudiez-le bien, puis dites-en tout ce qu'il vous plaira; il ne sera plus vrai le moment d'après que vous l'aurez dit. Ce je ne sais quoi veut et ne veut pas; il menace, il tremble; il mêle des hauteurs ridicules avec des bassesses indignes. Il pleure, il rit, il badine, il est furieux. Dans sa fureur la plus bizarre et la plus insensée, il est plaisant, éloquent, subtil, plein de tours nouveaux, quoiqu'il ne lui reste pas seulement une ombre de raison. Prenez bien garde de ne lui rien dire qui ne soit juste, précis et exactement raisonnable : il sauroit bien en prendre avantage, et vous donner adroitement le change; il passeroit d'abord de son tort au vôtre, et deviendroit raisonnable pour le seul plaisir de vous convaincre que vous ne l'êtes pas. C'est un rien qui l'a fait monter jusqu'aux nues; mais ce rien qu'est-il devenu? il s'est perdu dans la mêlée; il n'en est plus question : il ne sait plus ce qui l'a fâché, il sait seulement qu'il se fâche et qu'il veut se fâcher; encore même ne le sait-il pas toujours. Il s'imagine souvent que tous ceux qui lui parlent sont emportés, et que c'est lui qui se modere, comme un homme qui a la jaunisse croit que tous ceux qu'il voit sont jaunes, quoique le jaune ne soit que dans ses yeux. Mais peut-être qu'il épargnera certaines personnes auxquelles il doit plus qu'aux autres, ou qu'il paroît aimer davantage. Non: sa bizarrerie ne connoît personne; elle se prend sans choix à tout ce qu'elle trouve; le premier venu lui est bon pour se décharger; tout lui est égal pourvu qu'il se fâche, il diroit des injures à tout le monde. Il n'aime plus les gens, il n'en est point aimé; on le persécute, on le trahit; il ne doit rien à qui que ce soit. Mais attendez un moment, voici une autre scene. Il a besoin de tout le monde; il aime, on l'aime aussi; il flatte, il s'insinue, il ensorcelle tous ceux qui ne pouvoient plus le souffrir; il avoue son tort, il rit de ses bizarreries, il se contrefait; et vous croiriez que c'est lui-même dans ces accès d'emportement, tant il se contrefait bien. Après cette comédie jouée à ses propres dépens, vous croyez bien qu'au moins il ne fera plus le démoniaque. Hélas! vous vous trompez: il le fera encore ce soir, pour s'en moquer demain sans se corriger.

LA MÉDAILLE.[1]

Je crois, monsieur, que je ne dois point perdre de temps pour vous informer d'une chose très curieuse, et sur laquelle vous ne manquerez pas de faire bien des réflexions. Nous avons en ce pays un savant nommé M. Wanden, qui a de grandes correspondances avec les antiquaires d'Italie : il prétend avoir reçu par eux une médaille antique, que je n'ai pu voir jusqu'ici, mais dont il a fait frapper des copies qui sont très bien faites, et qui se répandront bientôt, selon les apparences, dans tous les pays où il y a des curieux. J'espere que dans peu de jours je vous en enverrai une. En attendant, je vais vous en faire la plus exacte description que je pourrai.

D'un côté, cette médaille, qui est fort grande, représente un enfant d'une figure très belle et très noble; on voit Pallas qui le couvre de son égide; en même temps les trois Graces sement son chemin de

---

[1] Ce n'est ici qu'une fiction, et non une espece de dissertation. M. de Fénélon a supposé qu'elle lui venoit d'Amsterdam, et que le trop célebre Bayle en étoit l'auteur. Il prétendoit prouver, par cet apologue, qu'avec les plus belles qualités l'homme le plus excellent a son mauvais côté, et qu'il doit non compter sur ses talents, mais travailler sans cesse à se corriger de ses défauts naturels, et toujours prêts à renaître, si l'on ne s'applique avec vigilance à en arrêter les progrès.

fleurs; Apollon, suivi des Muses, lui offre sa lyre; Vénus paroît en l'air dans son char attelé de colombes, qui laisse tomber sur lui sa ceinture; la Victoire lui montre d'une main un char de triomphe, et de l'autre lui présente une couronne. Les paroles sont prises d'Horace: *Non sine diis animosus infans*. Le revers est bien différent. Il est manifeste que c'est le même enfant, car on reconnoît d'abord le même air de tête; mais il n'a autour de lui que des masques grotesques et hideux, des reptiles venimeux, comme des viperes et des serpents, des insectes, des hibous, enfin des harpies sales qui répandent de tous côtés de l'ordure, et qui déchirent tout avec leurs ongles crochus. Il y a une troupe de satyres impudents et moqueurs qui font les postures les plus bizarres, qui rient, et qui montrent du doigt la queue d'un poisson monstrueux par où finit le corps de ce bel enfant. Au bas, on lit ces paroles, qui, comme vous savez, sont aussi d'Horace: *Turpiter atrum desinit in piscem*.

Les savants se donnent beaucoup de peine pour découvrir en quelle occasion cette médaille a pu être frappée dans l'antiquité. Quelques uns soutiennent qu'elle représente Caligula, qui, étant fils de Germanicus, avoit donné dans son enfance de hautes espérances pour le bonheur de l'empire, mais qui dans la suite devint un monstre. D'autres veulent que tout ceci ait été fait pour Néron, dont les commencements furent si heureux et la fin si horrible. Les uns et les autres conviennent qu'il s'agit d'un jeune prince éblouissant, qui promettoit beaucoup, et dont toutes les espérances ont été trompeuses. Mais il y en a d'autres, plus défiants, qui ne croient point que cette médaille soit antique. Le mystere que fait M. Wanden pour cacher l'original, donne de grands soupçons. On s'imagine voir quelque chose de notre temps, figuré dans cette médaille; peut-être signifie-t-elle de grandes espérances qui se tourneront en de grands malheurs; il semble qu'on affecte de faire entrevoir malignement quelque jeune prince dont on tâche de rabaisser toutes les bonnes qualités par des défauts qu'on lui impute. D'ailleurs, M. Wanden n'est pas seulement curieux; il est encore politique, fort attaché au prince d'Orange, et on soupçonne que c'est d'intelligence avec lui qu'il veut répandre cette médaille dans toutes les cours de l'Europe. Vous jugerez bien mieux que moi, monsieur, ce qu'il en faut croire. Il me suffit de vous avoir fait part de cette nouvelle, qui fait raisonner ici avec beaucoup de chaleur tous nos gens de lettres, et de vous assurer que je suis toujours votre très humble et très obéissant serviteur,

Amsterd. le 4 mai 1691.   BAYLE.

VOYAGE SUPPOSÉ,

EN 1690.

Il y a quelques années que nous fîmes un beau voyage dont vous serez bien aise que je vous raconte le détail. Nous partîmes de Marseille pour la Sicile, et nous résolûmes d'aller visiter l'Égypte. Nous arrivâmes à Damiette, nous passâmes au grand Caire.

Après avoir vu les bords du Nil en remontant vers le sud, nous nous engageâmes insensiblement à aller voir la mer rouge. Nous trouvâmes sur cette côte un vaisseau qui s'en alloit dans certaines isles qu'on assuroit être encore plus délicieuses que les isles fortunées. La curiosité de voir ces merveilles nous fit embarquer; nous voguâmes pendant trente jours: enfin nous apperçûmes la terre de loin. A mesure que nous approchions, on sentoit les parfums que ces isles répandoient dans toute la mer.

Quand nous abordâmes, nous reconnûmes que tous les arbres de ces isles étoient d'un bois odoriférant comme le cedre. Ils étoient chargés en même temps de fruits délicieux, et de fleurs d'une odeur exquise. La terre même, qui étoit noire, avoit un goût de chocolat, et on en faisoit des pastilles. Toutes les fontaines étoient de liqueurs glacées; là,

VOYAGE SUPPOSÉ. 571

de l'eau de groseille; ici, de l'eau de fleur d'orange; ailleurs, des vins de toutes les façons. Il n'y avoit aucune maison dans toutes ces isles, parceque l'air n'y étoit jamais ni froid ni chaud. Il y avoit par-tout, sous les arbres, des lits de fleurs, où l'on se couchoit mollement pour dormir; pendant le sommeil, on avoit toujours des songes de nouveaux plaisirs; il sortoit de la terre des vapeurs douces qui représentoient à l'imagination des objets encore plus enchantés que ceux qu'on voyoit en veillant : ainsi on dormoit moins pour le besoin que pour le plaisir. Tous les oiseaux de la campagne savoient la musique, et faisoient entre eux des concerts.

Les zéphyrs n'agitoient les feuilles des arbres qu'avec regle, pour faire une douce harmonie. Il y avoit dans tout le pays beaucoup de cascades naturelles : toutes ces eaux, en tombant sur des rochers creux, faisoient un son d'une mélodie semblable à celle des meilleurs instruments de musique. Il n'y avoit aucun peintre dans tout le pays : mais quand on vouloit avoir le portrait d'un ami, un beau paysage, ou un tableau qui représentât quelque autre objet, on mettoit de l'eau dans de grands bassins d'or ou d'argent; puis on opposoit cette eau à l'objet qu'on vouloit peindre. Bientôt l'eau, se congelant, devenoit comme une glace de miroir, où l'image de cet objet demeuroit ineffaçable. On l'emportoit où l'on vouloit, et c'étoit un tableau aussi fidele que les plus polies glaces de miroir. Quoiqu'on n'eût aucun besoin de bâtiments, on ne laissoit pas d'en faire, mais sans peine. Il y avoit des montagnes dont la superficie étoit couverte de gazons toujours fleuris. Le dessous étoit d'un marbre plus solide que le nôtre, mais si tendre et si léger qu'on le coupoit comme du beurre, et qu'on le transportoit cent fois plus facilement que du liege; ainsi on n'avoit qu'à tailler avec un ciseau, dans les montagnes, des palais ou des temples de la plus magnifique architecture : puis deux enfants emportoient sans peine le palais dans la place où l'on vouloit le mettre.

Les hommes un peu sobres ne se nourrissoient que d'odeurs exquises. Ceux qui vouloient une plus forte nourriture mangeoient de cette terre mise en pastilles de chocolat, et buvoient de ces liqueurs glacées qui couloient des fontaines. Ceux qui commençoient à vieillir alloient se renfermer pendant huit jours dans une profonde caverne, où ils dormoient tout ce temps-là avec des songes agréables : il ne leur étoit permis d'apporter en ce lieu ténébreux aucune lumiere. Au bout de huit jours, ils s'éveilloient avec une nouvelle vigueur; leurs cheveux redevenoient blonds, leurs rides étoient effa-

cées, ils n'avoient plus de barbe; toutes les graces de
la plus tendre jeunesse revenoient en eux. En ce
pays tous les hommes avoient de l'esprit; mais ils
n'en faisoient aucun bon usage. Ils faisoient venir
des esclaves des pays étrangers, et les faisoient penser pour eux; car ils ne croyoient pas qu'il fût digne
d'eux de prendre jamais la peine de penser eux-
mêmes. Chacun vouloit avoir des penseurs à gages,
comme on a ici des porteurs de chaise pour s'épargner la peine de marcher.

Ces hommes, qui vivoient avec tant de délices et
de magnificence, étoient fort sales : il n'y avoit
dans tout le pays rien de puant ni de mal-propre
que l'ordure de leur nez, et ils n'avoient point d'horreur de la manger. On ne trouvoit ni politesse ni
civilité parmi eux. Ils aimoient à être seuls ; ils
avoient un air sauvage et farouche; ils chantoient
des chansons barbares qui n'avoient aucun sens.
Ouvroient-ils la bouche? c'étoit pour dire non à
tout ce qu'on leur proposoit. Au lieu qu'en écrivant
nous faisons nos lignes droites, ils faisoient les leurs
en demi-cercle. Mais ce qui me surprit davantage,
c'est qu'ils dansoient les pieds en dedans; ils tiroient
la langue; ils faisoient des grimaces qu'on ne voit jamais en Europe, ni en Asie, ni même en Afrique où
il y a tant de monstres. Ils étoient froids, timides et

honteux devant les étrangers, hardis et emportés contre ceux qui étoient dans leur familiarité.

Quoique le climat soit très doux et le ciel très constant en ce pays-là, l'humeur des hommes y est inconstante et rude. Voici un remede dont on se sert pour les adoucir. Il y a dans ces isles certains arbres qui portent un grand fruit d'une forme longue, qui pend du haut des branches. Quand ce fruit est cueilli, on en ôte tout ce qui est bon à manger, et qui est délicieux; il reste une écorce dure, qui forme un grand creux, à-peu-près de la figure d'un luth. Cette écorce a de longs filaments durs et fermes comme des cordes qui vont d'un bout à l'autre. Ces especes de cordes, dès qu'on les touche un peu, rendent d'elles-mêmes tous les sons qu'on veut. On n'a qu'à prononcer le nom de l'air qu'on demande; ce nom, soufflé sur les cordes, leur imprime aussitôt cet air. Par cette harmonie, on adoucit un peu les esprits farouches et violents. Mais, malgré les charmes de la musique, ils retombent toujours dans leur humeur sombre et incompatible.

Nous demandâmes soigneusement s'il n'y avoit point dans le pays des lions, des ours, des tigres, des pantheres; et je compris qu'il n'y avoit dans ces charmantes isles rien de féroce que les hommes. Nous aurions passé volontiers notre vie dans une si heureuse terre; mais l'humeur insupportable de ses habitants nous fit renoncer à tant de délices. Il fallut, pour se délivrer d'eux, se rembarquer, et retourner par la mer rouge en Égypte, d'où nous retournâmes en Sicile en fort peu de jours; puis nous vînmes de Palerme à Marseille avec un vent très favorable.

Je ne vous raconte point ici beaucoup d'autres circonstances merveilleuses de la nature de ce pays, et des mœurs de ses habitants. Si vous en êtes curieux, il me sera facile de satisfaire votre curiosité.

Mais qu'en conclurez-vous? que ce n'est pas un beau ciel, une terre fertile et riante, ce qui amuse, ce qui flatte les sens, qui nous rendent bons et heureux. N'est-ce pas là au contraire ce qui nous amollit, ce qui nous dégrade, ce qui nous fait oublier que nous avons une ame raisonnable, et négliger le soin et la nécessité de vaincre nos inclinations perverses, et de travailler à devenir vertueux?

LETTRE

DE MGR LE DUC DE BOURGOGNE

AU PAPE,

En faveur de M. l'abbé de Fénélon, son précepteur, écrite de Versailles le 9 février 1695.

TRÈS SAINT PERE,

C'est une grande joie pour moi que de commencer à assurer votre sainteté du respect filial que j'ai pour elle, et du zele avec lequel je suis attaché au saint siege. L'abbé de Fénélon mon précepteur, qui a pris de grands soins pour m'inspirer ces sentiments de religion, vient d'être nommé par le roi mon seigneur à l'archevêché de Cambrai : il a beaucoup de naissance, mais très peu de biens ; et je serois fort obligé à votre sainteté si elle avoit la bonté d'accorder le *gratis* à un homme qui m'a rendu de si utiles services. Cette premiere grace est une des plus touchantes que votre sainteté puisse me faire.
Je suis,

TRÈS SAINT PERE,

de votre sainteté,

le très humble et très dévot fils,
LOUIS DUC DE BOURGOGNE.

TABLE

De ce qui est contenu dans ce quatrieme volume.

Dialogues des morts.
Préface, page 7.
Dialogue I. Mercure et Caron. 9.
    II. Hercule et Thésée. 13.
    III. Achille et Chiron. 18.
    IV. Achille et Homere. 22.
    V. Achille et Ulysse. 27.
    VI. Ulysse et Grillus. 30.
    VII. Confucius et Socrate. 39.
    VIII. Romulus et Rémus. 59.
    IX. Romulus et Tatius. 61.
    X. Romulus et Numa Pompilius. 64.
    XI. Xerxès et Léonidas. 69.
    XII. Solon et Pisistrate. 75.
    XIII. Solon et Justinien. 80.
    XIV. Démocrite et Héraclite. 86.
    XV. Hérodote et Lucien. 89.
    XVI. Socrate et Alcibiade. 93.
    XVII. Socrate et Alcibiade. 100.
    XVIII. Socrate, Alcibiade et Timon. 108.
    XIX. Alcibiade et Périclès. 124.
    XX. Alcibiade, Mercure et Caron. 126.
    XXI. Denys, Pythias et Damon. 138.
    XXII. Dion et Gélon. 144.
    XXIII. Platon et Denys le tyran. 149.
    XXIV. Platon et Aristote. 152.
    XXV. Alexandre et Aristote. 158.
    XXVI. Alexandre et Clitus. 162.
    XXVII. Alexandre et Diogene. 166.
    XXVIII. Diogene et Denys l'ancien. 169.
    XXIX. Pyrrhon et son voisin. 174.
    XXX. Pyrrhus et Démétrius Poliorcetes. 178.
    XXXI. Démosthene et Cicéron. 181.
    XXXII. Démosthene et Cicéron. 184.
    XXXIII. Coriolan et Camille. 192.
    XXXIV. Camille et Fabius Maximus. 205.
    XXXV. Fabius Maximus et Annibal. 211.
    XXXVI. Rhadamanthe, Caton le censeur et Scipion l'Africain. 214.
    XXXVII. Scipion et Annibal. 227.
    XXXVIII. Scipion et Annibal. 229.

TABLE.

DIALOGUE XXXIX. Sylla, Catilina et César. 234.
XL. César et Caton. 237.
XLI. Caton et Cicéron. 245.
XLII. César et Alexandre. 251.
XLIII. Pompée et César. 254.
XLIV. Cicéron et Auguste. 258.
XLV. Sertorius et Mercure. 261.
XLVI. Le jeune Pompée et Ménas l'affranchi. 265.
XLVII. Caligula et Néron. 268.
XLVIII. Antonin Pie et Marc Aurele. 273.
XLIX. Horace et Virgile. 278.
L. Parrhasius et Poussin. 283.
LI. Léonard de Vinci et Poussin. 295.
LII. Léger et Ébroin. 304.
LIII. Le prince de Galles et Richard son fils. 308.
LIV. Charles VII et Jean duc de Bourgogne. 314.
LV. Louis XI et le cardinal Bessarion. 318.
LVI. Louis XI et le cardinal de la Balue. 324.
LVII. Louis XI et Philippe de Commines. 332.
LVIII. Louis XI et Charles duc de Bourgogne. 335.
LIX. Louis XI et Louis XII. 337.
LX. Le connétable de Bourbon et Bayard. 341.
LXI. Henri VII et Henri VIII d'Angleterre. 346.
LXII. Louis XII et François I. 353.
LXIII. Charles-Quint et un jeune moine de Saint Just. 358.
LXIV. Charles-Quint et François I. 362.
LXV. Henri III et la duchesse de Montpensier. 369.
LXVI. Henri III et Henri IV. 374.
LXVII. Henri IV et le duc de Mayenne. 378.
LXVIII. Henri IV et Sixte-Quint. 383.
LXIX. Le cardinal de Richelieu et le card. Ximénès. 386.
LXX. La reine Marie de Médicis et le cardinal de Richelieu. 390.
LXXI. Le cardinal de Richelieu et le chancelier d'Oxenstiern. 399.
LXXII. Le cardinal de Richelieu et le cardinal Mazarin. 405.

RECUEIL DE FABLES.
FABLE I. Les aventures d'Aristonoüs. 419.
II. Les aventures de Mélésichthon. 435.
III. Aristée et Virgile. 443.
IV. Histoire d'Alibée, Persan. 446.
V. Histoire de Rosimond et de Braminte. 454.
VI. Histoire de Florise. 464.
VII. Histoire du roi Alfaroute et de Clariphile. 470.
VIII. Histoire d'une vieille reine et d'une jeune paysanne. 475.

TABLE

FABLE IX. Lycon. 480.
    X. Un jeune prince. 483.
    XI. L'anneau de Gygès. 485.
    XII. Le jeune Bacchus et le Faune. 495.
    XIII. Prière indiscrete de Nélée. 496.
    XIV. Voyage dans l'isle des Plaisirs. 502.
    XV. Chasse de Diane. 509.
    XVI. Le Nil et le Gange. 511.
    XVII. La patience et l'éducation corrigent bien des défauts. 517.
    XVIII. Le rossignol et la fauvette. 518.
    XIX. Le dragon et les renards. 520.
    XX. Les deux renards. 522.
    XXI. Le loup et le jeune mouton. 523.
    XXII. Le chat et les lapins. 524.
    XXIII. Les deux souris. 526.
    XXIV. L'assemblée des animaux pour choisir un roi. 528.
    XXV. Le singe. 530.
    XXVI. Les deux lionceaux. 532.
    XXVII. Les abeilles. 535.
    XXVIII. Le renard puni de sa curiosité. 537.
    XXIX. Le lievre qui fait le brave. 538.
    XXX. Le pigeon puni de son inquiétude. 539.
    XXXI. L'abeille et la mouche. 541.
    XXXII. Les abeilles et les vers à soie. 542.
    XXXIII. Le hibou. 545.
    XXXIV. Le berger Cléobule et la nymphe Phidile. 546.

Sentiment de M. de Fénélon sur différents tableaux. 553.
Chromis et Mnasile, dialogue. 556.
Lettre sur l'histoire de Charlemagne. 559.
Éloge de Fabricius par Pyrrhus son ennemi. 562.
Le fantasque. 563.
La médaille. 567.
Voyage supposé. 570.
Lettre de M. le duc de Bourgogne au pape. 576.

Fin de la table.

ERRATA

Des quatre premiers tomes.

TOME PREMIER.

Pag. 228, *ligne* 3, il soutint cette guerre polémique; *lisez*, il soutint cette discussion polémique.
Pag. 241, *ligne* 23, défendons; *lisez* défendrons.
Pag. 764, *ligne* 4, 'église; *lisez* l'église.

TOME SECOND.

Pag. 81, *ligne* 10, pe connoissance; *lisez* de connoissance.
Pag. 218, *ligne* 3, qu in'a aucune; *lisez* qui n'a aucune.
Pag. 381, *ligne* 23, faites l'homme; *lisez* faites que l'homme.

TOME TROISIÈME.

Pag. 45, *ligne* 17, qui les exécute; *lisez* qu'il les exécute.
Pag. 125, *ligne* 13, des ess sentiments; *lisez* de ses sentiments.
Pag. 170, *ligne* 3, n'avoit point encore paru; *lisez* n'a paru qu'en 1725.
Pag. 375, *ligne* 23, an tragicâ desȚvit; *lisez* an tragicâ desævit.
Pag. 499, *ligne dernière*, pourroient régle; *lisez* pourroient régler.

TOME QUATRIEME.

Pag. 367, *ligne* 16, procès; *lisez* procédés.
Pag. 370, *ligne* 10, en rompant tous une; *lisez* en rompant tous deux une.

www.ingramcontent.com/pod-product-compliance
Lightning Source LLC
Chambersburg PA
CBHW070329240426

43665CB00045B/1264